한자의 재발견

동서대학교 공자아카데미·대한중국학회
〈중국 인문·사회과학 학술저서 번역·출판 지원사업〉

한자의 재발견

汉字再发现 从旧识到新知

거량 葛亮 저자
김성남·박싱우 역지

學古房

본 도서는 동서대학교 공자아카데미·대한중국학회 〈중국 인문·사회과학 학술저서 번역·출판 지원 사업〉의 지원금으로 번역·출간되었습니다.

전언

이 책은 문사文史 애호가, 서예 연습자, 국어 교사 및 학생들을 위한 고한자古漢字 설명서로, 한자에 대한 '상식' 중에 있을 수 있는 문제를 밝히고, 한자 원류를 탐구하고 분석하는 올바른 방법을 제시하며, 갑골문, 금문, 간백簡帛 등의 출토문헌 연구에서 얻은 새로운 지식을 소개하는데 그 목적을 두었다.

최근 몇십 년 동안, 지하에 묻혀 있던 여러 고대 한자 자료들이 쏟아져 나왔으며, 그 양은 지난 2천 년 동안 얻은 자료의 총합을 이미 넘어서고 있다. 이에 따라 한자 체계와 개별 한자에 대한 전문 연구자들의 인식 또한 크게 변했다. 하지만 관련된 새로운 성과와 개념은 작은 울타리에서 벗어나 사회로 확산시키는 것은 학문에 정통한 이들도 쉽게 하지 못하고 초심자들도 능히 할 수 없는 어려운 일이다. 이 책은 이에 도전하고자 하며 신뢰할 만한 내용을 바탕으로 하되, 흥미를 고려하여 기본적인 중국어 지식을 갖춘 독자들에게 한자가 '그렇게 된 까닭'에 대해 설명하고자 한다.

이 책은 세 부분으로 나뉜다. 전반부 4장은 총론이다. 한자를 '재발견'하는 데 필요한 기본 개념을 소개하고, 저자가 한자의 성질, 구성, 매체 및 서체에 대해 이해한 내용을 설명한다. 5장과 6장은 고한자를 읽고 해독하는 두 가지 '열쇠'인 숫자와 간지干支를 예로 들어, 상용 한자의 구성과 사용을 분석한다. 7장부터 20장까지는 매 장에서 두 글자의 한자 원류를 정밀하게 설명하며, 이를 예로 들어 일부 문자 현상, 변천 규칙 또는 일반적인 인식에서의 오류를 분석한다.

이 책을 읽는 방식은 정해져 있지 않다. 독자들은 흥미 있는 예시 용례를 시작점으로 삼아도 되고(책 말미의 '예시 용례 색인'을 활용할 수 있음), 반드시 장의 순서를 따를 필요는 없다. 처음 네 장이 다소 어려울 수 있으니, 먼저 건너 뛰어도 괜찮다. 이 책은 '새로움'을 중시하고 '완전함'이나 '깊이'를 추구하지 않는다. 더 많은 문자학 지식을 알고 싶다면 각 장에 부록된 '참고 문헌 및 확장 읽기'를 참고하면 된다.

이 책의 각 장은 2020년 제1호부터 2021년 제12호까지 『문자와 그림書與畫』 잡지에 '古字新識'이라는 제목으로 연재된 내용이다. 이번에 다시 모아 편집하면서 대폭 수정을 거쳤다. 그 과정에서 여러 견해나 예시들이 변하기도 하였으며, 앞으로도 새로운 발견에 의해 뒤집힐 가능성이 크다. 이는 고한자 연구의 가장 큰 특징이자 매력이다. 그것은 답이 있는 학문이기도 하지만, 종종 '자신을 부정하는' 학문이기도 하다.

고대 언어 문자는 이미 존재했던 역사적 사실이며 그 형태나 음뜻은 단 하나의 '진실'로 존재하였다. 새로운 자료들이 계속 출토되면서 '정답이 발표'되는 순간을 맞이할 때마다 그럴듯했던 '상식'은 새로운 지식으로 대체된다. 그러므로 이 저서가 '빠르게 낡아버릴 수 있다면', 저자는 이를 매우 기쁘게 생각할 것이다.

그리고 모든 독자께서 이책을 재미있게 봐주셨으면 좋겠다.

목차

전언 ······ 5

제1장 '古'과 '今' - 한자의 성질 ······ 9
제2장 '音'과 '意' - 한자의 구형構形 ······ 21
제3장 '書'와 '冊' - 고대 한자의 매체 ······ 34
제4장 '篆'과 '隷' - 고대 한자의 서체 ······ 49
제5장 숫자 - 기초 한자에 대한 첫 번째 이야기 ······ 68
제6장 간지干支 - 기초 한자에 대한 두 번째 이야기 ······ 97
제7장 '愛'와 '憂' - 한자 변천 과정을 객관적으로 바라보기 ······ 135
제8장 '安'과 '家' - 한자를 분석할 때 중시해야 할 초기 자형 ······ 150
제9장 '邦'과 '國' - 고전 해석에서 중시해야 할 출토자료 ······ 164
제10장 '保'와 '育' - 자형에서 본의를 표시한 용례 ······ 176
제11장 '鳳'과 '朋' - 가차자를 인신의로 오해한 용례 ······ 187
제12장 '美'와 '好' - 회의자의 정확한 이해에 관하여 ······ 202
제13장 '世'와 '易' - 자형 잘라내기와 생략 ······ 214
제14장 '烏'와 '于' - 글자 해석 과정에서 종합적으로 생각해보기 ······ 225
제15장 '无'와 '亡' - 한 단어가 여러 글자를 차용하는 현상 ······ 241
제16장 '夏'와 '雅' - 문자를 기반으로 한 역사 고증의 한계 ······ 255
제17장 '月'과 '肉' - 한 가지 형태가 여러 글자와 대응하는 현상[一形多用] ······ 271
제18장 '朝'와 '暮' - 한자 구조의 근거 ······ 287
제19장 '中'과 '外' - 문자와 문물의 상호 증명 ······ 299
제20장 '卒'과 '終' - 자사字詞 관계의 복잡성 ······ 315

제1장

'古'과 '今'

- 한자의 성질

인류가 언어를 가지고 있는데 왜 굳이 문자를 창조했을까?

인류는 그림을 그릴 수 있는데 왜 문자를 사용해야 할까?

한자의 본질을 이해하려면, 한자를 잠시 내려놓고 인류 역사의 관점에서 이 두 가지 질문을 생각해보는 것이 좋다.

모두 알고 있듯이, 언어의 생성은 문자보다 훨씬 빠르다. "인류가 존재한 이래로 언어가 있었다"는 말도 있을 정도이다. 전 세계에 현재까지 문자와 대응하는 언어가 없는 경우도 많고, 알려진 가장 오래된 문자도 수천 년의 역사를 가지고 있을 뿐이다. 일반적으로 사람들은 말을 하는 것만으로도 의사를 전달하는 데 충분하다. 그런데 왜 글자를 써야 할까?

아마도 이는 인류 사회가 일정 수준으로 발전함에 따라 역사 기록을 오래도록 보존할 필요성과 먼 거리에 정보를 전달할 필요성이 자연스럽게 생겨났기 때문일 것이다. "입과 귀로 서로 전달하는" 방식에 의존하는 언어는 시간적, 공간적으로 명확한 한계가 있다. 직접 대면하여 말할 때는 이해할 수 있어도, 시간이 지나거나 거리가 멀어지면 여러 번 전해지는 동안 왜곡될 가능성이 크다. 아마도 이러한 한계를 극복하기 위해, 고대인들은 문자를 창조하여 언어를 문자로 기록해 물질적 매체에 담아 후세에 전하고, 널리 퍼뜨려 먼 곳까지 도달하게 한 것이다.

그러나 언어가 시공간을 초월하려면 반드시 문자가 필요할까? 그림도 가능하지 않을까? 인류는 수만 년 전부터 훌륭한 그림을 그려왔으며, 이미 사건을 묘사하는 '연속화'도 존재했다. 심지어 문자가 생긴 이후도, 단순히 물체의 형태를 기록하는 데 있어 문자가 그림보다 뛰어나다고 할 수 없다. 청동기 시대에 조각된 눈을 묘사한 무늬[그림 1.1]와 같은 시기의 상형 문자 '目'[그림 1.2]을 비교해보면, 두 가지를 구별하기 어렵다.

1.1 1.2

[그림 1] 상대商代 눈 무늬(1.1)와 '目'(1.2)

하지만, 옛날과 지금, 중국과 그 밖의 지역 어느 시대, 어느 나라의 언어를 막론하고, 구체적인 사물의 이름보다 더 흔히 쓰이는 것은 사실 그림으로 묘사하기 어려운 내용들이다. 예를 들어, 시간, 방향, 의식, 감정, 개념, 정도 등과 같은 추상적인 개념을 나타내는 단어들, 그리고 많은 허사虛詞 등이 그 예이다. 이러한 단어들을 정확하게 기록하는 임무는 여전히 문자가 해야 한다.

예를 들어 "在古今中外任何一种语言里[동서고금 어떠한 언어라도]라는 이 짧은 구절만 보더라도, 一을 제외하고 '在', '种', '里' 같은 문자로 기록된 단어들은 그림으로 표현하기가 어렵고, 더 나아가 그림으로 다른 사람에게 정확하게 이해시키는 것은 더욱 어렵다.

즉, 문자와 그림의 가장 큰 차이점은 문자가 언어를 완전하게 기록할 수 있는 기호 체계라는 점이다. 그림과 비교할 때, 문자의 가장 큰 장점은 무형無形을 기록할 수 있다는 점이지, 유형有形을 기록하는 것이 아니다.

이로부터 우리는 한자에서 상형象形 방식으로 순수하게 기록할 수 있는 단어가 극히 드물다는 점을 쉽게 생각해볼 수 있다. "그릴 수 없다"거나 "그려도 명확하지 않은" 경우가 오히려 더 많다. 그렇다면 흔히 말하는 "갑골문은 상형문자다", "한자는 표의문자이다" 등과 같은 한자의 본질에 관한 주장에 문제가 있는 것일까?

우리가 어떤 문자의 성질에 대해 논할 때, 주로 그 문자가 어떤 기호를 통해 언어를 기록하는지 언급한다. 주로 언어의 소리를 기록하는지 — 표음表音, 의미를 기록하는지 — 표의表意 (상형은 표의의 한 방법), 또는 음의나 의미를 고려하지 않고 강제적으로 기호와 언어의 관계를 규정하는지에 대해 말한다.

그렇다면 한자는 어떻게 중국어를 기록하는 것일까? 이제 시간 개념을 나타내는 '古(옛 고)'와 '今(이제 금)' 두 글자를 예로 들어, 아주 작은 공백을 통해 한자의 성질을 탐구하고자 한다.

古

우선, 당신이 문자 창조 시대의 사람이라고 가정해보자. 이름은 'Cāng Jié'이다. 평소에 말할 때 이미 'gǔ'를 과거를 나타내는 단어로, 'jīn'을 현재를 나타내는 단어로 사용하는데 익숙해져 있다. (여기서 한어병음을 사용하는 것은 단지 음성으로서의 단어를 나타내기 위한 편의상의 방법이며, 당시의 실제 발음을 의미하는 것은 아니다.) 만약 이 두 단어를 각각 표현하는 문자를 만들어야 한다면, 당신은 어떻게 하겠는가? 과거와 현재를 그릴 수 있을까? 이는 아마도 매우 어려울 것이다. 그렇다면 고대인들은 어떻게 했을까?

우선 古를 보자. 古는 위에 十이 있고 아래에 口가 있다. 기존의 이해에 따르면, 이는 숫자 十과 입을 표시하는 口의 조합으로 보고, 옛날 이야기가 "여러 사람의 입을 통해 전해진다"는 의미로 해석하였다. 예를 들어, 후한 시대 허신許愼이 쓴 『설문해자說文解字』는 "古, 故也. 从十口. 識前言者也."라고 설명한다. 여기서 "从某某"란 "某某로 의미를 나타낸다"는 뜻이다.

출토된 고대 문자 자료를 보면, 古의 하부는 확실히 口이지만, 상부는 원래 十이 아니라 특별한 구성 요소였다. 이는 세로선이 사각형이나 잉크 덩어리를 관통하는 형상으로 [그림 2.1, 그림 2.2 참조], 대략 춘추전국 시대 이후에 이르러서야 한 가로선과 세로선으로 단순화되었다. [그림 2.3, 그림 2.4 참조]

[그림 2] '古'의 변천 과정

◆는 후대에 전해지지 않았으나 고문자 '戎', '博', '盾'에서도 볼 수 있다. 결과적으로 ◆의 내력을 추정해볼 수 있다. '戎'은 ◆과 무기 '戈'의 조합으로 군사 혹은 군대를 표시한다. [그림 3.1-그림 3.3], 그 중 ◆는 모종의 무기를 본떴으며 후에 '十'으로 변화하였다. [그림 3.4]

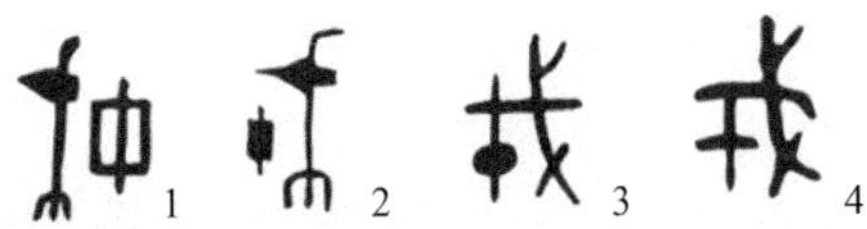

[그림 3] 고문자 '戎'

격투를 뜻하는 "搏斗"의 '搏'은 원래 '博'으로 썼다. 오늘날 장기와 바둑을 뜻하는 '박혁博弈'이나 '도박賭博'에서 여전히 '博'으로 쓰는 것은 고대 문자 사용법을 보존한 것이다. '博'은 형성자로, '十'의 모양이 의미를 나타내고, '尃'이 소리를 나타낸다 ('膊'이나 '薄'과 비교해볼 수 있다). 그 중 '十'은 본래 혹은 으로 썼다 (후자는 '干戈'의 '干'이다). 모두 모종의 무기 형태로 싸움과 관련된 의미를 표기하였다 [그림 4].

고대 문자 '盾'에 독특한 형태가 있는데[그림 5], 왼쪽 아래 구석에 ' '는 의미를 나타내고, '豚'이 소리를 나타내며 ('豚', '盾'는 본래 음이 같으며 吳 방언은 여전히 비슷하다), 이것도 형성자이다. 이 방패와 같은 무기를 대표한다고 볼 수 있다.

[그림 4] 고문자 '博'

[그림 5] 고문자 '盾'

이상의 자형들을 보면, 는 바로 방패의 모양을 본뜬 것이며 아마도 '盾'자 최초 자형일 것이다. 또는 방패를 나타내는 '干'이나 다른 글자의 최초 형태일 수도 있다. 그렇다면 는 방패 아래에 '口'를 추가한 글자인데, "古代"의 '古'와 어떤 관계가 있을까?

연구자들은 고대 문자에 특수한 구성 방식이 있다는 것을 발견했다. 바로 어떤 물체 아래에 '口'를 추가하여 그 물체가 지닌 모종의 특징을 표시하는 것이다. 예를 들어,

'弓(활 궁)' 아래에 '口'를 추가하여 활의 특성인 "强(강하다)"을 나타냈다. [그림 6]

또한, '戈' 아래에 '口'를 추가하여 청동 창의 특성을 나타내는데, 이는 '吉'을 나타냈다. [그림 7, '吉'의 본래 의미는 '견고함'이며, '吉金'은 바로 '견고한 청동'이다. '吉利'는 본래 '견고하고 날카롭다'를 지칭한다]

'黍' 아래 '口'를 더하여 기장(황색 찹쌀)의 특징인 '香'을 표시하였다. [그림 8]
'京'(높은 대) 아래 '口'를 더하여 수도의 특징인 '高'를 표시하였다. [그림 9]
'壴'(북을 본뜸) 아래 '口'를 더하여 북소리의 특징인 '喜'를 표시하였다. [그림 10]

상대 갑골문

[그림 6] 弓+口, '强'

상대 갑골문

[그림 7] 창 머리+口, '吉'

[그림 8] 黍+口, '香'

[그림 9] 京+口, '高'

[그림 10] 북을 본뜬 자형+口, '喜'

이로 볼 때, 방패를 상징하는 '', 아래에 '口'가 더해져 '古'가 되었는데, 본래는 방패의 어떤 특성을 나타냈을 가능성이 크다. '古' 발음을 고려할 때, '古'는 아마도 견고함을 의미하는 '固'를 만들기 위해서였을 것이다. 그 본래의 의미는 방패의 특성, 즉 견고함을 나타낸다.

그렇다면 본래 견고함을 나타내던 '古'와 발음 "gŭ" 사이에 어떤 관계가 있을까? 가장 가능성이 높은 것은 고대 중국인이 "gŭ"를 위해 새로운 글자를 창조하지 않았다. 그 이유는 그리기가 너무 어려워 "gŭ"와 같은 음을 가진 '古'를 빌려 사용했을 것이다. 그리고 '古'가 고대의 "gŭ"로 널리 사용되면서, 사람들은 '固'라는 새로운 형성 문자를 만들어 '古'의 본뜻을 표현하고, '古'를 오랫동안 빌려 쓰고 돌려주지 않아 의미상의 공백을 채우게 된다.

즉, 조자造字의 측면에서 '古'는 표의적이다. 그 구성 요소인 ''과 '口'는 모두 의미 있는 기호이다. 하지만 실제 용자用字의 측면에서는 아주 오래전부터 '古'가 고대의 "gŭ"를 표현하기 위해 차용하였다. 대부분 '古'는 단지 표음적일 수 있다. ('古'와 '固'의 단어상의 의미가 관련이 있을 수도 있지만, 여기서는 논하지 않겠다.)

하지만 대다수 한자 사용자에게는 '古'가 표음인지 표의인지 사실 중요하지 않다. 늦어도 동주 시대부터 사람들은 이미 '古'를 위쪽 '十'과 아래 '口'로 구성 요소를 인식하기 시작했다. 일반적으로 글자를 배우거나 일상에서 사용하는 사람들에게 '古'는 표음이나 표의도 아니고, 단지 아무런 근거 없이 강제로 기억해야 하는 기호일 뿐이었다(이를 기호라고 부를 수 있다). '古'에 대한 세 가지 측면을 표로 요약할 수 있다.

	조자造字	용자用字	일반적으로 인식하는 쓰기 방식
古	방패+口	gǔ를 표시 (과거)	十+口
	형태로 의미 표시	글자를 빌어 발음 표시	근거 없는 기호

이로 볼 때, 같은 한자라도 최초 조자造字 단계, 실제 용자用字 단계, 그리고 후대 일반적인 인식 및 쓰기의 세 가지 측면에서 그 성질이 서로 다를 수 있다.

今

'今'의 구조는 '古'보다 더욱 이해하기 어렵다. 설령 시대가 가장 이른 상대 자형이라고 해도[그림 11.1], 삼각형 모자와 짧은 가로선에 불과하다. 지금의 '今'과 완전히 관계없는 듯하다.

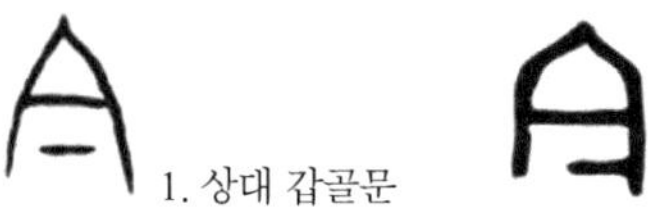

1. 상대 갑골문 2. 서주 금문

[그림 11] 고문자 '今'

'今'을 분석하려면 '口'와 '曰'부터 설명해야 한다. 고문자 '口'는 주둥이를 본떴으며 입 아귀가 위로 올라가고 아래는 곡선 획이나 꺾임선으로 구성하였다[그림 12.1, 그림 12.2]. '口' 위에 짧은 가로선을 추가하여 입으로부터 외부로 말하는 것을 표시하였는데 바로 '曰'이다[그림12.3].

[그림 12] 고문자 '口' '日'

'口'가 구조상의 필요로 인해 형태를 뒤집을 때, 그 중 곡선 획은 꺾임 획으로 쓰이는 경우가 많다 (아마도 쓰거나 새기는 데 편리하기 때문이다). 예를 들어, '合'은 본래 두 '口'가 서로 마주 보는 형태로 쓰였다[그림 13.1]. 아마도 질문에 답하는 '答'의 초기 형태일 것이다.

'飲'은 본래 사람이 고개를 숙이고 입을 벌려 술을 마시는 모습을 표시하였다[그림 14.1]. 이후에 위쪽 "뒤집힌 口"는 모두 'A'[그림 13.2, 그림 14.2]로 변화하였다.

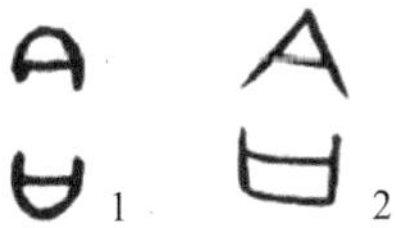

[그림 13] 고문자 '合'

[그림 14] 고문자 '飲'

자형 윗부분 "뒤집힌 口"를 'A'로 쓰는 현상은 '食'에서도 볼 수 있다. "뒤집힌 口"가 식기 '簋' 위로 솟아 있는 곡물을 마주보고 있으며 식사하는 모습을 표기하였다[그림 15]. "龠(yuè)"에서도 보듯이, "뒤집힌 口"는 취구가 한 줄로 늘어선 대나무 관과 마주하고 있으며, 피리 종류에 속하는 '籥'를 표기한다[그림 16]. '令'은 "뒤집힌 口"가 무릎 꿇고 앉은 사람 형상과 마주하여, 윗사람이 아랫사람에게 내리는 명령을 나타낸다[그림 17].

상대갑골문

서주금문

서주금문

[그림 15] 고문자 '食' [그림 16] 고문자 '龠' [그림 17] 고문자 '令'

이로 본다면, '今'은 본래 "뒤집힌 口"와 짧은 가로선으로 구성되었으며, 바로 "뒤집힌 曰"이기도 하다. "뒤집힌 曰"은 아마도 '曰'과 상반된 어떤 상황을 나타냈을 수도 있다. 발음과 결합하면, '今'은 아마도 "吟(jìn)"을 표기하기 위해 만들어진 글자였을 것이다.

吟(jin)은 본래 "입을 닫고 말하지 않다"라는 뜻이며, 이는 '噤'의 이체자이다. '噤'은 "입을 다문 매미처럼 침묵하다噤若寒蟬"에 남아 있어 현대인들에게도 익숙하다. 그 중에서 '口'와 '禁' 모두 의미를 나타내며(禁은 발음도 나타냄), 두 한자가 결합하여 "입 닫고 말하지 않다"라는 뜻을 나타낸다.

고서에서 '吟'은 "음송하다" 또는 "신음하다"의 "吟(yín)"을 표기하는 것 외에도 '噤'과 동일한 용법이 남아 있기도 하다. 예를 들어, 『사기·회음후열전史記·淮陰侯列傳』은 "비록 순과 우의 지혜가 있더라도, 입을 닫고 말하지 않으면 어두운 귀머거리가 손짓하는 것만 못하다雖有舜禹之智, 吟(jin) 而不言, 不如暗聾之指麾."라고 하였다.

또한 '唫'로 쓰인 용례도 있다. 예를 들어, 『묵자·친사墨子·親士』에 "신하가 그 작위와 지위를 중히 여겨 말을 하지 않고, 가까운 신하는 어둡고, 먼 신하는 침묵한다臣下重其爵位而不言, 近臣則暗, 遠臣則唫(jin)"가 있다. '吟', '噤', '唫' 모두 "입 닫고 말하지 않는다"는 "jin"을 표기하는 형성자임을 알 수 있다.

'古'와 유사한데, 아마도 의미를 본뜨기가 너무 어려웠기 때문에 고대인은 "현재"를 나타내는 "jīn"을 표의 방식으로 만들지 않고 "jīn"과 소리가 같은 '今'을 빌려 표기하였다. '今'이 보편적으로 오늘을 뜻하는 "jīn"으로 사용하면서 '吟', '噤', '唫' 등의 형성자를 만들어 '今'의 본뜻을 표시하였으며, '今'이 오랫동안 차용되면서 의미상의 공백을 메웠다.

그래서 今은 3가지 면에서 분석해볼 수 있다. "문자를 만드는" 측면에서 볼 때, '今'은 의미를 표시하였으며 "뒤집한 曰"로 "입을 닫고 말하지 않음"을 표기하였다. "문자를 사용하는" 측면에서 봤을 때 상대商代 문자부터 '今'은 일반적으로 오늘을 표기하는 "jīn"으로 차용되어 왔다. 이 때 '今'은 사실 소리를 표시한 것이다. 당연히 절대 다수의 한자 사용자에 대해 말한다면 '今' 또한 '人', '一', '乛'로 구성된 것에 불과하므로 근거 없는 기호일 뿐이다.

'今'의 세 가지 측면은 하나의 표로도 개괄할 수 있다.

	문자 만들기	문자 사용하기	일반적 자형 인식과 쓰기
今	曰을 뒤집어 쓰기	jīn(현재)를 표기	人+一+乛
	자형으로 의미 표시	문자를 빌려 음을 표기	근거 없는 기호

사실 고대인, 현대인을 막론하고 최소한 진한秦漢 이래로 예서와 해서를 사용한 사람은 한자를 배우고 사용할 때 대체로 한자 구조의 근거를 제대로 이해하지 (이해해야 할 필요가 없기도 하다) 않는다. 기본적으로 모두 자형과 필획을 강제로 기억한다. 그래서 설령 '古', '今' 두 자의 용법을 교체시켜 '古'로 "jīn(현재)"를 표기하고 '今'으로 "gǔ(과거)"를 표기하더라도 약속에 의해 형성되어 사람마다 준수하기만 하면 대략 어떤 문제도 발생할 수 없다.

'古'와 '今' 및 관련 한자 분석을 통해, 우리가 발견할 수 있는 점은 아래와 같다.

한자는 각 글자마다 중국어를 기록하는 방식은 다르다. 같은 글자라도 다른 시대, 다른 사용 방식 또는 인식 정도에 따라 중국어와의 관계에 변화가 발생할 수 있다. 총체적으로 말하자면, 한자는 본래 표의, 표음 방식

등을 종합적으로 운용하여 언어를 기록하는 문자 체계이다. 그러나 실제로 사용할 때 대부분의 한자는 이미 강제적으로 규정된 기호가 되었다. 따라서 한자는 "표음 문자"라고 할 수 있고 혹은 "의음義音-기호 문자"일 수도 있으나 절대로 단순한 "표의 문자"일 수 없다.

더욱 주목할 점은 한자 체계가 형성될 때 "문자를 빌어 소리를 나타내는 방식"이 필수적이며 심지어 보편적이었다. 상나라 갑골문으로 거슬러 올라간다 하더라도 한자는 결코 단순한 "표의 문자"나 "상형 문자"일 수 없다. 대량으로 표음 방식을 사용하여 "그려낼 수 없는" 여러 가지 문제를 해결해야만 문자는 비로소 정확하게 언어를 기록할 수 있기 때문이다.

【참고 문헌과 보충 자료】

'古'와 '今' 두 문자에 관해서는 아래 문헌을 참고하라.

裘錫圭, 「說字小記·說"吉", 說"去""今"」, 『裘锡圭学术文集3·金文及其他古文字卷』, 复旦大学出版社, 2012年, 416-421쪽

한자의 성질에 관해서는 아래 문헌을 참고하라.

裘錫圭, 『文字學概要修訂本』, 商務印書館, 2013년, 9-20쪽

제2장

‘音’과 ‘意’

- 한자의 구형構形

언어는 형태가 없고 문자는 형태가 있다. 유형으로 무형을 기록하는 것이 문자의 가장 중요한 기능이다.

고대로부터 지금까지, 중국을 비롯한 세계 각지의 문자 형태는 천차만별이지만 이 형태를 구성하는 기본 요소 – 도형, 필획, 자모 – 는 기능에 따라 분류하면 세 가지에 불과하다.

1. 의미를 표시하는 부호: 의부意符
2. 소리를 표시하는 부호: 음부音符
3. 직접 음이나 의미를 표시하지 않고 강제로 일정한 역할을 할 수 있도록 규정한 부호: 기호

세계의 각종 고문자, 예를 들어 쐐기문자나 상형문자로 잘못 일컬어지는 고대 이집트 성서聖書 문자, 마야 문자 등 모두 세 가지 부호를 종합적으로 사용하여 자형을 구성하는데 한자도 예외는 아니다.

진한 이후의 한자는 예해隸楷 문자로 칭한다. 주로 가로, 세로, 삐침[撇], 파임[捺], 점 등의 "필획"으로 구성되어 있다. 일반 사용자 입장에서 보면 한자는 기본적으로 기호 조합이며 그 형태는 강제적으로 암기해야 한다. 다만 일부 글자(주로 형성자)의 의부나 음부는 쉽게 알아본다. 예를 들어, '构'의 '木'은 의미를 나타내고, '勾'는 음을 나타내는 것은 명확하다. 하지만 '形'의 '开'와 '彡'은 그 의미를 명확히 말하기 어렵다보니 일반적으로 근거가 없는 기호일 수 밖에 없다.

진한秦汉 이전의 한자는 고문자古文字, 정확히 말하자면 "고한자古汉字"라고 할 수 있다. 고문자는 한자가 만들어지던 시대로부터 가까우며 자형은 상대적으로 원시적이다. 종종 의부와 음부의 사용 상황을 반영할 수 있고, 한자 구성 근거를 표현할 수 있다. 고대인은 한자를 만들 때 무슨 부호를 선택했는지, 어떤 논리로 어떤 방식으로 그것들을 취사선택하고 조합하여 개조했는지, 그 과정 속에 방대한 역사와 문화 정보를 담고 있다. 논리적으로 설명이 가능하다면, 이는 자세히 분석할 가치가 있다.

육서에 관하여

한자 구조를 언급할 때 전통적으로 육서六書 개념을 사용한다. 동한東漢 시기 허신許愼이 『설문해자說文解字』에서 정한 명칭과 예시[그림 1]에 근거하면, 이른바 육서가 지칭하는 것은

1. 지사指事: 上과 下,

2. 상형象形: 日과 月,

3. 형성形聲: 江과 河,

4. 회의會意: 武와 信,

5. 전주轉注: 考와 老,

6. 가차假借: 令과 長

이다. 한漢 이후로 이 여섯 가지 '書' (혹은 앞의 네 가지 '書')는 대부분 "한자 조합의 근본"으로 인식되었으며 한자 구형의 기본 원칙으로 자리 잡았다.

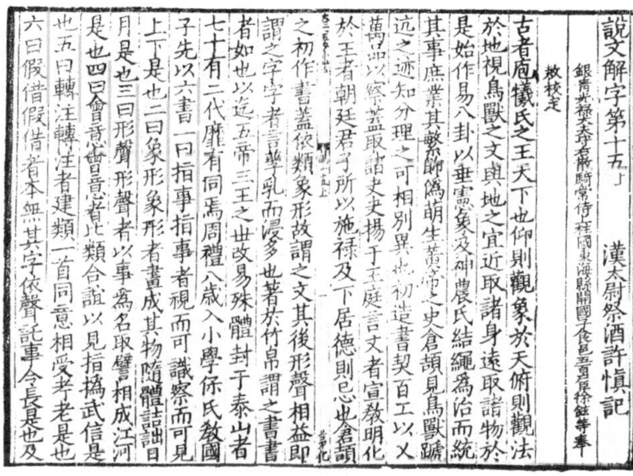

說文解字第十五上

銀青光祿大夫守右散騎常侍上柱國東海縣開國子食邑五百戶臣徐鉉等奉 敕校定

漢太尉祭酒許愼記

古者庖犧氏之王天下也仰則觀象於天俯則觀法於地視鳥獸之文與地之宜近取諸身遠取諸物於是始作易八卦以垂憲象及神農氏結繩爲治而統其事庶業其繁飾僞萌生黃帝之史倉頡見鳥獸蹏迒之迹知分理之可相別異也初造書契百工以乂萬品以察蓋取諸夬夬揚于王庭言文者宣教明化於王者朝廷君子所以施祿及下居德則忌也倉頡之初作書蓋依類象形故謂之文其後形聲相益即謂之字字者言孳乳而浸多也著於竹帛謂之書書者如也以迄五帝三王之世改易殊體封于泰山者七十有二代靡有同焉周禮八歲入小學保氏教國子先以六書一曰指事指事者視而可識察而可見上下是也二曰象形象形者畫成其物隨體詰詘日月是也三曰形聲形聲者以事爲名取譬相成江河是也四曰會意會意者比類合誼以見指撝武信是也五曰轉注轉注者建類一首同意相受考老是也六曰假借假借者本無其字依聲託事令長是也及

[그림 1]『설문해자說文解字』육서에 관한 진술 부분

하지만 자세히 따져보면, 고금의 각종 논저에 언급한 육서 정의는 사실 모두 다르며, 해석과 예시도 많은 차이가 있다. 특정 한자가 도대체 어느 '書'에 속하는지 판단하려면 어느 한쪽을 살펴보다가 다른 쪽을 놓친다. 그래서 어느 쪽으로도 이해하기 난처해진다.

예를 들어, '大'[그림 2]는 본래 정면에서 본 어른의 형상을 본뜬 자형이며 전형적인 상형자인 듯 하다. 그러나 '大'가 대소大小를 표기하면 지칭하는 것은 구체적인 "형태"가 아니라 추상적인 개념, 즉 '事'이다. 그렇다면 '大'는 상형에 속해야 할지 아니면 지사에 속해야 할까?

[그림 2] 상대 청동기 금문

[그림 3] 서주 금문 "立/位"

또한 '立'[그림 3]과 같이 '大' 아래 가로선을 추가하여 사람과 추상적인 평면 간의 관계를 통해 "서다"라는 행위와 상태를 표기한다. 이를 상형이라고 하면 서 있는 사람의 형상을 본뜬 것이며 지사라고 하면 서 있는 상태를 지칭한 것이다. 혹여 회의라고 하면 사람과 지면의 조합으로 의미를 표기한 것이다. 이 모든 해석이 가능한 듯 하지만 한편으로 모두 사실에 부합하지 않다. 게다가 '立'은 때로 서 있는 장소, 즉 '位'를 표기하기도 한다. 예컨대, 주대周代 문자는 늘 "즉위" 혹은 "즉위하다"를 표기하였다. 동일한 자형을 사용하였으나 오히려 의미가 변했기 때문에 이것이 바로 『설문해자說文解字』에서 말하는 "전주"이다 (사실 전주는 실제로 존재하지 않을 가능성이 있으며, 단지 한대漢代 사람들의 오해일 뿐이다). 결론적으로 누구도 명확하게 설명할 수 없다.

1강에서 우리는 '古', '今' 두 한자를 분석하였다. 한자 구성의 측면에서 '古'는 방패를 본뜬 의부 '⊕' 아래 '口'을 추가하여 방패의 특징인 견고함을 표기하였다. '今'은 입으로부터 나온 말을 표기한 '曰'을 뒤집은 자형으로 입 닫고 말하지 않는 '噤'을 표기하였다. 이 두 가지 구조는 모두 특수하며 육서 중 어느 '書'에도 맞지 않다. 이 밖에도 한자 활용 측면에서

'古', '今'이 gǔ(과거), jīn(현재) 두 단어를 표기하는 방식은 단순한 소리 표기 방식일 가능성이 있다. 바로 같은 소리를 가진 한자를 빌려 단어를 기록한 것이다. 이 현상은 일반적으로 육서 중 "가차"라고 한다. 그렇다면 육서는 두 가지 다른 측면의 개념을 포함하였으니 더욱 뒤섞이기 쉽다.

사실, 육서는 원래부터 "한자 조합의 근본"이 아니며 한대漢代 사람들이 "껍데기를 빌려 세상에 내놓은 것"에 불과하다. 『주례周禮』에 근거하면 육서와 구수九數 모두 귀족 자제들이 학습하는 과목이나 구체적인 해석은 없다. 지금 우리는 구수가 구구단표, 곱셈 구구단표라고 부르는 것으로 알고 있다 (5강 [그림 29] 참고). 그렇다면 육서와 구수는 비슷한 분량이면서 난이도도 크지 않을 것이다. 일부 학자는 육서가 원래 육십갑자표, 즉 간지표를 지칭한다 (6강 [그림 1] 참고)고 하였다. 구구단표와 마찬가지로 육서는 주대 사람들이 어릴 때부터 학습한 암기표에 불과했을 것이다. 그 분량이 아무리 많더라도 간단한 식자 교본 정도였을 것이며 후대 『삼자경三字經』, 『백가성百家姓』과 유사하다.

대체로 동한 시기 이후로 육서는 비로소 한자 구형의 여섯 가지 기본 규칙으로 해석되었으며 상형, 지사 등의 명칭이 부여되어 아동 학습 과목의 본뜻으로부터 벗어나기 시작하였다.

한대 사람들이 육서를 귀납할 때 활용한 자료는 대부분 한자 원시 자형, 예컨대 현재 볼 수 있는 상주商周 시기 고문자가 아니라, 이미 심각하게 '왜곡된' 진한 시대의 전서, 예서 문자이다. 근거로 삼을 수 없는 자료를 사용해 억지로 '六'을 맞추려다 보니, 자연히 많은 문제가 발생할 수밖에 없다. 예를 들어, 고문자 '古'와 '今'의 구조를 비교해보면, 『설문해자說文解字』가 '古'를 '十'과 '口'로 구성되었으며 '今'을 '亼'과 '乛'로 구성되었다고 분석한 것을 알 수 있다. 모두 한대 전서 자형[그림 4]이 잘못 분석한 결과일 가능성이 있다.

[그림 4] 한漢 새인璽印 전서 '古', '今'

더 중요한 문제는 상주商周 고대인은 결코 '육서'를 우선적으로 정립하지 않고 자형 조합에 착수하였다는 점이다. 그들은 세 가지 문자 부호를 손에 쥐면서 직접 배열하고 조합하였다. 사용한 수량, 비례, 호응 관계에서 상당히 풍부한 유형을 만들어냈다. 실제로 상세하게 분류한다면 열 가지 '書', 스무 가지 '書'도 부족할 것 같다.

우리가 현재 한자 구성 방식을 언급할 때 육서의 틀을 깨고 현상으로 본질을 보면서 한자를 가장 작은 단위로 나누어 각종 기호의 사용 방식으로 직접 분석해도 무방하다.

아래 '音'과 '意' 두 글자를 예시로 들어서 그 안에 얼마나 많은 구성 요소가 있는지, 각 구성 요소가 의부인지 성부인지, 아니면 기호인지를 살펴보고 그것들이 어떻게 문자를 구성했는지 살펴보고자 한다.

音

'音'의 초기 자형은 서주西周 [그림 5.1] 시대에 출현하였다. 하단부에 입을 본뜬 의부 '口'가 있다 [그림 5.2]. '口' 위로 Y 모양의 혀가 뻗은 것이 '舌'이다 [그림 6.1].

혀끝이 왜 갈라졌을까? 아마도 사람의 혀는 단순히 살덩어리로 되어 있어 특징이 뚜렷하지 않지만, 뱀의 혀는 끝부분이 갈라져 있는데다가 매우 민첩하며, 식별도도 아주 높다. 그래서 고대인들은 뱀의 혀로부터 모양을 따 왔으며, 때로는 몇 개의 작은 점을 그려 침을 상징하기도 했다 [그림 6.2].

[그림 5] 서주 금문 '音'과 '口'

[그림 6] 상대 갑골문 '舌'

'口', '舌'은 의부로 사용할 수 있지만 말로 표현된 소리 - '言' -는 들을 수 있어도 볼 수 없어서 구체적인 형상을 그려내기 어렵다. 고대인은 방법을 바꾸어 '舌' 위에 짧은 가로선을 추가하여 '言'자로 규정하였다 [그림 7.1].

[그림 7] 상대갑골문 '言', '曰'

고대인의 인식 속에 혀는 발화의 주요 기관이다(현재도 혀가 발화를 대신하는 용법으로 활용하는데 "함부로 지껄이다嚼舌头", "이간질을 잘 하는 여자长舌妇"가 그 예이다). '舌' 앞에 짧은 선을 더하여 '言'을 표기하였으며 구조 논리가 앞에서 말했던 '曰'과 아주 유사하다[그림 7.2]. 두 한자에 추가된 짧은 선은 발화한 말을 본뜬 것이 아니라, 추상적 의미 부호이다.

하지만 "뱀의 혀에 선을 더한" 구성 요소는 한자 체계에서 상당히 특별하여 일반적으로는 사용하지 않으며 일상적으로 글자를 쓸 때 일부 상용자와 유사해질 가능성이 높기 때문에 혼용해서 쓰기도 한다. 상주 시기 가장 많이 사용했던 한자가 간지干支이다. 천간天干 '辛' [그림 8]의 영향을 받아 '言' 윗부분이 오래전부터 '辛'과 혼용하면서 윗부분은 '辛', 아랫부분은 '口'로 구성하기도 하였다 (그림 9, 위쪽 선은 의미가 없는 필획이며 있어도 되고 없어도 된다).

[그림 8] 갑골문 '辛'

1. 상대 갑골문

2. 전국시대 금문

[그림 9] 윗부분이 '辛'과 혼용하는 '言'

이와 같은 '言'을 보고 다시 고문자 '音'과 비교해보면, '音'은 '言'의 '口' 안에 짧은 가로선을 추가한 것임을 발견할 수 있다 [그림 5.1]. 때로는 짧은 세로선 혹은 원형으로도 썼다 [그림 10.1과 그림 10.2]. 짧은 선, 세로선, 원 등의 형태와 관련 없이 모두 말할 때 '입'으로부터 나오는 추상적 대상인 소리를 표시한다.

1. 춘추금문

2. 전국시대 금문

[그림 10] '口' 안에 가로선이 아닌 '音'

'口'에 가로선이 더 많으면 '音'이며 가로선이 적으면 '言'이다. 이와 같은 차이는 진秦에서 한漢 초기까지 계속 유지한다 [그림 11, 12]. 이후 '音' 윗부분은 '立'으로 쓰고 '言' 윗부분은 보통 선 네 개로 바뀌어 '音'과 '言'은 철저하게 기호화된다. 두 한자 사이의 관계 또한 기호 속에 묻혀 볼 수 없게 되었다.

[그림 11] 전국시대 초간 '音'과 '言'

[그림 12] 진간 '音'과 '言'

意

'意'는 현재 위쪽을 '音', 아래쪽은 '心'으로 쓴다. 마음 속에서 나오는 소리가 바로 '意'라고 말하는 듯 하다. 하지만 이 한자의 본래 구조는 결코 이와 같지 않으며 '言' 중간에 원형을 추가하였다 [그림 13].

[그림13] 서주 금문 '意'

이 원형은 위치를 가리키는 부호일 가능성이 있다. 비슷한 예시로 '弦'이 있다. '弓'자에서 시위 위치에 원형을 그린 것이다 [그림 14.1]. "厷(팔뚝)"은 팔꿈치를 나타내는 '九'의 팔 위치에 원형을 그린 예시이다 [그림 14.2]. 또한 '股'는 '人'의 대퇴부 위치에 원형을 그렸다 [그림 14.3].

[그림 14] 상대 갑골문 "弓-弦", "九肘-厷", "人-股"

그렇다면 우리가 '言' 중간에 원형을 추가한 자형이 '意'인지 어떻게 알 수 있을까? 이것은 전국시대 이후 출토문헌에서 상당히 명확한 용례가 있다. 그래서 앞뒤 문장을 분석할 수 있기 때문에 '意'로 확정할 수 있다 [그림 15.A, 15.B, 15.C]

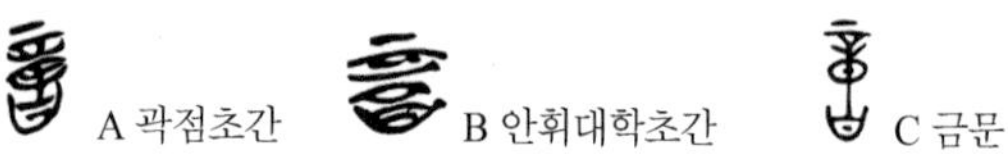

[그림 15] 전국문자 '意'

『논어論語·자한子罕』에 "억측을 하지 않았고, 틀림없다고 단언하지 않았으며 고집을 부리지 않았고 아집도 부리지 않았다[毋意, 毋必, 毋固, 毋我]." 가 있다. 호북성 형문荊門에서 출토된 곽점초간에 바로 "毋A, 毋必, 毋固, 毋我"가 있다. A자는 '意'에 해당한다. 『시경詩經·위풍魏風·벌단伐檀』에 "胡取禾三百億兮[어찌 벼 삼백억을 거두는가]"라는 시구가 있다. 안휘대학安徽大學에서 소장 중인 전국시대 초간에서도 "胡取禾三百B兮"라고 쓰여 있다. B자는 '億'에 해당한다 (십만을 표기하며 간화자로 '亿'으로 쓴다). 청동기 명문 중에도 "至于万C年, 子之子孫之孫其永用之[만억년에 이르러 아들의 자손의 자손까지 영원토록 사용하여라]"가 있다. C자는 "萬億"의 '億'으로 사용하였다. '億'은 그려낼 수 없기 때문에 '意'를 빌려 소리를 표기하였다.

이것으로 보아 고문자 '意'는 본래 '言'의 혀 부분에 원형을 더하였으며 혀 위에 수반된 것, 바로 말 속에 포함된 추상적 대상인 '뜻'을 표시했을 가능성이 있다. 이후에 '言'에 선을 추가한 '音'으로 바뀌었으나 자형 중간에 원형은 늘 존재하였다 [그림 15].

전국시대 사람들은 대체로 '音'에 원형을 더하는 방식을 사용하여 '意'를 표시하는 방법을 잘 알지 못하였다. 그래서 글자 아래에 의부 '心'을 더하기도 하였다 [그림 16]. 아마도 '心'은 충분히 표의 작용을 할 수 있었거나 '音'에 원형을 더하는 방식이 너무 특이하여 전국시대 말기 진秦 혹은 통일 진秦 왕조는 '意' 윗부분에 핵심적 역할을 담당하던 원형을 완전히 지워버리자 항상 사용하던 '音'으로 변하였다 [그림 17]. 진秦의 "書同文" 정책을 거치면서 '意'로 고정되었고 지금까지 전승되었다.

[그림 16] 전국시대 초간 '意'

[그림 17] 진간 '意'

이 밖에도 '音', '意' 두 자의 소리는 상고시대에도 유사한 편이었다. 『노자老子』에 "音聲相和[음악과 소리는 서로 조화를 이룬다]"가 있는데 장사長沙 마왕퇴한묘馬王堆漢墓에서 출토된 필사본은 바로 "意聲之相和也"라고 쓰여 있다. '意' 윗부분을 '音'으로 바꾸면 소리 표시 역할도 겸할 수 있다.

지금까지 '音'과 '意'의 기원을 대략적으로 정리해보았다[그림 18]. 그 안에서 다양하고 변화가 많은 구성 방식을 발견할 수 있다. '육서'로 분석한다면, 상형, 회의, 지사, 가차, 그리고 형성이 있을 수 있으며, 적용하기 어려운 부분도 적지 않다. 각 구성 요소는 공간 위치 관계이기도 하면서 서로 의존하는 관계도 있다(예를 들어 Y 형태가 '口'에 의지해야 비로소 '舌'을 나타냄). 각 부호의 기능은 직관적으로 알 수도 있고, 강제로 규정한 것도 있다. 흔히 볼 수 없는 구성 요소는 자주 쓰이는 요소로 대체되기도 하며, 의미가 불분명할 경우 구성 요소를 추가하기도 한다. 이 점들은 간단히 요약하기 어렵지만 각 구성 요소와 글자를 구성하는 모든 단계를 분해하

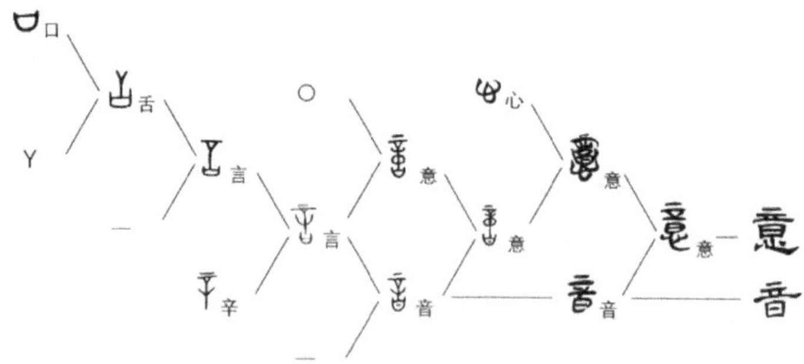

[그림18] '音', '意' 구조 분해와 조합

면 기본적으로 모두 설명할 수 있다.

이로부터 한자 구조를 분석하는 가장 객관적이면서 가장 철저한 방법은 한자를 가장 작은 단위까지 분해하여 각 부호의 속성을 판단하고 다시 사용 방식 혹은 조합 관계를 분석하는 것이다.

만약에 한자 구조를 몇 가지 유형으로 정리하려고 한다면 대략 세 가지로 나눌 수 있다.

1. 의부만 포함할 경우 '표의자'라고 한다.
2. 소리 부호만을 포함할 경우 '가차자'(즉, '표음문자'이며 소리 부호는 실제로 다른 글자를 빌려 발음을 표시하였으나 직접적인 발음 표시는 아니기 때문에 '가차자'라고 부르는 것이 더 합당하다)라고 부른다.
3. 의부와 소리 부호를 겸할 경우 "형성자"라고 한다.

【참고 문헌과 보충 자료】

'육서'의 본의에 관해서는 아래 문헌을 참고하라.

張政烺,「六書古義」,『文史叢考』, 中華書局, 2012年.

한자 구형 이론에 관해서는 아래 문헌을 참고하라.

裘锡圭,『文字學概要修訂本』, 商務印書館, 2013년, 102-113쪽.

제3장

'書'와 '冊'

- 고대 한자의 매체

문자를 발명한 이후부터 종이가 보급되기 전까지, 글자 쓸 곳을 선택할 때마다 고대 문명을 일군 인류 조상들은 지역이 달라도 유사한 선택을 하였다.

비록 소수이지만 기념비적인 문자는 단단하고 견고한 재질 위에 남겨 오래도록 보존하게 하였다. 수 많은 일상 속의 필기는 최대한 현지에서 구할 수 있으면서 가볍고 쉽게 구할 수 있는 매체를 사용하였다. (만약 먹물이나 염료로 글자를 쓴다면 반드시 물을 흡수하고 먹물을 머금을 수 있는 재질이어야 한다). 예를 들어, 수메르인은 부드러운 점토판을 선택하였으며 고대 이집트인은 파피루스를 선택하였으며 고대 인도인은 야자나무 잎 등을 선택하였다.

상고 시대 중국인도 마찬가지로 대나무와 나무를 재료로 만든 간독簡牘

을 사용했으며, 붓에 먹을 묻혀 문자를 썼다. 고대 한자의 주요 매체는 바로 간독이다.

간독과 간독시대

'簡'은 주로 죽간이다. 대나무를 생산하지 못한 곳도 목간을 사용한다. 대나무를 쪼개서 가늘고 얇은 조각으로 만드는 것이 나무를 쪼개는 것보다 훨씬 쉽기 때문에 죽간을 더 많이 볼 수 있다. 지금 사람들이 죽간을 모방해서 만들면 이상한 방식으로 두껍게 만든다. 마치 콰이반수快板書[1]에 사용한 대나무 판과 비슷하며 심지어 위에 글자를 새기기도 한다.

사실, 발굴된 죽간 한 매는 일반적으로 두께가 약 1mm, 폭이 5mm에서 1cm 정도 [그림 1]로, 작은 글자로 한 줄 쓰기에 석합하나. 숙간 위의 글자 크기는 우리가 일상적으로 쓰는 글자 크기와 비슷하다. 여러 매의 죽간을 가는 실로 엮어 한 두루마리로 말아도 굵지 않으며, 한 손으로도 충분히 잡을 수 있다. 수천 자를 쓰더라도 문제 없다.

[그림 1] 진간秦簡 두루마리: 각 죽간의 두께는 대략 1mm, 폭은 6-8mm

일부 사람들이 "책을 널리 읽어 학식이 풍부하다"의 "學富五車"라는 표현에서 '다섯 수레'를 채울 정도로 많은 양의 죽간을 상상하지만, 사실 그렇게 많지 않다. 이는 아마도 현대인이 억측해서 만든 "대나무 판"으로 인해 잘못된 영향을 받았을 것

1 1950년대 톈진(天津)시에서 출현한 민간 예능으로 '竹板'(2개의 대쪽으로 된 리듬 악기)과 '节子板'(5개의 작은 대쪽 사이에 2개의 동판(銅板)을 끼운 리듬 악기)를 치며 간혹 대사를 섞어 노래하는데 그 때 사용하는 악기이다.

이다.

'牘'은 직사각형 나무 조각이나 대나무 조각이며('牘'의 좌측이 바로 '片'이다), '版' 혹은 '方'이라고도 한다. 만약에 쓰려는 한자가 많지 않다면, 예를 들어 안부 편지 한 통이나 작은 표, 간단한 문서를 쓰려고 한다면 죽간 한 매는 부족하며 길이가 긴 죽간 두루마리 또한 모두 채울 수 없으므로 '牘'을 사용하는 게 적합하다.

간독 이외에 비단 또한 한자 쓰는데 사용할 수 있기 때문에 '簡帛', '竹帛'으로 말하기도 한다. 예를 들면, 『묵자墨子』에서 말했던 "죽간과 비단에 써서 후세 자손에게 전해주다[書之竹帛, 傳遺後世子孫]"이다. 하지만 비단은 비싸고 잘못 쓴 한자도 지우기 힘들어 실제로는 많이 사용하지 않았다.

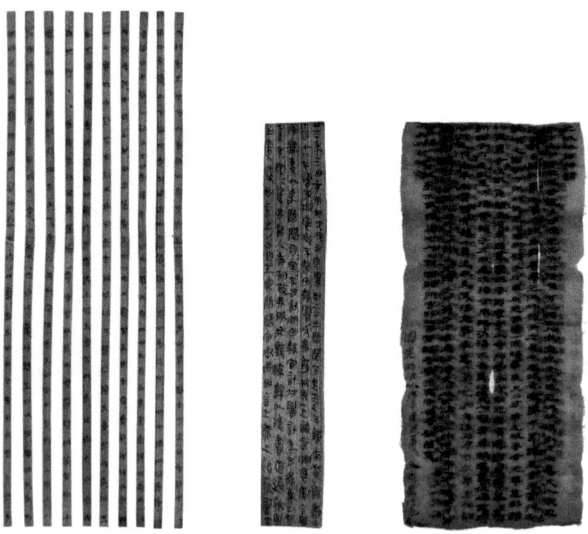

1. 전국시대 죽간　　2. 진秦 목독木牘　　3. 한漢 백서帛書

[그림 2] 簡, 牘, 帛

만약 우리가 중국 역사 연대에 따라 한자의 주요 매체를 배열하면 사실 세 단계로 구분할 수 있다. 동진東晉 이전은 간독을 주로 사용했고, 동진 이후부터 현재까지는 종이를 주로 사용하였다. 앞으로는 디지털 매체가 주류가 될 가능성이 있다.

한자가 매체에 나타나는 주요 방식 역시 세 가지로 구분한다. 송대宋代 이전은 붓글씨 위주로 사용했으며, 송대 이후로 현재까지는 인쇄 위주이며 앞으로는 디지털 표현이 주류가 될 것이다[그림 3].

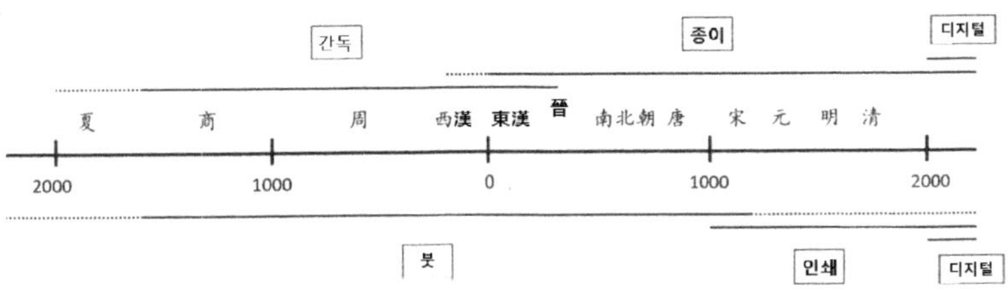

[그림 3] 한자 주요 매체 및 표현 방식

중국인이 사용한 간독 역사는 대략 2천년이다. 상주 시기부터 한진漢晉까지 "간독시대"로 칭할 수 있다. 고고학 발굴에 근거하면 서한 시기는 이미 종이를 서사 재료로 사용했을 것이다. 동한東漢 "채륜蔡倫의 제지술" 개량을 거치며 점차 널리 보급되었다.

하지만 동한, 삼국, 서진西晉 시기 간독이 대량으로 출토되면서 동한 말기 고적에 "죽간과 종이에 기록한다[著之簡紙]."는 표현도 있는 것으로 보아 당시는 "죽간과 종이를 함께 사용하던 시대"였음을 알 수 있다. 대략 동진 이후부터 주로 종이로 한자를 썼다. 현재 우리는 종이와 붓을 사용하는 방식에서 디지털화로 전환하는 과정이며 "후손이 지금을 살펴본다면", 21세기 초를 "종이와 디지털 매체를 함께 사용하던 시대"라고 부를 가능성이 크다.

그렇다면, 간독 시대 이전에 갑골문, 청동기, 도기 등과 같은 단단한 재료가 주요 문자 매체로 사용되고, 새김[銘刻] 방식이 주요 기록 방식으로 삼았던 시대가 존재했을까? —— 당연히 존재하지 않았을 것이다.

우리가 지금 볼 수 있는 상주 고문자는 갑골문, 청동기 명문[金文] 등의 자료가 대다수를 차지한다. 이 자료 모두 부패하기 어려운 매체에 의존하다보니 지속적으로 보존되어 운 좋게 "생존자"로 발굴되기도 한다. 당시 사용된 한자 중에서도 아주 적은 비율을 차지하였고 성격도 아주 특수하며 일상적인 한자 서사와는 많이 달랐다.

예를 들어, 갑골문 내용은 주로 점복을 기록한 복사卜辭이다. 금문은 주로 기념하기 위한 문자이거나 기물을 제작한 사람의 이름을 새긴 것으로 모두 형식화된 텍스트이지 "서적"은 아니다. 고대인은 편지나 문서를 쓰기 위해서 엄청난 힘을 들여 거북이 껍질을 파거나 구리를 녹일 수 없었다. 갑골 복사는 내일 비가 오는지, 전쟁을 해야 하는지, 조상에게 제사를 지내는데 소를 써야할지 양을 써야할지 물어보았다. 하지만 상 왕조 전에 하夏 왕조(16강 참고)가 있었는지 알려주지는 않았다. 이 점은 현대인이 비석을 새기거나 인장을 만들더라도 일반 서적과 동일하게 여기지 않는 것과 같다. 갑골문, 금문 등의 새김을 상주 시대 문자의 주체로 간주하려는 견해들은 아마도 "생존자"로 인한 오류를 모두 간과하여 일부분으로 전체를 개괄하려는 잘못을 저지르고 말았다.

간독 시대의 흔적은 출토문헌에 드러나기도 하며 한자와 중국어 속에 숨어있기도 하다. 아래 '書', '冊' 두 한자를 실마리로 삼아 고대인들이 "죽간과 비단에 한자를 쓴" 역사를 살펴보기로 한다.

書

‘書’는 세 가지 의미가 있다. 글자를 쓰는 행위를 ‘書’라고 하며 한자를 쓴 물건도 ‘書’(예를 들어 서적, 편지, 문서), 어떤 모양으로 써낸 것도 ‘書’(전서, 예서)라고 한다. ‘書’는 본래 손으로 붓을 잡고 글씨를 쓰는 모습을 포함하였다.

 1. 서주 금문  2. 진간

[그림 4] 고문자 ‘書’

고문자 ‘書’[그림 4.1]는 형성자이다. 윗 부분 는 ‘聿’, 즉 ‘筆’의 초기 자형이자 표의자이다. 아래 는 ‘者’이며 상고음이 ‘書’와 비슷하므로 음을 표기하였다 (‘諸’, ‘猪’ 등도 지금까지 ‘書’와 음이 비슷하다). ‘聿’, ‘者’가 만나는 곳의 필획이 후에 생략되어 함께 섞이면서 ‘書’[그림 4.2]가 되었다. 간체자 ‘书’가 바로 ‘書’의 초서(예를 들어, )가 해서화된 결과이다. ‘聿’은 본래 오른손 [又]와 붓을 본뜬 가 결합한 자형이다. 상형 정도가 아주 높은 상대 금문 ‘聿’[그림 5.1]에 이 두 구성 요소의 위치 관계가 손으로 붓을 잡고 글씨 쓰는 형태와 딱 들어맞는다. 붓과 붓대가 대부분 대나무로 만들었기 때문에 이후에 ‘竹’을 더하여 ‘筆’이 되었다[그림 5.2].

 1. 상대 금문  2. 진간

[그림 5] 고문자 ‘聿’, ‘筆’

『설문해자說文解字』에서 “초에서는 聿이라고 한다[楚謂之聿]”, “진에서는

筆이라고 한다[秦謂之筆]"라고 했다. 진시황이 추진한 "書同文" 정책을 거치며 후대에 진秦 문자가 계승되면서 '筆'을 사용하였다. '筆'의 아랫부분을 '毛'로 바꾼 '笔'은 대략 남북조 시기에 출현하여 지금과 같은 규범자가 되었다. 윗부분이 '竹', 아랫부분이 '毛'인 자형은 붓의 형태와도 잘 어울린다.

붓은 쓸 수도 있고 그릴 수도 있다. 상대 문자 '畵'도 '聿' [그림 6]을 포함한다. 붓 아래 교차하는 구성 요소가 있는데 이는 그림을 그리는 도구인 컴퍼스를 표현했을 가능성이 있다.

[그림 6] 상대 갑골문 '畵'

'聿'로 구성되거나 '聿'을 포함한 고문자를 보면 한자를 조합할 때 (상대 혹은 더 이른 시기), 사람들은 이미 오래전부터 붓을 사용하였다. 전설 중에 진秦 대장 몽염蒙恬이 "붓을 만들었다"고 전해지긴 하지만 붓의 탄생은 진秦보다 훨씬 이전의 일이다. 신석기 시대에 수많은 도기 무늬는 바로 붓을 사용하여[적어도 솔] 그려 넣은 것이다. 솔, 붓 모두 본질적으로 차이는 없다 [영어로 모두 brush라고 한다].

필적이 있는 실물 중에도 시기가 아주 이른 것도 있었다. 예를 들어 산서山西 양분襄汾 도사陶寺 유적지에서 출토한 도기 주전자에 주사朱砂를 묻힌 붓으로 쓴 부호가 있다. 그 중, 고문자 '文'[그림 7]과 아주 비슷한 흔적이 있다. 연대는 대략 기원전 2000년에서 1900년이며 하 왕조 초기에 해당한다. 이와 같은 부호가 문자인지는 아직 논쟁의 여지가 있다.

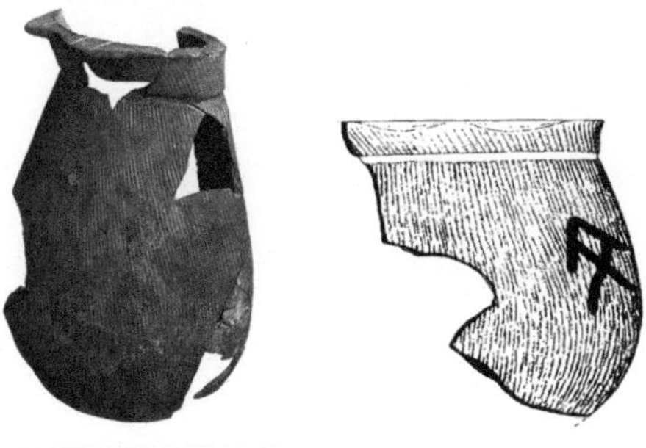

[그림 7] 도사陶寺 주사 부호

확실한 것은 한자의 필적은 상대 유물이 가장 이르다. 예를 들어, 하남河南 안양安陽 은허殷墟에서 출토된 상대 도기 파편에 묵으로 '祀'를 쓴 흔적이 있다. 그 운필 방식이 아주 부드럽다[그림 8]. 만약 같은 방식으로 죽간에서 한자를 썼다면 당연히 어떠한 장애도 없었을 것이다. 이 상대 '祀'에서 우리가 볼 수 있는 것은 중간 가로선에 측봉側鋒, 세로선은 중봉中鋒을 사용한 흔적이다. 유사한 필적은 붓글씨 형태를 보존한 일부 갑골문에 남아 있다 [그림 9]. 이 한자들을 쓴 사람은 아마도 "삼지법三指法"을 사용하여

[그림 8] 은허 묵서墨書 '祀'

[그림 9] 붓글씨와 유사한 갑골문

붓을 잡았을 것으로 추측하는데 우리가 펜을 잡는 자세와 유사하다.

冊

현대 중국어에서 제본 형식의 각종 종이책을 모두 '冊'이라고 한다. '冊'의 내력은 가는 줄을 사용하여 연결한 죽간본이며 간책簡冊이라고도 한다.

현재 볼 수 있는 출토 간책 연대는 상대적으로 늦다. 그 중에서 가장 이른 것은 전국시대 초기 증후을묘曾侯乙墓에서 출토되었다. 고대인이 사용한 '冊'의 기록은 오히려 전국시대보다도 훨씬 이르다. 서주 초기에 만들어진 『상서尙書·다사多士』에 "惟殷先人, 有册有典"과 같은 내용이 있다. "너희 은殷 조상들은 죽간 서적인 '冊' 뿐만 아니라 경전에 속하는 '典'도 있었다"는 뜻이다. 이 점은 고문자 자료 중에서 이미 충분히 검증되었다.

먼저 상대 문자 '冊'[그림 10]을 보자. '冊'은 엮어서 만든 죽간 형태를 본뜬 것으로 간주한다. 가로 방향으로 엮은 끈과 세로 방향의 죽간을 한 줄로 엮어내고 양쪽이나 한쪽에 매듭을 짓는 방식은 출토된 죽간 형태[그림 11]와 거의 일치한다. 따라서 '冊'이 만들어지기 이전에 죽간으로 만든 책은 이미 존재했을 것이다.

[그림 10] 상대갑골문 '冊'

[그림 11] 서한 죽간 출토품

하지만 죽간 한 권은 길이가 일치해야 하며 상하가 가지런해야 한다. 초기 '冊' 고문자를 보면 항상 세로선의 길이에 차이가 있다. 따라서 '冊'은 울타리를 뜻하는 '柵'를 표기하기 위해서 만든 한자일 수 있다. 죽간과 울타리는 형태가 비슷하며 '冊'과 '柵'은 상고 시대에 발음이 같으므로(상해 방언 '乔家栅'의 '栅', 북경 방언 '大栅栏'의 '栅' 등은 여전히 '冊'과 음이 비슷하다), 본래 동일한 어휘를 표기하다가 이후에 두 가지로 분리되었음을 알 수 있다. '柵'의 초기 고문자로 간책簡冊의 '冊'을 표기한 것 역시 아주 자연스럽다. '冊'이 본래 죽간을 본뜬 것인지 울타리를 본뜬 것인지와는 관련 없이 상대商代 문자와 문헌 중 모두 명백하게 '죽간'을 표기했다.

중요한 내용을 수록한 죽간 서적을 바로 '典'이라고 한다. 고문자 '典'[그림 12]의 윗부분은 본래 '冊'이다. 아랫부분은 받침판을 본뜬 '丌'이다. 책상 위에 놓인 가치 있고 권위를 지닌 죽간을 표기하였는데 이것이 바로 "경전", "전적"이다. 상대 사람들이 "冊도 있고 典도 있었다"의 '典'도 죽간 형식으로 존재했음을 알 수 있다.

[그림 12] 서주금문 '典'

상대 갑골문 '智' 중에서 '大', '子'와 '冊'으로 구성된 자형이 있다 [그림 13.1]. '大'는 성인, '子'는 아이를 본뜬 자형이며 '冊'은 죽간을 본뜬 자형이다. 한자를 만든 사람의 생각으로 본다면 성인이 죽간을 사용하여 아이에게 지식을 전수해주는 상황이 바로 '智'라고 설명할 수 있다. 어느 자형은 '大'와 '子' 사이에 '口'를 추가하여 [그림 13.2], 전수의 의미가 더욱 더 명확하게 드러난다.

[그림13] 상대 갑골문 '智'

고문자 자형 외에도 상대, 서주 시기 출토문헌에 나온 '冊' 용례를 봐도 당시 죽간을 사용한 상황을 설명할 수 있다. 갑골문, 금문 모두 "作冊"이라는 아주 중요한 사관 명칭을 볼 수 있다. 이 관직 명칭이 바로 "죽간에 글을 쓰는 사람"이라는 의미로부터 파생되었다. 후대에 관직을 제수하거나 작위 수여를 "책봉冊封"이라고 불렀으며, 상주 시기는 이를 "책명冊命"이라고 했다. 이는 죽간을 낭독하며 임명을 발표하는 의식에서 유래하였다.

예를 들면 『면궤免簋』라는 서주 청동기에 바로 "作冊"이 주왕周王의 명을 받는 상황이 있다. "책명"을 담당하는 '免'의 기록이다 [그림 14]. "작책", "책명" 두 단어가 상대, 서주시기에 유행하였던 상황을 보면 당시 죽간에 한자를 쓰던 습관이 아주 보편적인 일이었음이 확실하다.

[그림 14] 책명冊命 금문: 서주 『면궤免簋』

'冊'에 해당하는 죽간을 말아 올린 것이 바로 "卷(juàn)"이다. 말아서 묶은 후에 고대인들은 바깥쪽 죽간 뒷면에 편명을 적어 찾아보기 편하게 하였다. 읽어보거나 한자를 써야 할 때 다시 두루마리를 펼쳤다. 우리가 앞에서 보았던 『면궤免簋』는 위로부터 아래로, 우측에서 좌측으로 배열하였다. 상주 시기에 쓴 고문자는 각종 새김을 포함하여 배열 방향은 대부분 이와 같다. 이와 같은 습관은 일상생활 중 죽간에 한자를 쓸 때 오른손으로 붓을 잡고 왼손으로 "두루마리"를 펼친 영향을 받아 형성된 것이다. 중국 전통 문자 배열 방식인 세로 쓰기와 오른쪽에서 왼쪽으로 쓰기는 적어도 3천년 이상 이어져 온 것이며 그것의 기원은 바로 여기에 있다.

죽간을 묶을 때 사용하는 끈은 대부분이 가는 줄이며 마麻를 사용하기도 한다. '編' 좌측 '糸'에 이 의미가 남겨져 있다. 공자가 『주역周易』을 읽다가 "가죽끈이 세 번 끊어졌다[韋編三絶]". "가죽끈韋編"은 이전에 "소 가죽을 가공하여 만든 끈"으로 해석하였으나 고고학 발굴로 본다면 죽간 대부분은 단단히 말려 있어서 [그림 1], 가죽끈을 사용하면 너무 두꺼워 말기 어렵기 때문에 이것으로 묶었을 가능성은 없다 (그런 사례가 발견된 적도 없다). 따라서 공자가 읽다가 끊어진 "가죽끈[韋編]"은 아마도 "씨실로 묶다緯編"라는 뜻이며 가로 방향으로 묶는 끈을 지칭했다.

고대 문서를 관장하던 관리 또한 "刀筆吏"라고 하였다. 이 중 '刀'는 '削'이라고도 칭하는 책칼이다. 죽간에 잘못 쓴 한자를 긁어 지우는데 사용하며 글자를 새길 때 쓰지 않는다. 현재 고대인이 책칼을 차고 있는 형상을 볼 수 있다. 예를 들면, 진시황릉원에서 출토된 문관용文官俑은 허리에 책칼과 숫돌이 걸려 있다 [그림 15]. 또한 산동 기남沂南 북채北寨의 한漢 화상석에 그려진 刀筆吏 형상은 귀에 붓을 꽂아두고 허리에 책칼을 매달았다 [그림 16]. 책칼의 역할은 늘 오해를 받았다. "칼로 죽간에 새긴다"라는 오해는 지금까지도 여전히 일반적이다. 사실 '删'을 보기만 하면 바로 발견할 수 있듯이 '冊'에 '刀'를 더한 것은 책칼로 죽간 위에 잘못 쓴 한자를 지운다는 의미이다.

[그림 15] 진秦 문관용 허리에 패용한 책칼(좌)과 숫돌(우)

[그림 16] 산동 기남沂南 북채北寨 한漢 화상석의 刀筆吏 형상 (복원도)

상주 시기에 간독을 대량으로 사용한 흔적이 남아 있음에도 불구하고 전국시대 이전의 죽간은 왜 현재까지 출토되지 않았을까? 몇 가지 이유가 있다. 예를 들면 중원 지역은 습도가 적당하여 인류 거주, 농업 발전에 적합하나 유기물 보존은 적합하지 않다. 바로 "건조하면 천년, 습하면 만

년, 건조하지도 습하지도 않으면 반년"이라고 하였듯이 절대 다수의 죽간은 이미 자연적으로 소실하였다. 또한 전국시대 이전 죽간을 함께 매장하는 풍습이 없었다. 고대인이 죽간을 매장하지 않아 후손들이 출토하기가 쉽지 않다. 가장 이상적인 상황은 지하에 아직 있으면서 우리가 발견하지 못해낸 것뿐이다.

많이 사용하는 간독 외에도 현재 이미 알고 있는 고문자 매체는 도기, 갑골, 금속 기물(주로 청동기), 옥기, 석기, 칠기, 직물, 화폐, 인장, 봉니封泥, 건축 도면 등도 있다. 한자를 써야 할 필요가 있는 곳에 쓸 수도 있었고 새기거나 주조할 수 있을 매체라면 고대인은 모두 이용할 수 있었다. 디지털 설비가 없었던 것을 제외하면 지금과 사실 큰 차이는 없었다.

한자의 역사를 보면 서로 다른 매체 위의 문자는 대부분 오랫동안 공존하였으며 언제나 "형제관계"이지 "부자관계"는 아니었다. 갑골문, 금문 등 기본적으로 모두 간독의 필적이 특수 매체로 옮겨 적힌 것이며 서사 방식, 문자 역할이 다르기 때문에 서체에도 변화가 있었을 뿐이다. 현재의 한자처럼 종이에 쓰거나 책 위에 도장을 찍거나 스크린에 보여주는 등의 모든 한자는 동일한 문자 체계 중 약간의 차이가 있는 "형제"일 뿐이다(제4강을 참고하라).

그렇다면 우리가 익히 알고 있는, 예를 들면 "상대는 주로 갑골문을 사용하고 서주 시기는 주로 금문을 사용했다", "한자 초기 형태는 새기는 방식 위주였으나 후대에 붓으로 바뀌었다", 혹은 "간독은 갑골로부터 다시 태어났다", "중국 서사의 역사는 갑골 → 간독 → 종이 세 가지 주요 단계가 있다", "간독 시대 전에 갑골문 시대가 있었다" 등등의 사실을 다시 살펴본다면 아마도 모두 살아남은 형제들이 부자 관계로 변화한 것이며 특수한 몇 가지가 일반적 사실이 되어 "생존자 편향"의 함정에 빠진 것이다.

【참고 문헌과 보충 자료】

초기 필적에 관하여 참고하라.

宋鎭豪 主編,『中國法書全集·第1卷先秦秦漢』, 文物出版社, 2009年.

죽간 형태 및 서사 방식에 관하여 아래 문헌을 참고하라.

賈連翔,『戰國竹書形制及相關問題硏究——以淸華大學藏戰國竹簡爲中心』, 中西書局, 2015年.

제4장

'篆'과 '隸'

- 고대 한자의 서체

문자의 매체가 "글자를 어디에 썼는가"라면 문자의 서체는 바로 "글자를 어떤 모양으로 썼는가"이다. 글자의 모양은 주로 두 가지를 포괄한다. 자형 구조와 필획 형태인데 두 가지를 서로 결합하면 바로 우리가 말하는 "서체"이다.

"서체", "자체字體" 두 가지 단어는 사용할 때 의견상 차이가 난다. 어떤 사람은 전서篆書, 예서隸書 등을 "자체"로 칭하고 구양순歐陽詢, 안진경顏眞卿, 유공권柳公權, 조맹부趙孟頫 등의 유파는 "서체"라고 한다. 또한 어떤 사람은 두 가지를 통칭하여 "자체" 혹은 "서체"라고 한다. 현재 사회에서 사용하는 단어를 보면 "자체"는 점점 더 컴퓨터나 화면 표시와 편집인쇄에 사용되는 자형, 즉 폰트(font)를 가리키는 경우가 많아지고 있으며 이 추세는 막을 수 없다. 혼란을 피하기 위해서 우리는 문자학이나 서예 관련 내용을 토론할 때 "서체"를 많이 사용해야 한다.

한자 서체는 일반적으로 '篆', '隸', '草', '行', '楷' 다섯 가지로 귀납하여 "오체五體"라고 칭한다. 오체 앞에 "甲[갑골문]"과 "金[금문]"을 더하여 "칠체七體"라고 하기도 한다. 그 중 고문자 단계의 서체는 흔히 앞뒤로 이어지는 하나의 맥락으로 연결한다.

갑골문 → 금문 → 전서 → 예서

(전서 혹은 "대전 → 소전"으로 구분하며

갑골문, 금문 등 고문자 혹은 통칭하여 "大篆"이라고 한다)

이런 식의 맥락은 배우기 쉽고 기억하기도 좋아서 사람들이 숙지하고 있긴 하지만 적지 않은 문제가 존재한다. 그 중 갑골문, 금문을 서체의 명칭으로 만들고 전서, 예서와 병렬하는 것은 "매체"와 "서체" 두 개념을 혼동한 것이다. 복합적으로 발전한 한자 서체를 단 하나의 과정으로 귀납하는 것은 역사의 복잡성을 심각하게 간과한 것이다. 아래 이 점에 대해 구분하여 이야기해보자.

무엇보다도 동일한 서체는 다른 매체에서 출현할 수 있다. 동일한 매체에서 필요에 따라 서로 다른 서체를 사용할 수 있다. 이것은 아주 자연스러운 일이다. 고금을 막론하고 "종이 위의 문자"가 천차만별인 것처럼 "갑골 위의 문자"가 바로 갑골문이며 "청동기 위의 문자"가 바로 금문인 것 또한 각양각색이다. 각종 "매체+문자" 개념은 각각 서체 개념을 사용해서는 안 되며 아무 생각 없이 특정 서체(예를 들면 "전서")로 포함시키지 말아야 한다.

상대 후기의 다른 매체에 적힌 '大', '子' 두 글자를 살펴보자. 붓에 먹을 묻혀 옥기 위에 쓴 한자 [그림 1.1]와 거푸집을 사용하여 주조한 청동기 위의 한자 [그림 1.2]를 서로 비교하면 구조, 스타일이 기본적으로 동일하므로 동일한 서체로 볼 수 있다. 현재까지 아직 발견되지 않은 상대 죽간문자도 이와 같은 서체일 것이다.

1. 붓으로 쓴 묵서墨書 - 옥기 표면에 씀　　2. 붓으로 쓴 한자와 비슷한 금문 자형

[그림 1] 상대 후기 붓으로 쓴 한자 '大'와 '子'

다시 갑골에 새겨진 '大'와 '子'를 보면 [그림 2], 기록한 내용의 차이로 인하여 완전히 다른 필획 형태가 나타난다. 어떤 것은 붓으로 적은 자형보다 훨씬 조잡하며 어떤 것은 기념성이 짙은 금문보다 훨씬 더 장중하고, 더 예술적으로 표현하였다 [그림 2.2].

1. 조잡한 갑골 각사刻辭　　2. 장중한 갑골 각사

[그림 2] 상대 갑골문 '大'와 '子'

마찬가지로 갑골에 새겨진 지지地支 '子'[그림 3]는 각수刻手와 시대의 차이로 인하여 자형 구조가 완전히 다르다. 어떤 것은 자형 본래 의미를 반영하여, 갓 태어난 아기의 숨구멍이 닫히지 않고 머리 위에 태모胎毛가 있는 모습을 본뜬 것도 있다 [그림 3.1]. 어떤 것은 몇 안 되는 선으로 틀만 남긴 경우도 있다 [그림 3.3]. 이 자형들이 모두 지지 첫 번째인 '子'를 분명히 표기하지 않았다면, 아마도 서로 다른 글자로 인식되었을 가능성이 있다 (자세한 내용은 제 6강의 "子, 巳" 참조).

[그림 3] 갑골문 지지 '子'

"갑골문" 내부의 서체 차이는 스타일[그림 2]이나 자형[그림 3]과 관련 없이 예서와 해서 간의 차이보다 더 크기도 하다. 예서, 해서는 두 가지 서체라고 한다면 갑골문은 몇 가지 서체라고 할 수 있을까?

이 외에도 동일한 시대에 자주 사용하는 서체는 다양할 수 있다. 동일한 서체 또한 몇 시대를 아우르며 사용하기도 한다. 이 또한 아주 자연스러운 일이다. 우리는 단지 "생존자" 일부만을 연결하여 그들을 "부자 관계"로 묶인하고 "역사상의 주류"로 축적해갈 수 없다.

이와 같은 관념으로 우리가 다시 출토된 고문자 자료의 실제 상황으로부터 "전서 → 예서" 발전 순서를 분석하면 이 두 서체 관계는 그렇게 간단하지 않다.

전서, 예서의 명칭과 실제

한漢 이후의 전통적 인식에 근거하면 "전서"는 주로 선이 굵고 간격이 일정하며 굴곡이 완만한 서체이며 서주 말기부터 출현하였다. 진秦 이전까지의 전서 구조는 비교적 복잡하여 대전大篆이라고 하였다. 진시황이 천하를 통일한 이후로 이사李斯 등의 사람들이 자형을 간단하게 변형시켜 "소전小篆"을 제정하고 아울러 통일된 나라의 문자로 삼았다. 진의 법체계가 가혹하여 "관청과 감옥에서의 일이 많아" 시간을 절약할 필요가 있었다. 그래서 소전을 간단한 구조를 바탕으로 선을 곧게 변형시켜 "형벌 받은 죄수와 노예"를 처리하는 업무에 활용하였다. 그래서 "예서隸書"

라고 칭하였다 (『한서漢書·예문지藝文志』 등에서도 설명한 바 있다).

출토문헌을 보면 한漢 사람들이 말했던 "전서"는 기본적으로 권위가 있는 비석이나 전각에서만 사용하였으며 일상에서 활용하던 서체는 아니었다. 선진시기와 진한 시대의 각종 필적 중에서, 특히 일상 생활 속에서 만들어진 필적 대다수를 차지하는 간독 서체 중에서 직접 전서를 쓴 경우는 거의 없다. 이 점은 마치 현재 인쇄체로 사용하는 "송체宋体"로 표준 자형을 반포하고 자전을 출판하지만 실제로 필기할 때, 송체를 전적으로 모방할 필요는 없으며 그 자형 구조를 따르는 것과 같이 이해하면 된다.

전서의 '篆'은 조각을 뜻하며 '瑑'으로 쓰기도 한다. '瑑'은 "刻瑑", "雕瑑" 등의 용례로도 많이 사용한다. 『설문해자說文解字』는 '篆'을 "引書"로 해석하였다. 또는 "螾書"로 해석할 수도 있다. 바로 전서가 지닌 선의 특징을 묘사한 것으로 지렁이처럼 일정한 굵기와 곡선이 많다. 고대에 지렁이를 '螾'으로 지칭하였다. 『설문해자說文解字』와 동일한 시기에 속하는 한漢 문헌 중에서 '螾'을 종종 '引'으로 기록하기도 하였다. 결론적으로 실제 용도를 종합하면 "전서"는 본래 비석과 전각을 위한 서체를 지칭하였으며 특별히 이들을 위한 서체만을 지칭했다고 볼 수 있다.

이와 대비되는 개념이 "필기체"이다. 필기체는 진秦 전서체보다 구조가 간단하고 직선 위주이기 때문에 필기하기가 쉬운 서체이다. 실제로 진 통일 이후에 등장한 서체는 아니다. 1970년대 이후 전국 시대 및 진秦 문자 자료가 대량으로 출토되면서 이와 같은 필기체가 간독 등의 매체에서 사용된 사실을 발견하였다[그림 4]. 학자들은 이를 대부분 "진예秦隸" 혹은 "고예古隸"라고 칭한다.

진예로 기록한 내용은 권위가 있으면서 아주 중요한 내용일 수 있다 (그림 4 『法律答問』). 결코 지위가 낮은 사람들이 사용하도록 제한하지 않았다. "예서"라는 명칭은 반드시 "죄수"나 "노예"와 관련지어 부여한 것이 아님을 알 수 있으며 또 다른 기원이 있다. 『설문해자說文解字』는 '隸'를 "附箸

也."로 정의하였다. 또한 신망新莽 시대는 진예를 "좌서佐書"로 칭하기도 하였다. "附箸"가 바로 "부착附着"을 뜻하며 현재도 "예속隸屬"과 같은 용례로도 사용한다. "좌서"는 예서의 보조적인 역할로 인하여 부여된 명칭일 가능성이 있으며 혹은 문서를 필사하는 보조 관리 "서좌書佐"로부터 비롯되었을 수도 있다. 출토문헌의 진예 형태 및 용례를 종합적으로 보면, "예서"는 본래 전서처럼 공식 서체가 아니며 보조적 필기체를 지칭한 것이다.

[그림 4] 운몽雲夢 수호지睡虎地 전국시대 진간秦簡 『법률답문法律答問』

출토된 전국시대 진秦문자와 진시황 이후의 진 문자를 보면 비석 및 전각의 서체, 필기체, 전서, 예서를 막론하고 진시황이 중원을 통일한 전후에 사실상 뚜렷한 변화가 발생하지 않았다. 전서는 전국시대 『상앙방승商鞅方升』의 명문[그림 5 왼쪽]과 진秦 통일 후에 제작한 시황제 명문[그림 5

오른쪽]과 비교할 수 있다. 예서는 운몽雲夢 수호지睡虎地에서 출토된 전국 진秦 간독[그림 6.1]과 악록서원岳麓書院에 소장된 진대秦代 죽간[그림 6.2]의 유사한 내용을 비교할 수 있다.

서체의 관점에서 말하면, 전국시대 말기 진 전서가 어떻게 새겨기고 진 예서를 어떻게 썼는지, 진대에 들어서도 어떻게 새겨지고 어떻게 썼는지 발견할 수 있다. 단지 "秦王"이 "皇帝"로 바뀌면서 일부 한자와 단어를 수정해야만 했을 뿐이다. 진나라 법률이 엄격하여 "관청, 감옥에서 업무가 증가"하여, 이후 전서가 예서로 변화했다는 주장은 사실과 부합하지 않다.

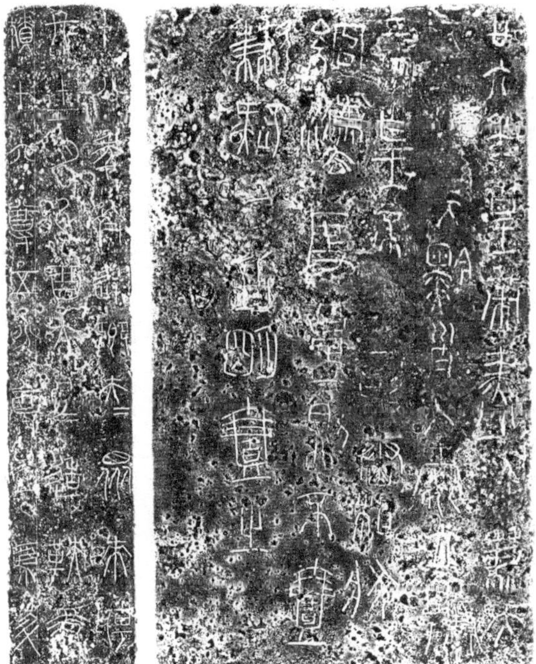

『상앙방승商鞅方升』의 전국시대 상앙 명문(왼쪽)과 진시황 명문(오른쪽)

[그림 5] 통일 전후의 진 전서 비교

1. 운몽 수호지 전국시대 진간『위리지도爲吏之道』"吏有五善" 章

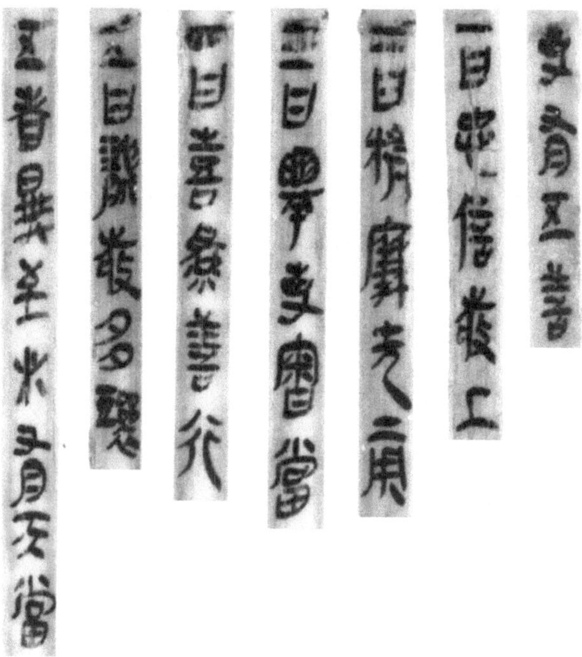

2. 악록서원 소장 진간『위리치관급검수爲吏治官及黔首』"吏有五善" 章

[그림 6] 통일 전후의 진 예서 비교

진시황이 추진한 "서동문" 정책은 정복당한 나라의 백성들이 진 문자의 구조, 한자 사용 습관, 단어 사용 규범을 따르도록 요구한 것이지 서체를 제정하여 천하의 모든 사람이 "소전을 쓴 것"은 아니다. 모든 연대마다 필기체의 계통은 사실 줄곧 모두 존재해왔으며 비석이나 명문의 서체 혹은 인쇄체는 오랜 기간동안 병존하면서 서로 영향을 주고 받은 관계였다.

고문자 자료가 세상에 알려지면서 '篆'과 '隸'의 기존 정의는 다소 좁은 의미였다는 게 밝혀졌다. 그래서 후대인은 두 서체의 내적 함의를 모두 확장하고자 하였으나 아직 충분하게 원하는 수준에 도달하지 못하였다.

예를 들어, 한대에 사용하였던 '大篆'은 소전[秦篆]과 서체가 비슷하면서 소전보다 시대가 이른 고문자를 지칭하며 이후에도 서주 시대 후기의 청동기 금문, 춘추전국시대 교체기의 석고문을 지칭하기도 하였다. 서예 발전사에서도 진대 소전보다 이전 단계에 존재하였던 고문자를 대전大篆으로 통칭하였다. 오랜 시간동안 우리가 볼 수 있있던 고문자는 기의 비문이나 금문에서 비롯되었기 때문에 '篆'으로 통칭해왔으며 그것이 적절한 듯하였다. 하지만 현재의 상황에서 본다면 붓으로 쓴 글씨가 당시 가장 일반적인 문자 표현 방식이었으므로 상주 시대의 붓글씨를 모두 "전서篆書"의 개념에 포함시키는 것은 분명히 부적절하다. 설령, 붓글씨를 배제하고 비석과 금문만 비교하더라도 자형과 스타일에 큰 차이가 있어[그림 2, 3], 하나의 서체 범위 내로 몰아넣을 수 없다. 게다가 "대전大篆"이라는 개념은 후대에 매우 혼란스럽게 사용되었기 때문에, 각자의 서로 다른 정의를 지속적으로 제기하는 것보다는 차라리 사용하지 않는 것이 더 낫다.

또한 예를 들면 앞에서도 언급하였듯이 진 간독 문사 서체는 진예秦隸 혹은 고예古隸(고예는 한대 초기의 예서도 포괄한다)라고 한다. 이 두 명칭은 한예漢隸와의 연계성과 차이를 보여주는데(한예는 주로 파책波磔이 명확한 팔분八分을 가리킨다), 비교적 합리적이다. "예서"의 함의는 이로부터 확장되었으며 진문자 중 비석과 금문에 쓰인 서체 '篆'과 필기체 '隸'가 공존했던 기간 또한 길어졌다.

문제는 전국 시대의 언어는 소리가 다르고 문자 형태도 달랐는데 "진 전서", "진 예서" 외에도 다른 지역의 문자 또한 스타일이 각각 다른 금문, 비석, 필기체가 존재하였다는 것이다. 다시 앞으로 거슬러 올라가면 춘추 시대, 서주시대, 상대는 이미 출토된 고문자만을 보더라도 서체의 복잡한 정도가 아마도 '篆'과 '隸' 두 개념으로는 정확하게 대응하거나 완벽하게 수용하기는 불가능할 것이다.

서체의 세 가지 관계

만약에 개념의 혼란을 피하고 객관적으로 한자의 서체를 분석하려면 아래 세 가지 관계로 분석해야 한다:

1. 주조/새김과 필기 2. 표준체와 속체 3. 번체와 간체

한자가 광범위하게 사회 각 분야에서 사용되면서(늦어도 상대 후기 이전), 다음 세 가지 관계가 자연스럽게 형성되고 오랫동안 지속해왔다.

1. 단단한 재질로 주조하거나 새기면서 매체와 공구의 영향을 받은 **주조/새김 서체**, 붓과 먹을 사용하여 글씨를 쓰면서 붓의 특성과 손목 움직임의 방향 등의 영향을 받은 **필기체**.
2. 공식 석상에서 사용하며 장중하고 우아함을 추구하여 필기가 비교적 정돈된 상태인 **표준체**, 일상에서 사용하고 간결하면서 유려함을 추구하며 다소 빠르고 약간 거친 **속체**.
3. 보수적이면서 복고풍이며 특정한 효과를 강조하기 위해 의도적으

로 복잡하게 만든 **번체**,

필기 효율을 높이기 위해 일부 구성 요소나 획을 생략하여 만든 **간체**.

이상의 관계는 내부적으로 절대적인 경계가 없다. 더욱이 정체와 속체, 번체와 간체 모두 상대적인 개념이다. 특정 문자 자료의 서체는 한쪽으로 혹은 반대쪽으로 편향되기도 한다. 서체의 자리매김 또한 시대 발전에 따라 변화할 수도 있다.

예를 들어, 앞에서 말했던 진한 시기 전서와 예서는 분석하자면 비교적 간단하다. 전국시대 진나라로부터 진시황 통일 이후까지 전서는 기본적으로 새김 서체이며 상대적으로 정돈된 표준체이다. 구조가 고예古隸보다 복잡하므로 번체이다. 고예는 필기체이며 상대적으로 구조가 엉성한 속체이다. 구조가 간결하므로(전서 '水'인 ''는 점 세 개로 구성된 ''로 쓴다), 간체이다.

[그림 7] 동한東漢 공묘비孔廟碑 전서 제액題額과 예서 본문

한 이후 예서는 점차적으로 예술화되면서 '한예漢隸'로 발전하였다. 바로 잠두蠶頭와 연미燕尾가 출현하면서 한 획이 세 번 꺾이는 '팔분八分'이 새김 서체로 승격한다. 공식화된 수준은 전서보다 다소 낮았으나(예를 들어, 한대 비문의 본문은 주로 팔분서八分書가 사용되었고, 비석의 머리 부분에는 여전히 전서가 많이 사용됨, 그림 7 참고), 의심할 여지 없이 당시 표준체가 되었다.

이 때 속체 위치에 출현한 공백은 더욱 더 간결한 예서 및 초서로 보충되었다. 『설문해자說文解字』에서 "한이 흥성하면서 초서가 출현하였다"라고 하였는데 출토문헌으로 이미 증명되었다. 초서의 출현은 늦어도 서한 무제武帝 시기 이전이며 이미 예서, 전서와 함께 보완 관계를 형성하였다.

다시 앞으로 돌아가면 진시황 통일 이전에 진나라 계열 외의 각국의 문자는 '篆'과 '隸'로 양분하기 어려우며 서체 상황이 더욱 더 복잡하였다. 예를 들어 전국시대 초문자는 죽간에 쓴 필기체가 가장 일반적이며[그림 8.1], 일반 필기체보다 더 간단한 청동기 명문도 있다[그림 8.2]. 필기체 스타일을 간직하면서 다소 평평한 청동기 명문도 있으며[그림 8.3], 전서에 가까우면서 선이 굵고 완만하게 구불구불한 명문도 있다[그림 8.4]. 또한 특별하게 더 번잡하면서 예술화된 '조충서鳥蟲書'도 있다[그림 8.5].

그 중, [그림 8.2]에서 [그림 8.5]까지는 비록 동일한 금문이지만 서체의 차이는 상당히 크다. [그림 8.1]의 죽간과 [그림 8.2]와 [그림 8.3] 등과 같은 다소 실용적인 청동기는 유사한 서체를 사용하였다. [그림 8.4]는 고대인이 진귀하게 여기던 청동 예기禮器이므로 상당히 정돈된 표준체를 사용하였다. 글자에 금을 상감하여 정중함을 보여주었다. [그림 8.1]부터 [그림 8.3]까지 상대적으로 거칠어 속체로 볼 수 있다. [그림 8.4]의 자형 구조는 [그림 8.3]과 비교해보면 다소 복잡하며 [그림 8.5]는 더욱 복잡하다. 역시 수많은 장식성 요소가 추가되어 특수한 번체로 볼 수 있다. 상대적으로 [그림 8.1]부터 [그림 8.3]까지가 바로 간체이다. 이 다섯 가지 문자 자료 중에서 각각

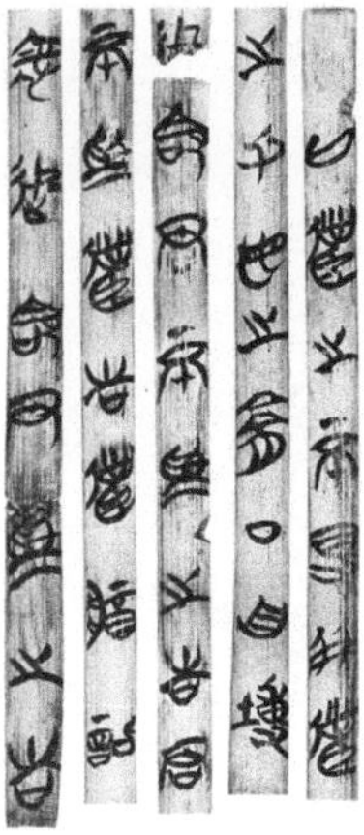

1. 상해박물관 소장 전국시대 죽간

2.『주객두鑄客豆』명문

3.『연객동량燕客铜量』명문

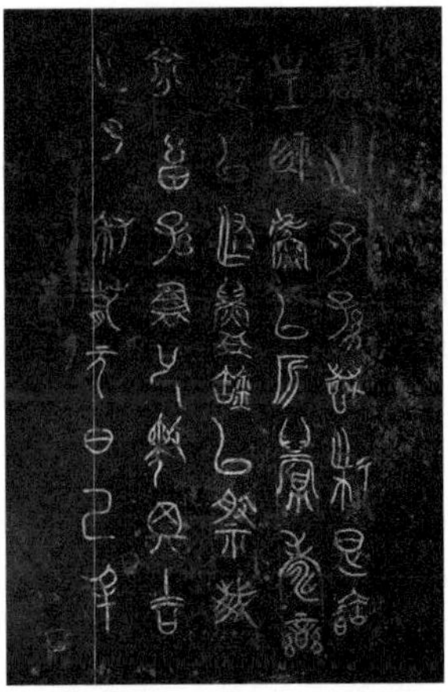

4.『서야부書也缶』명문

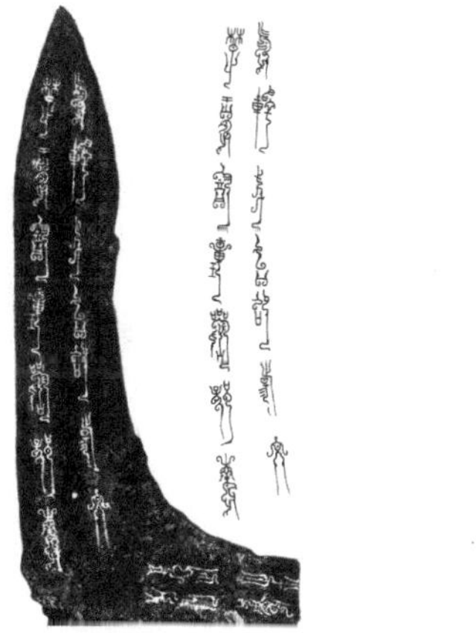

5.『초왕웅장과楚王熊璋戈』명문

[그림 8] 전국시대 초楚문자의 각종 서체

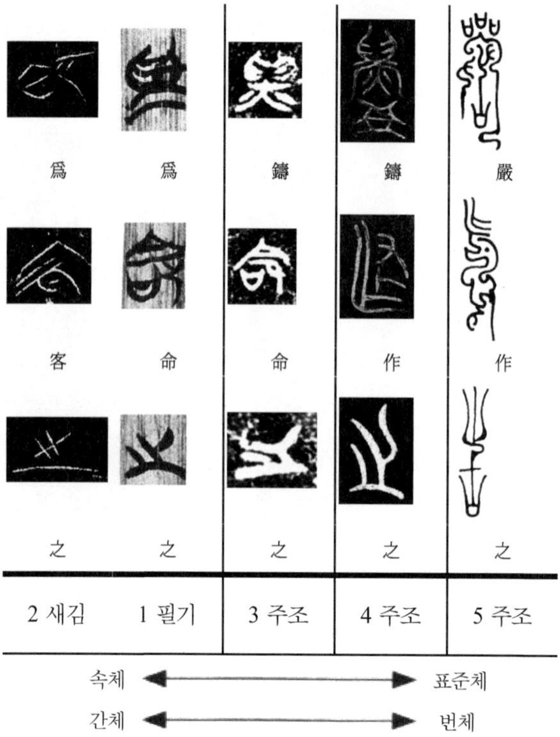

[그림 9] 초楚문자 서체 비교

대표적인 자형을 추출하여 비교하면 이들 사이의 관계를 더욱 명확하게 파악할 수 있다[그림 9].

전국시대 이전에 춘추, 서주 시대 문자 자료는 종류로 볼 때 단순한 편이지만 서로 다른 서체 간의 대립 상황을 볼 수 있다. 예를 들어, 춘추 말기 진계晉系 문자에서 『후마맹서侯馬盟書』 옥판玉版의 붓글씨 흔적[그림 10.1]과 청동기 『자작롱조존子作弄鳥尊』에 새겨진 주조 명문[그림 10.2]을 비교하면, 손으로 쓴 글자에 담긴 자연스럽고 자유로운 느낌과 새김체의 예술적 완성도 차이를 볼 수 있다.

1.『후마맹서侯馬盟書』

2.『자작롱조존子作弄鳥尊』 명문

[그림 10] 춘추 후기 진晉 문자의 필기체와 주조 명문

서주시대 문사 서체는 인명 "白[伯]懋父"을 예로 들 수 있다. 이 인명은 청동기에 붓으로 직접 쓴 것도 있고[그림 11.1], 청동기와 함께 주조된 것도 있다[그림 11.2]. 두 서체의 차이는 바로 고대인이 보통 필기체를 개조하여 명문 서체로 만든 방식을 보여주었다. 즉, 필획의 출봉出鋒을 생략하고 획 굵기를 일정하게 하여 필획 연결 부분을 부드럽게 하고 글자 전체를 최대한 대칭적으로 배치하는 등의 방법을 사용하였다. 반대로 필기체는 새김체에 비해 간단한 특징을 관찰할 수 있는데 곡선을 곧게 펴거나 긴 획을 분해한 사례 등이 그렇다.

현재까지 가장 이른 시대의 한자 체계는 상대 후기에 출현하였다. 이 당시의 한자 서체는 이미 풍부하게 출현하였나. 옥기, 도기, 갑골문 위에 남겨진 필적은 당시의 필기체를 대표하였다([그림 12.1], [그림 1.1], 제 3강 [그림 8]의 '祀'). 갑골문 대부분은 다소 엉성한 선으로 새겼으며 점친 내용을 기록하는데 사용한 특수 속체였다([그림 12.2], [그림 2.1], [그림 3]). 갑골문에서도 붓글씨 스타일이 정돈된 표준체까지 남아 있으며 주로 특수한 상황

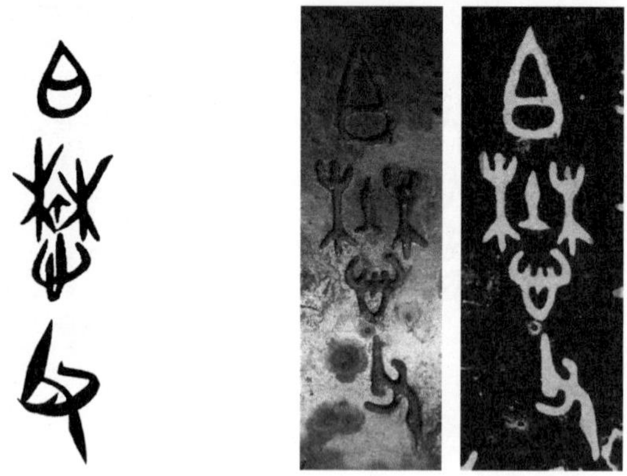

1.『백무보궤伯懋父簋』 묵서　　2.『소유召卣』 덮개 명문

[그림 11] 서주 초기의 필기체와 명문

기록에 사용하였다([그림 12.3], [그림 2.2], 제 3강 [그림 9]). 상황을 기록한 청동기 금문도 표준체를 사용하였다. 붓글씨 형태를 더욱 더 다듬어 "전서"와 같은 느낌이 더 강하게 나타난다([그림 12.4], [그림 1.2]). 이 외에도 자형이 복고풍이거나 복잡하여 가문 명칭을 전문적으로 기록한 족명族名 명문도 있으며 번체로 볼 수 있다[그림 12.5].

1. 옥과玉戈에 주황색 먹으로 쓴 주서

2. 갑골문 복사卜辭

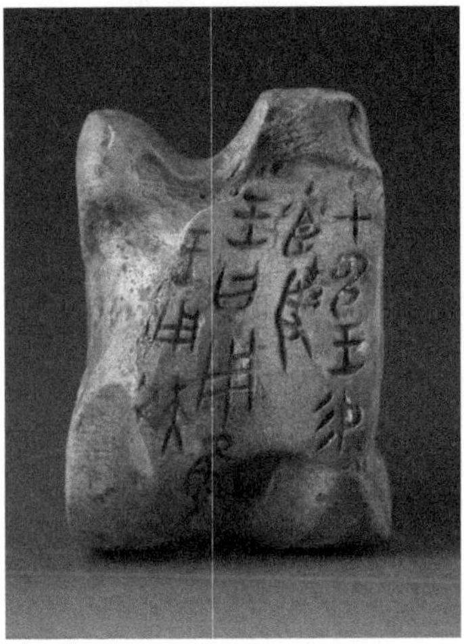

3. 갑골문 상황 기록 복사

4. 상황을 기록한 청동기 금문『작책반언作册般甗』

5. 족명族名 금문 "[illegible]冊"

[그림 12] 상대 후기 문자의 각종 서체

이상의 고문자 용례에서 알 수 있듯이, 늦어도 3,000여 년 전인 상대 후기부터 고대인은 문자 성질과 내용에 따라 적절한 서체를 선택하여 표현하였다. 한편, 지속적으로 서체를 개조하였다. 한자 서체 "세 가지 관계"는 이른 시기부터 이미 복잡하게 얽히면서 오랜 기간 공존해 왔다. 따라서 전서나 예서 혹은 기타 개념으 특정 고문자 서체를 간단하고 정확하게 규정하기 어렵다. 현재 구체적인 자료를 기반으로 구체적인 분석만 할 수 있을 뿐이다.

전서와 예서를 정의하는 문제가 간단하지 않은데 여기에 서체와 매체의 관계도 복잡하게 얽혀 있다면, 고문자 역사를 어떻게 서술해야 객관적일 수 있을까? 연대순으로 순서를 정리하는 것이 가장 좋은 방법일 것이다. 예를 들어:

상대문자 → 서주춘추문자 → 전국문자 → 진한문자 ……

각 단계별 고문자 모두 뚜렷한 시대적 특징이 있는데 모두 다른 매체로 나타나며 새김 서체와 필기체, 표준체와 속체, 번체와 간체로 존재한다.

진한 이후의 각종 한자 서체 사이에 실제로도 위 세 가지 관계를 벗어나지 않으며 또한 이를 기반으로 그들의 명칭과 실체를 분석할 수 있다.

【참고 문헌과 보충 자료】

고문자의 표준체와 속체에 관해서 아래 문헌을 참고하라.

裘錫圭, 「殷周古文字中的正體與俗體」, 『裘錫圭學術文集3·金文及其他古文字卷』, 復旦大學出版社, 2012年.

서동문書同文 정책에 관하여 아래 문헌을 참고하라.

田煒, 「論秦始皇"書同文字"政策的內涵及影響——兼論判斷出土秦文獻文本年代的重要標尺」, 『"中研院"曆史語言研究所集刊』 第89本第3分, 2018年.

초서의 출현에 관하여 아래 문헌을 참고하라.

劉紹剛, 「漢簡中的今草與章草」, 『書法』, 2022年 第5期.

제5장

숫자

- 기초 한자에 대한 첫 번째 이야기

"3000년 이래로 한자의 기본 구조는 변하지 않았다"라고 해도 지금 사람들은 절대 다수의 고문자를 알아보기 어렵다. 설령 대다수가 상형자라고 해도 "한 번 보면 바로 안다"라고 할 수 없다. 몇 천 년동안 진정 어떠한 변화도 발생하지 않아 사람들 모두 알 수 있는 고문자는 아마도 숫자 '一', '二', '三'일 것이다. 숫자는 가장 먼저 출현한 한자일 가능성이 크며 우리가 말하는 고문자 용례가 바로 숫자로부터 시작되었을 것이다.

일찍이 문자가 발생하기 전에 숫자 표기는 인류의 보편적 요구였다. 전설상으로 상고 시대에 "줄을 묶어 사건을 기록"하였으나 매듭에 근거하여 사건을 기록하는 방법은 쉽지 않아도 숫자 표기는 문제없었다. 매듭을 묶지 않아도 몇 개의 선을 그어 수를 표기하는 것 또한 편리하였다. 원시 시대에 기본적인 숫자 모양은 이미 일정 범위 내의 사회적 약속이었을 수도 있으며(예를 들어 선사시대 도기의 선이 바로 숫자와 유사하다), 이후에 자연스럽게 문자 체계로 들어섰다.

현재 발견된 출토문헌을 종합해서 본다면 한자 중의 숫자 ‘一’부터 ‘十’의 초기 형태, 즉 이미 알고 있는 최초의 구조는 모두 아주 간단한 부호와 같으며 대체로 아래와 같은 순서이다.

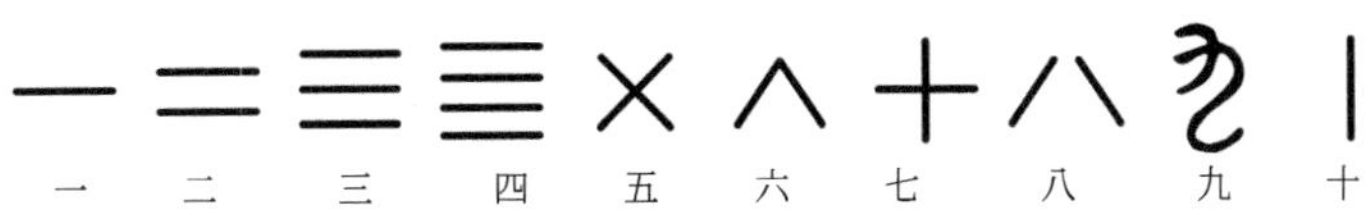

[그림 1] ‘一’부터 ‘十’까지의 초기 형태

이처럼 원시적인 숫자는 “선을 긋는” 방법의 산물로 보이며 또는 “작은 막대를 배열”한 것일 수도 있다. 바로 고대 계산 도구인 “산가지”를 놓는 모습에서 비롯되었다. 그 중에서 ‘一’, ‘二’, ‘三’, ‘三四’는 단순한 가로획이 쌓인 것이며 가로선 다섯 개 이상이 되면 너무 복잡해지기 때문에 두 획이 교차하는 형태로 변화하였다. 대각선 교차는 ‘五’, 정면 교차는 ‘七’이며, 두 개의 대각선이 위에서 이어지면 ‘六’, 분리되면 ‘八’이 된다. ‘丨十’과 ‘一’이 상대적으로 수직과 수평으로 배치하는 방식은 아마도 일정한 계산 단위가 종료된 것을 표시했을 수도 있다. 다만 ‘九’만이 예외에 속한다. 이와 같은 음의 한자 ‘肘’의 초기 형태를 차용하여 표시한 것으로 여겨진다(일부 학자들은 ‘五’ 이상의 숫자는 모두 가차자로 간주하는데, 이에 대해서는 이후에 상세히 다루기로 한다).

기초 숫자 구조는 매우 단순하지만, 그만큼 해석의 여지가 있다. 고대인은 이에 대해 신기한 해석을 다수 남겼다. 예를 들어 『설문해자說文解字』는 다음과 같이 해석하였다.

一: 태초에 태극이 있었고, 도道는 ‘하나一’에서 비롯되어 천지를 나누고 만물을 변화시켜 이룬다 [惟初太始, 道立於一, 造分天地, 化成萬物].

二: 땅의 수이다. 一을 짝지은 형태로 구성하였다 [地之數也. 從偶一].

三: 하늘, 땅, 사람의 도리이다. 숫자 3을 표시한 형태이다 [天地人之道也. 從三數].

四: 음수이다. 4등분한 형태를 본떴다 [陰數也. 象四分之形].

五: 오행이다. 二로 구성되었으며 음과 양이 천자 사이에 교차하는 것이다 [五行也. 從二, 陰陽在天地間交午也].

六: 주역의 숫자이다. 음이 六에서 변하며 八에서 바르게 돌아온다. 入과 八로 구성한다 [易之數, 陰變於六, 正於八. 從入從八].

七: 양의 정수이다. 一로 구성하였으며 미약한 陰의 나쁜 기운은 안에서 나온다 [陽之正也. 從一, 微陰從中邪出也].

八: 구별하는 것이다. 구분지어 서로 등지고 있는 형태를 본떴다 [別也. 象分別相背之形].

九: 양의 변화이다. 끝까지 굽어 꺾어진 모양을 상형한다 [陽之變也. 象其屈曲究盡之形].

十: 숫자를 완성한 것이다. 一은 동서를 뜻하며 丨는 남북을 뜻하니 사방과 중앙이 갖추어진다 [數之具也. 一爲東西, 丨爲南北, 則四方中央備矣].

출토자료에 쓰인 고문자 실제 상황으로 보면 이 해석들은 믿기 어렵다. 그 중 음양오행 등의 관념은 한자를 만들 때, 출현하지 않았을 것이다. '一'부터 '十'까지 본래 아주 간단한 자형에서 후대에 '壹', '貳', '參'과 같이 복잡하게 쓴 "갖은자"까지 그들 사이에 무슨 관계가 있을까? 이 자형들의 내력에 대하여 다른 해석이 있을까? 아래 몇 가지로 나누어 살펴보기로 한다.

一, 二, 三

‘一’, ‘二’, ‘三’은 쓰기도 좋고 알아보기도 좋아 상당히 직관적이지만 헷갈리기 쉬운 폐단이 있다. 이 숫자들이 쉽게 헷갈리는 원인은 두 가지 가능성이 있다. 하나는 의도적이지 않을 가능성이다. 상고 시대는 죽간이 주요 문자 매체이며 위로부터 아래 방향으로 글자를 쓴다. 그 영향을 받아 다른 매체의 문자도 대부분 상하로 글자를 배열한다. 그렇다면 ‘一’, ‘二’, ‘三’이나 ‘三四’가 만약 서로 중첩된 상태로 이어 쓴다면 헷갈리기 쉽다.

또 다른 가능성은 의도적으로 헷갈리게 쓰는 경우이다. 경제적 이익 등 여러 가지 요인으로 인해 숫자의 획을 고의로 늘리거나 줄여서 위조하는 현상이 증가하였다. 따라서 고대인은 일찍부터 숫자를 혼동하거나 위조하는 것을 방지하기 위해 획이 많으면서 발음이 같은 글자로 단순한 숫자를 대체하기 시작했다. 후대에 장부 기록 등에서 “갖은자”를 사용하는 사례도 같은 목적으로부터 비롯되었다.

현재 사용하는 갖은자는 “壹貳參肆伍陸柒捌玖拾佰仟萬”이다. 일반적 해석에 따르면 이 순서는 측천무후 통치 시기에 출현하였다고 한다. 실제로 그 중 일부, 특히 가장 쉽게 헷갈리는 ‘一’, ‘二’, ‘三’의 갖은자는 이미 선진 시기부터 많이 볼 수 있었던 한자이다. 게다가 당시 사용한 “갖은자”는 후대에 비해 더욱 더 복잡하였으며 사용한 목적은 위조 방지에 그치지 않았으며 사용한 동음자도 여러 가지였다. 예를 들어 ‘一’을 대신한 갖은자는 ‘壹’, ‘⿱羽能’, ‘⿺鼠弋’, ‘弌’과 같이 최소 4가지 자형이 존재하였다.

‘壹’은 본래 그릇 명칭으로 고전에서 ‘罌’으로 칭하던 일종의 주전자에 해당한다. ‘壹’은 본래 몸통이 크고 손잡이가 없으며 주둥이가 작은 주전자를 본뜬 표의자이자 상형자에 속한다[그림 2.1, 2.2]. 전국시대 ‘壹’은 ‘壺’의 중간 부분을 개조하여 성부 ‘吉’을 더한 형성자이다[그림 2.3]. 예서 단계로 진입한 후 '壹'의 아랫부분은 '豆'로 와변訛變되어 실제로는 이미 기호자였다[그림 2.4]. '壹', '一'의 상고음은 서로 비슷하다. 따라서 전국시대 이후 '壹'로 '一'을 대체하였으며 이 때, '壹'도 가차자가 되었다.

1. 서주 금문 (구성 요소)　2. 전국시대 진秦 석각 (단일 자형)

3. 진秦 금문 (壺+吉)　4. 진간秦簡 - 豆로 구성됨

[그림 2] 고문자 '壹'

'一'을 표시한 '壹'은 진秦문자에서 많이 볼 수 있다. 예를 들면, 진시황이 도량형을 통일한 조서詔書에도 "법과 도량형이 통일되지 않고 의심스러울 경우 모두 명확하게 통일시켰다[法度量則不壹歉(嫌)疑者, 皆明壹之]."[그림 3]라고 하였다. '壹'을 사용하고 '一'을 사용하지 않았다. 한편으로는 의미와 관련 있으며(통일을 표시하며 숫자가 아니다), 다른 한편으로는 자형의 권위, 아름다움과 행간의 균형을 위한 방식이었을 수도 있다. 진문자 외에도 최근 청화대학에서 소장 중인 전국시대 초간도 '壹'이 쓰여 있다. 그 중『월공기사越公其事』의 "一二子弟"를 "壹弍子弟"[그림 4]로 썼다. '壹'은 바로 보통 숫자 '一'을 표시한 것이다.

"不壹""壹之"

[그림 3] 진시황 조서 일부분 (『상앙방승商鞅方升』)

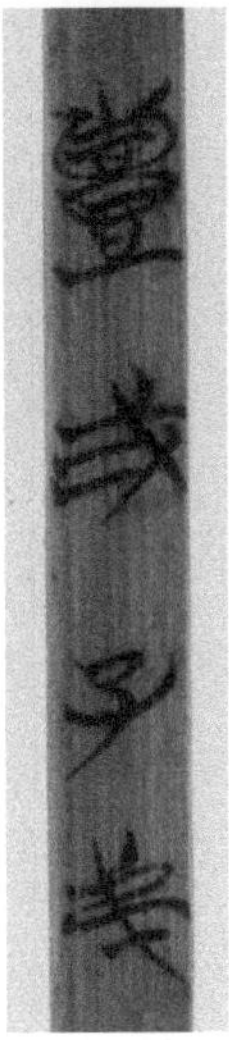

"壹戋二子弟"

[그림 4] 청화대학 초간

'翟'은 '翼'의 이체자이며 후대에 전해지지 않았다. 아마도 전국시대 초나라의 특수한 자형이었을 것이다. 1950년대 안휘성 수현壽縣에서 출토한 전국 초나라 청동기 『악군계주절鄂君啟舟節』 - 초왕이 악군에서 하사한 선박 통행증 부절 - 에 "歲翟返"이 있다. 당시 학자들이 '翟'[그림 5.1]에 대해 많은 논쟁을 펼쳤다. 이후에 전국시대 초간이 대량으로 출토된 후, '翟' 용례가 많이 출현하였는데 이 자형이 표기하는 단어가 기본적으로 모두 '一'이었다. 예를 들어, 『시경詩經·조풍曹風·시구鳲鳩』 "훌륭한 군자는 그 도가 하나이다 [淑人君子, 其儀一也]."의 '一'은 곽점초간 『오행五行』에 인용된 구절을 보면 '翟'로 쓰여 있다[그림 5.2]. 그렇다면, "歲翟返"은 사실상 "一年一返"이다. '翟(翼)'으로 '一'을 표기하는 방식도 발음이 비슷하여 가차한 관계이다.

 1. 『악군계주절鄂君啟舟節』  2. 곽점초간

[그림 5] 전국시대 초문자 '龍一'

'鼣'도 전국시대에 출현하였으며 아마도 '翼'이 변형되었을 것이다([그림 5]와 [그림 6]과 비교할 수 있다). '鼣'의 사용 범위는 '龍'보다 넓다. 예를 들어, 1970년대 하북성 평산현平山縣에서 출토된 전국시대 중산왕中山王 청동 주전자에 "나라가 없어지고 몸이 죽어도 일찍이 한 사람의 구원마저 없었다 [邦亡身死, 曾無鼣夫之救]."와 같은 문구가 있다. 중산국 문자는 진晉 계통에 속한다. '鼣'에 '一'을 포함하기 때문에[그림 6.1], "鼣夫"는 바로 "一夫"라고 간주한 학자도 있었으나 확실히 증명하기는 어려웠다. 이후에 '鼣'도 전국시대 초간에 대량으로 출현하였다[그림 6.2]. 예를 들어 상해박물관 초간 『범물유형凡物流形』에 "鼣은 둘을 낳고 둘은 셋을 낳았으며 셋은 넷을 낳았다[鼣生两, 两生厽(三), 厽(三)生四]."가 있다. '鼣'은 의심의 여지없이 '一'을 표기한다. '二', '三'은 '鼠'를 추가하지 않았으므로 '鼣' 또한 누군가가 획을 추가하여 위조할 염려가 없었다.

 1. 『중산왕방호中山王方壺』  2. 초간

[그림 6] 전국시대 진晉, 초문자 '鼣一'

'弌'도 마찬가지로 전국시대 초문자에서 많이 볼 수 있다[그림 7.1]. 표기한 단어 역시 '一'이다. '二', '三' 또한 그 구조와 비슷한 방식으로 '弋' 혹은 '戊'을 추가한 이체자이다[전자는 그림 7.2를 참고, 후자는 그림 8.1과 8.2를 참고].

1. 초간 2. 초간

[그림 7] '戈'를 추가한 '一', '二'

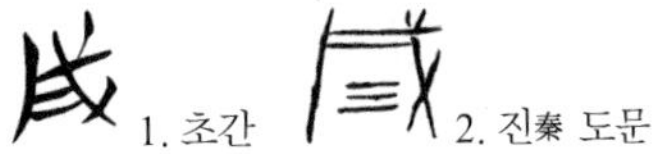

1. 초간 2. 진秦 도문

[그림 8] '戌'을 추가한 '二', '三'

하지만 '戈', '戌'과 '鼠'가 다른 점은 필획이 많지 않으며 빈 공간도 작지 않으므로 '一', '二', '三' 모두 추가해도 아마 자형을 구분하는 역할을 할 뿐이었을 것이다. 다시 말해서 위 아래 이어 쓸 때 야기될 수 있는 혼란을 방지하고 한 글자의 공간을 채울 수 있겠으나 가로획을 추가하거나 지우려고 한다면 속수무책이다. 그래서 잘못 읽는 실수는 막을 수 있으나 제멋대로 바꾸는 건 막을 수 없다. 그래서 혼란을 피하기 위해 후대에 다시 '一'과 '三'을 다시 사용하지 않고 '二'를 표기하는 계열의 자형만 계승하였다(예를 들어, '貳'와 같다).

'二'를 표기하는 자형 중, '戈', '戌'만을 추가한 경우를 제외하고 다시 '貝'나 '肉'을 추가한 경우도 있다. 그 중, '貝'를 더한 자형[그림 9.1, 9.2]이 갖은자 '貳'의 직접적인 기원이다. '肉'을 추가한 '貳'[그림 9.3]가 바로 '膩'의 초기 형태이다('肉'은 '月'로 쓴다. 제 17강의 참고하라).

1. 서주금문 2. 진간 3. 전국시대『중산왕방호中山王方壺』

[그림 9] '二'를 표기한 '貳'와 '貳膩'

현재 쓰이는 '貳'는 '弋'으로 구성되었지 '戈', '戊'가 아니므로 이 자형들의 기원은 비교적 늦다. 『설문해자說文解字』는 '一', '二', '三' 아래 '弋'을 추가한 이체자 '弌', '弍', '弎'이 있다. 고고학 발견 과정에서 보면 이와 같은 자형은 실제로 늦어도 한漢 이후에 출현하였으며[그림 10], '弋'은 당연히 '戈' 혹은 '戊'이 잘못 변화하여 출현한 것이다.

[그림 10] 동한 이후 금석문 중의 '弌', '弍', '弎'

'三'의 갖은자는 '叁'이며 어렵지 않게 발견할 수 있다. '叁'은 실제로 '參'의 이체자이다. '弎'을 제외하면 선진 시대도 '參'으로 '三'을 대신해서 사용하였다. '參'은 비교적 초기 자형[그림 11.1]이며 꿇어 앉은 사람을 표기한 듯하다. 머릿부분이 세 원과 서로 이어져 있으며 본의는 아직 명확하지 않다.

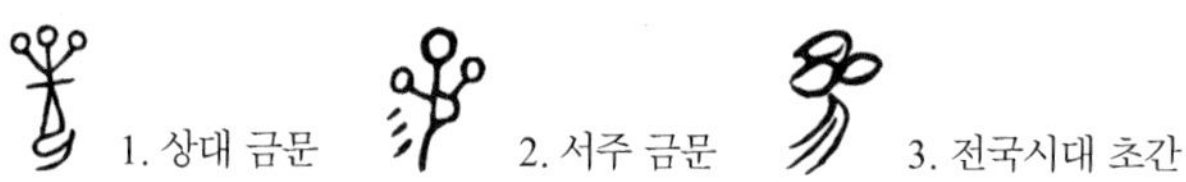

[그림 11] '參'의 변천

'參'(shēn)은 28수의 하나이므로 '參'자 윗부분의 세 원은 이른 시기부터 점을 찍었으며 의미상 관련 있는 '晶'[그림 12]으로 바꾸기도 하였다. '晶'은 '星'의 초기 형태이며 본래 별빛이 반짝거리는 형태를 본떴다.

 1. 서주 금문  2. 전국시대 초백서  3. 전국시대 『설문해자說文解字』

[그림12] '晶'으로 구성된 '曑(參)'

이 밖에도 초문자 중에서 예상치 못했던 '三'의 두 자형도 볼 수 있다. 하나는 '厽'로 쓸 수 있으며 다른 하나는 '晶'이다[그림 13.2]. 이 자형들은 모두 아마도 '參'의 생략형일 것이며 각각 그림 11, 그림 12의 '參' 윗부분과 대응한다. 자형이 세 번 중첩되어 있기 때문에 '三'을 바로 표기했을 가능성이 있다.

[그림 13] 전국시대 초문자 중 '三'을 표기한 '厽'과 '晶'

'三'을 표기한 '厽' 또한 위魏, 한韓 지역에도 볼 수 있었다[그림 14]. 일부 제나라 계열 문자에도 '參'의 아랫부분을 '三'[그림 15]으로 쓴 자형이 있으며 후대의 갖은자 '參'의 최초 자형으로 볼 수 있다.

 1. 위魏 금문  2. 한韓 화폐

[그림 14] 삼진三晉 문자

[그림 15] 제齊 도문 '參'

숫자 一, 二, 三은 각각 여러 고문자 자형과 대응하는데 그 중 단순한 가차자도 있고 상호 영향을 끼치며 복잡해진 자형도 있다. 아래 표로 간단한 결론을 내려 내용을 명확하게 정리하고자 한다.

본자	一	二	三
가차자 혹은 복잡해진 자형	壹 龍 肊 弌	弍 貳 貮	弎 參 曑 厽 晶

*'戈'로 구성된 자형으로 '戊', '弋'로 구성된 자형을 모두 포괄한다

四

숫자 '四'는 본래 '亖'로 썼다. 네 개의 가로획을 상하로 중첩하여 썼으며 一, 二, 三과 마찬가지로 가로획을 누적하여 구성하였다. 상대, 서주 시기는 일반적으로 이렇게 썼다. 예를 들어, 유명한 서주 시대 『대우정大盂鼎』 명문에 "온 천하를 거느리다[敷有亖方]."[그림 16.1]이 있다. 『대극정大克鼎』 명문은 "오랫동안 사방을 통치하다[畯尹亖方]."[그림 16.2]도 있다.

1. 『대우정大盂鼎』 "敷有亖方"

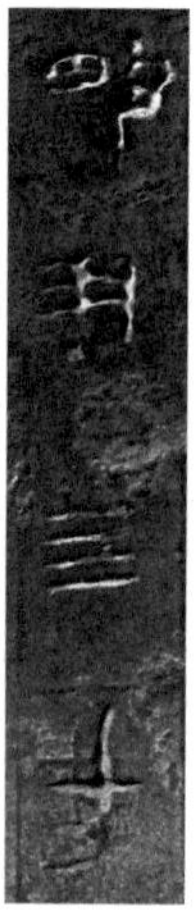

2. 『대극정大克鼎』 "畯尹亖方"

[그림 16] 서주금문 '亖'

앞에서도 말했듯이, '一', '二', '三', '亖'가 만약 위아래로 겹치면 쉽게 뒤섞인다. '亖'의 가로획이 가장 많아서 다소 밀집된 형태로 써야 하므로 다른 몇 획들과 서로 붙게 된다. 그래서 '亖'는 대략 춘추시대 초기부터 점차 '四'로 대체되기 시작하여[그림 17], 진한 이후부터는 사라졌다. '四'와 '亖'의 의미는 서로 관련 없으며 독음이 비슷할 뿐이므로 가차되어 '亖'를 표기하였다.

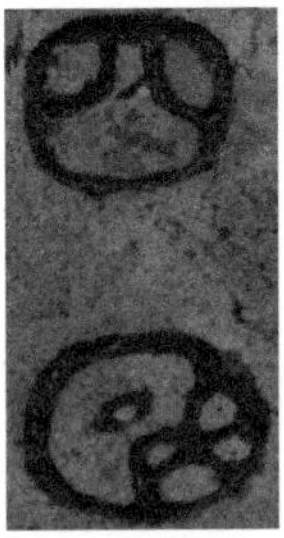

『증자언정曾子斿鼎』 "四國"

[그림 17] 춘추시대 초기 금문 '四'

『설문해자說文解字』에 "고문은 四로 쓴다[古文四]"가 수록되어 있다. 납작한 원 아래 두 획이 늘어진 형태이다[그림 18]. 『설문해자說文解字』에서 말하는 "古文"은 일반적으로 전국시대 동쪽 여섯 개의 제후국 문자이다. 과거 학자들은 이 자형들을 근거로 하여 소리와 결합하여 의미를 추측하였다. 어떤 사람은 '四'가 '泗'를 위해 만든 자형이라고 하였다. 이 '泗'는 산동山東 사수泗水의 '泗'가 아니라 "콧물"을 표기하였다. 고사성어에서도 "눈물과 콧물이 줄줄 흘러내리다[涕泗滂沱]"가 있다. 이 성어의 출처가 바로 『시경詩經·진풍陳風·택피澤陂』이다. 이 성어에 대해 고대인은 주석으로 "눈으로부터 나오는 것을 涕라고 한다. 코로부터 나오는 것을 泗라고 한다[自目曰涕, 自鼻曰泗]."라고 하였다. '四'는 본래 콧물을 본뜬 것이다. 또한 어떤 사람은 '四'가 '呬'를 위해 만든 한자라고 하였다. '呬'의 의미는 "숨을 헐떡이다"이다. '四'는 본래 "숨이 많이 찬 모습"을 본뜬 것이다.

[그림 18] 『설문해자說文解字』 고문 '四'

이 두 가지 해석 모두 일리가 있으나 고문자 연구는 "그림 보고 말하듯이" 한 자형만을 보고 해석할 수 없다. 명확한 용례의 "四國"[그림 17]이 있어야 하며, 자형 변천의 맥락을 연결시킬 수 있어야 한다. 최근에 '四'의 기원에 대해 완전한 해석이 등장하였는데 먼저 '鼻'부터 살펴보자.

'鼻'는 형성자이다. 위쪽의 '自'는 의부이며 실제로 '鼻'의 초문이다. 고문자 '自'는 본래 코를 본떴으며 콧대, 콧방울, 심지어 주름까지 모두 갖추었다[그림 19]. 고대인들 또한 손가락과 코를 사용하는 방식으로 "자기"를 표기하였다. 그래서 '自'는 본래 '코'를 표기하기도 하였고 자기를 뜻하는 '自'를 표기하기도 하였다. 이후에 '自'를 표기할 때는 최초의 자형을 그대로 계승하였고 '鼻'를 표기할 때는 성부 '畀'를 더하여 또 다른 한자를 만들었다.

[그림 19] 상대 갑골문 "自=鼻"

상대와 서주 시기에 또 다른 자형이 있었다. '自' 아래 바깥으로 삐져나가 있는 짧은 획을 몇 개 더 추가하였다[그림 20]. 이 한자는 코 아래 양쪽으로 빠져나오는 모습을 나타내는 듯하며 숨결을 의미하는 '息'으로 간주한다. 문제는 '息' 아래 확실히 모두 '心'이 있어서 자형상으로 맞지 않다.

연결될 가능성이 있는 자형은 숫자 '四'일 것이다.

1. 상대 갑골문　　2. 상대 금문　　3. 서주 금문

[그림 20] '自' 아래 짧은 획을 추가한 한자

춘추 후기 오월吳越 지역의 편종에 "사방의 국경이 모두 태평하다[四鄙同安]"라는 구절이 있다. 그 중, 확실하게 '四'를 표기하는 한자[그림 21]는 상대 후기, 주대 초기 고문자들과 비슷하다. 심지어 콧망울 구조도 존재하며 이후 '四'까지 계속 연관되어 있다[그림 22].

[그림 21] 『朱句鐘』 '四'

[그림 22] 전국시대 초간 '四'

기원을 추적해보면 '四'는 최초에 '自'[코] 아래 짧은 획 몇 개를 추가하여 콧물 '泗' 혹은 "숨이 차다"의 '呬'를 표기하였을 것이다(자형으로 보면 전자일 가능성이 더 크다). 발음상 숫자 '亖'와 유사하여 춘추시대 이후부터 가차되었으며 '亖'를 대신하였다. 오랫동안 가차되어 바뀌지 않다보니 고대인은 바로 형성자 '泗' 혹은 '呬'를 만들어 '四'의 본뜻을 표기하였다. 이 변천 과정에서 당연히 해석하기 어려운 곳이 존재하지만 더 많은 자료로 실상을 증명하거나 거짓을 바로 잡아주기를 기대한다.

五, 六. 八

'五', '六'. '八'을 한 부류로 귀속시킨 것은 이 한자들의 내력과 변천을 설명하는데 동일한 문제점에 봉착할 수 있기 때문이다. 상대에 이 숫자들은 숫자마다 두 가지 자형씩 존재하였다. 어떤 자형이 발전하여 어떤 자형이 되었는지 어느 자형으로 본의를 고찰해야 하는지 판단하기가 아주 어렵다. 우리는 앞에서 '×五', '∧六', '八八'을 "선 긋기", "작은 막대기를 놓은" 결과물로 설명하였다. 마치 아주 직관적이지만 가차자로부터, 그리고 표음 측면에서 고찰해본다면 다른 견해가 있을 수 있다.

[그림 23] 상대갑골문 '五'

우선 '五'[그림 23]에 대해 설명하면 고문자 '五'는 주로 두 획의 간체자 '㐅'와 네 획의 번체자 '⧖'로 쓴다(어떤 경우는 가로로 쓴 '⋈'도 있다). 보통 번체로 사용하며 후대에 네 획으로 구성된 '五' 또한 번체자 '⧖'로부터 발전하였다. '㐅'는 고문자 중에서 '爻'나 '冓'의 간체자일 수 있다. 한편으로 명확하게 '五'를 표기하기도 하였다. 예를 들어, 하남성 안양安陽 은허의 상왕商王 대형 고분에서 대량의 청동 '冑', 즉 투구가 출토되었다. 어느 투구는 일련번호가 있는데 그 중 '五'호는 간체와 번체 두 가지가 동시에 출현하였다[그림 24]. '㐅'의 '五'는 전국시대 이후 초간, 도문, 화폐에도 출현하였다. 『설문해자說文解字』에도 수록되었지만 간혹 볼 수 있을 정도이며 일반적으로는 역시 '⧖'으로 쓴다.

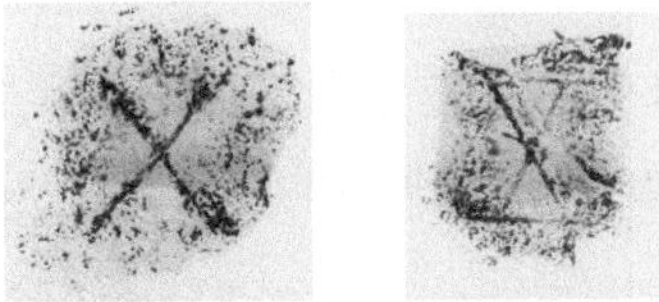

[그림 24] 상대 청동 투구의 두 가지 '五'

이렇게 본다면 '五'의 기원은 두 가지 가능성이 존재한다. 첫 번째로 'Ⅹ'는 표준체이며 'X'는 우연히 발생한 간체이다. 두 번째로 'X'는 원시적이나 다른 동형자同形字와 쉽게 혼동될 수 있으므로 'Ⅹ'로 고쳐썼다. 어쨌든, 'Ⅹ'는 모두 숫자 '五'와 음이 비슷한 또 다른 자형이며 가차되어 '五'를 표기한다. 그럼 이 자형은 무슨 한자인가? 일설에 'Ⅹ'는 '箮'의 초문이라고 하였다. '箮'는 고대 줄감개이며 지금은 그 실물을 보기 아주 어렵지만 현대 "줄 감는 기계"도 'Ⅹ', '⋈'과 동일한 형태이며 고대 역시 동일했을 것이다. 상고음 또한 서로 비슷하니 이와 같은 설명도 정확할 수 있다.

[그림 25] 상대 갑골문 '六'

이어서 '六'[그림 25]을 설명하면, 갑골문 '六' 또한 두 획의 간체와 네 획의 번체가 있다. 당시에 많이 볼 수 있는 자형, 후대 '六'으로 발전한 자형은 바로 번체이다. 상대인이 이 두 가지 '六'을 사용한 경우는 '五'와 다르게 차이가 있다.

당시 '六'의 간체 '∧'와 "出入"의 '入'은 형태가 같았다. 일반적으로 고문자를 쓸 때, '六'은 대부분 번체 '亽'를 써서 '入'과 구분을 명확히 했다. 전적으로 숫자를 표기하고 절대로 '入'과 혼동될 수 없는 경우는 간체 '∧

'이 출현하였다. 예를 들어, 갑골 복사의 옆쪽에 점복 순서를 기록한 숫자를 볼 수 있는데, 이것을 "점괘 순서兆序"라고 하였으며 늘 '∧'를 사용하였다. 또한 상주 시대 숫자로 구성된 시초점 부호도 있다. 『주역周易』의 '六', '九'로 조성된 역괘와 다소 비슷하여 사람들이 "숫자괘"라고 한다. 그 중 '六' 또한 '∧'로 썼다. [그림 26]은 상해박물관에 소장 중인 청동기의 숫자괘이다. 이 중에서 '六'을 한번 찾아보기 바란다.

八八六八

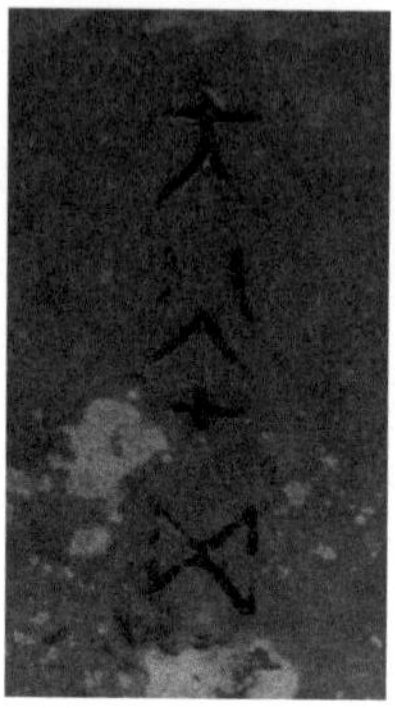

七六八六七五

[그림 26] 숫자괘 청동기 명문

'五'와 마찬가지로 '六'의 기원 또한 두 가지 가능성이 있다. 첫 번째로 '亽'은 표준체이며 '∧'은 단순히 숫자를 기록하는 간체에 불과하다. 두 번째로 '∧'이 원시적 형태이나 일반적으로 글자를 쓸 때 '入'과 혼동되기 쉽다. 그래서 '亽'으로 고쳐 사용하였다. '亽'은 '∧'이 의미를 수반하지 않고 복잡하게 변한 것일 뿐이며 소리가 '六'과 비슷한 한자로 가차되었을 것이다. 구체적으로 무슨 한자일까? 현재까지 신뢰할만한 해석은 없다.

[그림 27] 상대 갑골문 '八'

'八'의 두 가지 자형은 '五', '六'처럼 필획 수의 차이가 아니라 호와 직선의 차이이다. 곡선인 자형을 많이 볼 수 있고 직선 필획은 드물다. 하지만 사용하는데 명확한 차이는 나타나지 않는다. 만약 직선이 비교적 원시적이라면 곡선으로 바뀐 것은 아마도 '八'이 '人'과 혼동되는 것을 피하기 위한 것일 수도 있다. 만약 '八'이 본래 두 곡선으로 구성되었다면 아마도 그것은 가차자일 것이다.

일부 학자는 '八'과 '分'의 상고음이 서로 비슷하며 '分'에 '八'이 포함되어 있다고 간주한다[그림 28]. 두 곡선이 서로 등진 ')('는 아마도 분리를 의미하는 '分'을 위해서 만들어진 자형일 것이다. '八'의 중간에 의부 '刀'를 추가하여 만든 '分'은 분할의 의미가 더욱 뚜렷하다.

[그림 28] 상대 갑골문 '分'

七十

'七'과 '十' 두 숫자는 오래전부터 혼용되어 왔다. 무슨 이유였을까? 먼저 2천년 전 "구구단 표" - 리야里耶 진독秦牘 "구구표九九表" -를 살펴보자 [그림 29].

九九八十一 八九七十二 七九六十三 六九五十四 五九四十五 四九三十六

三九二十七 二九十八 八八六十四 七八五十六 六八四十八 五八四十 四八三十二

三八二十四 二八十六 七七四十九 六七四十二 五七三十五 四七二十八 三七二十一

二七十四 六六三十六 五六三十 四六二十四 三六十八 二六十二 五五二十五 四五二十

三五十五 二五而十 四四十六 三四十二 二四而八 三三而九 二三而六

二二而四 一一而二 二半而一 凡千一百一十三字

[그림 29] 리야里耶 진독秦牘 "구구표九九表" 중의 하나

위의 자료는 현재까지 볼 수 있는 자료 중에서도 시기가 가장 이른 구구단 실물 자료이다. 2002년 호남성 상서湘西 리야里耶의 옛 우물 안에서 발견되었다. 당시 진秦 구구단표 두 점이 함께 출토되었으며 북경대학에서 새롭게 입수한 진독 자료에 3번째로 발견한 구구단표도 볼 수 있다. 이 세 가지 구구단표는 내용이 거의 동일하며 늦어도 전국시대 후기에 제

작되었을 것으로 추정한다. 구구단표는 안정된 형태를 갖추었다.

먼저 오른쪽 위에서 왼쪽 아래로 자세히 읽어보면, 자형이 다소 낯설어도 내용은 이해하기 어렵지 않다. 다 읽고 나면 우리에게 익숙한 구구단표와 몇 가지 차이점이 있다는 것을 발견할 수 있다. 내용은 아래와 같다.

1. '九九八十一'이 앞에 있다. 큰 수에서 작은 수로 배열하였다. 이것은 당唐 이전까지의 통례이며 "九九表"라고 명칭이 부여된 유래이기도 하다.
2. 중복해서 두 번 읽는 숫자는 우측 아래 '='를 쓴다(아마도 작은 '二'일 것이다), 예를 들어 '九九'는 '九='로 쓰며 숫자 두 개로 읽는다. 이와 같은 현상을 중문重文이라고 한다.
3. '二十', '三十', '四十'을 '廿', '卅', '卌'으로 쓰며 실제로 두 '十', 세 '十', 네 '十'을 하나의 한자 자리에 쓰고 다시 아랫부분을 연결하여 마찬가지로 '二十', '三十', '四十'으로 읽으며 각각 2음절이다. 이와 같은 현상을 합문合文이라고 한다. 후대의 '廿', '卅', '卌'은 본래 '二十', '三十', '四十'을 각각 연결시켜 하나의 음절로 읽는다. 지금의 표준어 발음으로 발전한 이후로 이 한자들의 한자음 기원은 아주 모호해졌다.
4. 표의 마지막 칸에 '一一而二'가 있는데 '1×1=1'이 아니다. 그 다음에도 '二半而一'이 더 쓰여 있다. 다시 살펴보면, 앞부분에 '1×9=9', '1×8=8'에서 '1×2=2'도 없다. 즉, 이 구구단표의 기본 논리는 여전히 덧셈이다. 그래서 '1+1=2', '0.5+0.5=1'이 있으며 '1×9=9', '1×8=8' 등은 있을 수 없다. 결과적으로 이 표는 '九九表'라고 해야 하며, '구구단 곱셈표'라고 할 수 없다.
5. 마지막 부분에 '凡千一百一十三字'가 있다. 1113은 각 항목의 합계이다('字'는 잘못 추가된 한자이다).

6. 표 안의 진秦 예서는 대부분 쉽게 읽을 수 있다. 그 중에서 '七'과 '十'은 비교적 특수해서('七九六十三', '七八五十六', '二七十四' 등의 항목을 주목하라), 두 숫자는 가로, 세로, 장단의 차이만 있을 뿐이며 아래 형태처럼 쓴다[그림 30].

[그림 30] 진秦 예서 '七'과 '十'

'七'과 '十'의 자형은 이처럼 비슷한데 어떻게 쉽게 잘못 쓰거나 잘못 읽지 않을 수 있을까? 사실, 이 두 자형의 차이는 본래 결코 작지 않다. 상商 문자 '七'이 지금의 '十'과 같이 가로와 세로가 교차하는 두 획이다[그림 31.1]. '十'은 바로 단순한 세로획에 불과하다[그림 31.2]. 붓으로 쓸 때 경우에 따라 잠시 붓을 멈추면 중간 부분이 다소 굵어진다[그림 31.3].

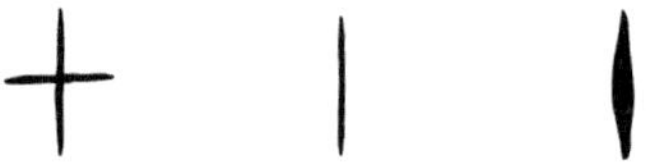

1. 갑골문 '七'　2. 갑골문 '十'　3. 금문 '十'

[그림 31] 상商 문자 '七'과 '十'

서주 시대는 '七'은 아직 변하지 않았으나 '十'은 중간의 굵어진 부분이 점차 둥근 점으로 변화한다[그림 32]. 춘추시대 이후로 '七'은 여전히 변하지 않고 '十'의 점은 선으로 변하기 시작하였다. "둥근 점"을 양쪽에서 끌어당겨 짧은 가로선이 되었을 때 '十'과 '七'은 크게 차이나지 않았다[그림 33].

[그림 32] 서주금문 '七'과 '十'

[그림 33] 춘추금문 '七'과 '十'

'七'과 '十'과 차이를 명확히 하기 위해서 전국시대 이후부터 사람들은 두 가지 해결 방법을 생각해냈다. 첫 번째로 '七'의 가로획을 길게 쓰는 방법이다. 가로획이 길면 '七', 짧으면 '十'로 읽었는데 진한 시대에도 일반적으로 이와 같았다[그림 30]. 물론, 이렇게 해도 실수하기 쉽다. 예를 들어 서한西漢 목간의 구구단표[그림 34]처럼 서사자가 잠시 정신을 집중하지 않으면 '九九八十一'은 바로 '九九八七一'이 되며 '八九七十二'는 '八九十七二'가 된다. '七九六十三'의 '七'만 틀리지 않았다.

또 다른 해결 방법은 효과가 더 좋다. '七'을 구불구불하게 쓰는 방법이다. 예를 들어 전국시대 연燕 청동기 화폐에 '十七'의 '七'을 '乚'로 썼으며 위 아래가 굽어 있다. 한漢 전서 중에서도 이와 같은 자형을 볼 수 있다[그림 35]. 동한 이후 예서 중에도 위는 직선이지만 아래가 굽어진 '七'이 주류가 되었으며[그림 36], 아울러 후대에 계승되었다. 그래서 '十'의 가로획

구구단표

[그림 34] 거연한간居延汉简 (서한)

"十七年"

[그림 35] 위안비袁安碑 (동한)

"御史年七十以上"

[그림 36] 무위한간武威汉简 (동한)

의 길이와 관련 없이 '七'과 혼동될 수 없다.

앞에서 말했던 '十'과 '七'은 새김 방식에서 비롯되었지만 일부 학자들은 '七'이 가차이며 '切'을 위해 만든 한자로 가로와 세로가 교차하는 자형으로 '깊이 파고들다', '절단하다'의 의미를 표기하였다고 간주하였다. '七'과 '切'의 상고음이 동일하며 자형을 봐도 같은 구성 요소가 포함되어 있으므로 이와 같은 설명은 확실히 합리적이다. '丨[十]'은 당연히 '一'과 상대적인 관계이며, '一'을 방향을 바꿔 계수計數 단위의 종결을 표기하였다. 이것은 단순한 기호자이다.

九

숫자 '一'부터 '十'중에서 '九'는 특별한 존재이다. '선 긋기'나 '작은 막대기를 놓은' 흔적은 전혀 찾을 수 없다. 가장 이른 시기의 '九'는 가차자이다. 일반적으로 음이 비슷한 '肘'의 초기 자형을 빌려 표기하였을 것으로 간주한다.

고문자 '又'는 본래 오른손을 본떴으며[그림 37.1], 고대인들은 당연히 오른손잡이가 일반적이라고 여겼기 때문에 '又'의 형태도 손을 지칭하였다. '又'의 아래쪽에 팔꿈치의 형상을 함께 그려 넣은 것이 바로 '九'[그림 37.2]이다. 그 중 일부는 약간 가로로 눕혀진 형태인데 후대 '九'와 큰 차이가 없다[그림 37.3].

[그림 37] 상대 갑골문 '又'(37.1)과 '九'(37.2~3)

'九'가 가차되어 숫자를 표기한 후로 '肘'는 어떻게 되었을까? 아마도 '九'와 서로 구별하기 위해서, 혹은 의미를 더 명확하게 표기하기 위해서 갑골문은 팔꿈치에 짧은 선을 추가하여 부위를 표기한 자형도 있는데 바로 지시 부호를 추가한 '肘'이다. 후대 '肘'중의 '寸'은 '又'보다 점 하나가 더 많다. 아마도 이와 같은 자형으로부터 변화되었을 것이다.

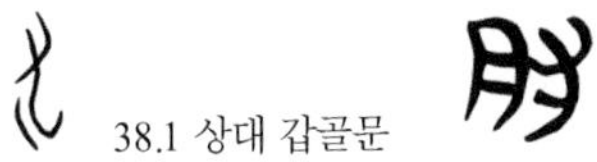

38.1 상대 갑골문 38.2 진간

[그림 38] 고문자 '肘'

하지만 이상의 설명 또한 의문의 여지가 없는 것은 아니다. '九', '肘'는 상고 시대의 소리로는 약간 다르다. 게다가 연대가 가장 빠른 갑골문 중에서 '九'는 짧은 세로선에 S형을 더한 듯하며 손을 본뜬 '又'와 뚜렷하게 달라 두 자형 사이에 반드시 관련 있는 것은 아니다. 그래서 '九'가 최초에 어떤 한자를 빌린 것인지 여전히 논의해야할 가치는 있다.

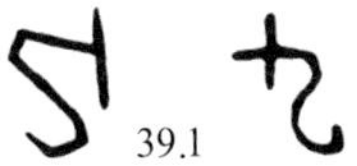

39.1 39.2

[그림 39] 갑골문 중에서 연대가 가장 빠른 '九'

百, 千, 萬

'十' 이상의 숫자 중에서 '百', '千', '萬'의 고문자 구조는 상당히 유사한 구성 방식을 가지고 있으며 일종의 순서를 암시하는 듯하다.

먼저 '萬'에 대해 설명한다. 아마도 "지주의 바보 아들" 이야기를 들어보

왔을 것이다. 한 아이가 '一', '二', '三'을 배우고 한자 쓰기가 별거 아니라고 생각하여 스승을 내쫓았다. 결과적으로 그의 아버지가 '萬'씨 성을 가진 친구를 초대해 술을 마시면서 아들에게 청첩장을 쓰도록 하였다. 하지만 아들은 한나절을 써도 쓰지 못해 아버지가 가서 보니, 아들은 '一'자를 만 번 쓰고 있었다. 이 이야기는 유원경劉元卿의 『현혁편賢弈篇·응해록應諧錄』에 수록되어 있다.

한자를 만든 시대의 고대인들은 당연히 이렇게 "어리석지" 않았다. 그들은 "만 개"라는 추상적인 개념을 기록하는 방법을 간단하고 쉽게 실행하였으니 그것이 바로 같은 발음으로 자형을 빌려 오는 방법이었다. 빌려온 자형은 주로 두 한자가 있다. 하나는 '萬', 다른 하나는 '万'이다.

'萬'은 본래 전갈을 본뜬 자형이다. 초기 자형은 전갈의 타원형 몸통, 구부러진 꼬리, 큰 집게발을 생동감 있게 묘사하였다[그림 40].

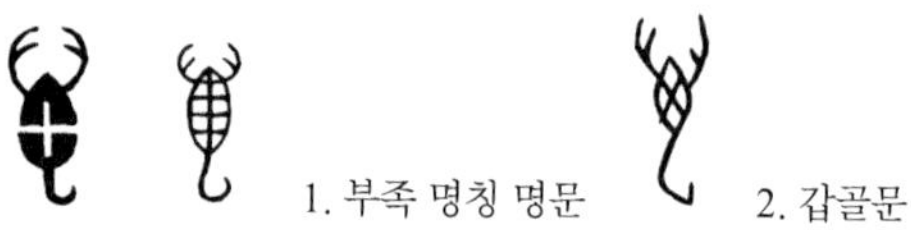

[그림 40] 상대문자 '萬'

''과 숫자 '萬'의 관계는 세 단계를 거쳤을 것이다. 첫 번째로 직접 발음이 같은 ''를 빌려 '萬'을 표기하였다. 두 번째로 ''의 꼬리 부위에 숫자를 더하여 "N萬"을 표기하는 합문을 만들었다[그림 41]. 세 번째로 '一'을 더한 ''[그림 42.1]은 비록 "一萬"을 표기하지만 결코 두 음절로 읽지 않으며 "굳어버린" 단음절 '萬'이 되었다(의미는 여전히 "一萬"이다).

[그림 41] 갑골문 '三萬' 합문

''의 아랫부분은 점차 구조가 복잡해져 '禸'로 변화하며[그림 42.2~3], 큰 집게발 한 쌍은 '艹'로 와변되었으며[그림 42.4], 최종적으로 '萬'이 되었다. 하지만 진한 시대까지 줄곧 전갈 꼬리의 굽은 부분은 여전히 명확하게 나타난다.

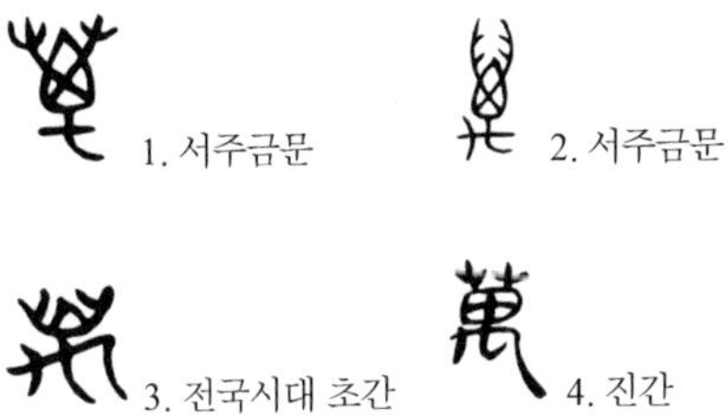

[그림 42] '萬'의 변천

'萬'이 가차되어 숫자를 표기한 이후부터 사람들은 또한 '蠆'를 만들어 '萬'의 본의 – 전갈류의 일종이며 독충이기도 하다– 를 표기하였다. 시대가 변천함에 따라 '萬'과 '蠆'의 소리가 점점 더 달라졌으며 이미 동음 가차자의 흔적을 찾기 어려워졌다.

'萬'의 간체자는 '万'이다. 하지만 '万'은 결코 새롭게 만든 자형이 아니라 그 역사도 실제로 '萬'과 같이 오래되었으며[그림 43] 소리 또한 완전히 같다. 예를 들어, 고적 중에서 '萬'이라고 불렀던 춤이 기록되어 있는데 일찍이 상대는 '万'으로 쓰여 있다.

[그림 43] 상대 금문 '万'

'万'의 본뜻은 아직 명확하지 않다. 일반적으로 후대 '丏'과 동일한 한자이다(중국어 발음 w는 본래 m으로 읽는다. 남방 방언 중에서 아직 남아 있는 경우가 많다. 예를 들어 상해 방언 "万子", "蚊子"의 첫 번째 한자 등이 이에 속한다). 고대인 또한 쓰기 어려웠던 '萬'을 상당히 싫어하여 전국시대부터 숫자 '萬'은 '万'을 사용하여 표기하기 시작하였다. 지금 사용하는 간체자 '万'는 사실 고대에 존재하였던 간체자이다.

이어서 '百'에 대해 설명하면 예서, 해서 '百'은 '一'과 '白'으로 구성된 자형임을 어렵지 않게 발견할 수 있다. '白'과 '百'은 소리가 비슷하다. 고문자 '百'도 본래 '白'과 관련 있으나 사용하는 자형이 '白'에 비해서 두 획이 많다. 아마도 '白'을 포함하면서도 '白'이 성부인 또 다른 자형일 것이다.

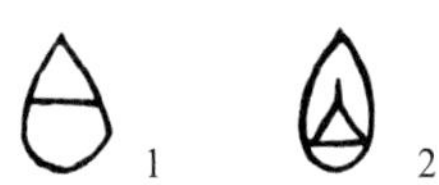

[그림 44] 갑골문 '白'(1)과 '百'을 표기한 자형(2)

''와 숫자 '百'의 관계도 세 단계를 거친 듯 하다. 첫 번째로 동음자 ''를 직접 빌려 '百'을 표기한다. 두 번째로 ''의 위로 숫자를 추가하여 "一百"부터 "九百"까지 모두 합문의 형식으로 존재한다[그림 44]. 세 번째로 '一'을 더한 ''는 비록 '一百'을 표기해도 두 음절로 읽지 않으며 "굳어진" 단음절 '百'(의미는 여전히 "一百"이다)이다.

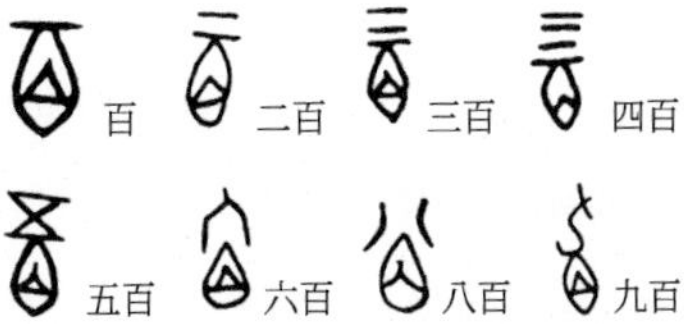

[그림 45] 갑골문 '百'과 "N百"의 합문

'萬'과 '百'의 상황과 조금 다른 것이 가장 이른 시기의 '千'은 단순한 가차자가 아니라 '千'과 상고음이 비슷한 '人'의 위에 숫자 '一'을 더하여 구성하였다[그림 45.2]. 이전에 '人'을 직접 가차하여 '千'을 표기하는 현상이 존재했는지 아직 알 수 없다.

[그림 46] 갑골문 '人'과 '千'

"二千" 이상의 합문 중에서[그림 46], '人'으로 '千'을 표기한 "二千"에서 "五千"까지의 용례가 있으며 "人+一", 즉 '亻'로 '千'을 표기한 "六千", "八千"(六+一千=七千, 八+一千=九千이 아니다)도 있다. 후자 '亻'도 이미 "굳어진" 단음절 '千'이다.

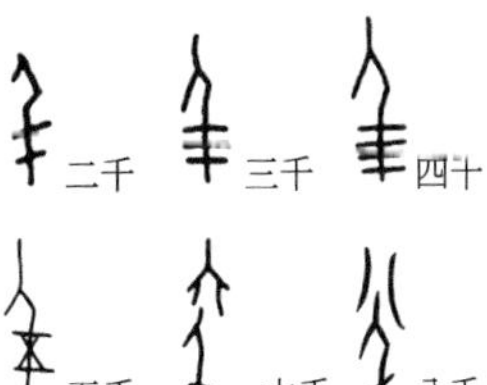

[그림 47] 갑골문 'N千' 합문

이에 대해 우리는 '百', '千', '萬' 계열의 변천 규율을 추출할 수 있다. 음이 같거나 비슷한 한자를 빌려 표기한다 → 가차자에 '一'을 더하여 고정된 '百', '千', '萬'이 되었으며 의미는 "一百", "一千", "一萬"을 표기한다.

숫자 '一'에서 '萬'까지는 자주 사용하면서 기초적인 한자라고 할 수 있다. 그러나 그 중 일부 자형의 기원은 지금까지도 합리적이고 믿을만한 해석은 없다. 이 점이 고문자 연구의 특징 혹은 한계이다. 설령 흔히 사용하는 한자라고 해도 비교 가능한 자료가 부족하면 한자를 구성하는 근거 문제는 해결할 수 없다. 또한, 기호자와 가차자의 존재로 인하여 자형과 의미 관계를 억지로 찾으려고 한다면 오히려 점점 더 기원에서 멀어질 수 있다. 그래서 우리가 한자 구조를 분석할 때 몇 가지 증거만 있다면 그 범위 내에서 논의해아지 절대로 깊게 파고들지 말아야 한다.

【참고 문헌과 보충 자료】

䎆', '𪕎'에 관하여 아래 문헌을 참고하라.

石小力, 「『說戰國楚文字中用爲"一"的"翼"字」, 『中國語文』 2012年 제1기.

石小力, 「『說戰國楚文字"𪕎"字的来源」, 『古文字研究』 第34輯, 中華書局, 2022年.

'貳'에 관하여 아래 문헌을 참고하라.

趙培, 「"貳"的古今字形及其關系考論」『出土文獻綜合研究集刊』 第5輯, 巴蜀書社, 2017年.

'四'에 관하여 아래 문헌을 참고하라.

曾憲通, 「吳王鍾銘考釋」, 『古文字與出土文獻叢考』, 中山大學出版社, 2005年, 138쪽.

劉洪濤, 『形體特點對古文字考釋重要性研究』, 商務印書館, 2019年, 173-183쪽.

숫자괘에 관하여 아래 문헌을 참고하라.

賈連翔, 『出土數字卦文獻輯釋』, 中西書局, 2020年.

제6장

간지干支

- 기초 한자에 대한 두 번째 이야기

숫자 외에도 중국은 유구한 역사를 지닌 숫자 기록 체계인 간지干支가 존재한다. 간지는 나무줄기, 나뭇가지로부터 의미를 취하였으며 이후에 각각 天과 地에 짝을 맞춰 천간지지天干地支라고 칭하기도 하였다. 열 가지 천간天干 중 홀수 자리(甲, 丙, 戊, 庚, 壬)와 열 두 가지 지지地支 중 홀수 자리(子, 寅, 辰, 午, 申, 戌)가 두 개씩 조합을 이루며 짝수 자리(乙, 丁, 己, 辛, 癸)와 짝수 자리(丑, 卯, 巳, 未, 酉, 亥)가 두 개씩 조합을 이루어 60가지 고정된 호응 관계를 형성하며(상세한 내용은 [그림 1]의 갑골문 해석문을 참고), '甲子'에서 '癸亥'까지 반복하여 순환한다.

간지의 기능은 주로 시간을 기록한다. 이미 상대부터 시작하였으며 고대인은 숫자로 연도와 월을 기록하고 간지로 일자를 기록하였다. 간지 하나가 하루를 대표하며 60일이 한 주기를 이루어 끊임없이 반복한다. 후대에 간지로 연도를 기록하고 60년으로 한 주기를 이루어 지금까지 사용하고 있다. 간지의 용법은 상당히 안정적이며 고금을 통틀어 자형 변화는 크지 않다. 숫자와 마찬가지로 간지 또한 학자들이 고문자 자료를 해석하는 "열쇠"가 되었다.

갑골문은 1899년 발견되었으며 그 중, 가장 빨리 알아낸 것이 바로 간지이다. 1903년 출판된 첫 번째 갑골 저록서 『철운장귀鐵雲藏龜』에 작자 유악劉鶚은 일찍이 아래와 같이 감탄한 바 있다.

龜板可識者, 干支而已. 如甲申, 乙酉, 丙寅, 丁卯……

[거북 껍데기에서 알아볼 수 있는 것은 간지 뿐이다.

예를 들면, 甲申, 乙酉, 丙寅, 丁卯……]

1904년 첫 번째 갑골문 연구서 『계문거례契文擧例』에 저자 손이양孫詒讓은 〈釋日月〉을 연구서 첫 번째 첩터로 정하였다. 고석해낸 '日', '月'은 사실 일자를 기록하는 간지와 월을 기록하는 숫자이다.

앞에서 말했듯이, 갑골문과 금문은 주로 실용성을 갖춘 "서식 텍스트"이다. 갑골복사마다, 청동기 명문의 첫 부분마다 모두 간지로 기록된 날짜를 표기하였다. 예를 들어 상해박물관의 중국 역대 서예관에서 전시한 상대 후기 갑골에 이와 같은 복사가 새겨져 있다.

<u>辛未</u>貞, 禱年於高祖……

<u>辛未</u>貞, 禱年於河……

<u>辛未</u>貞, 禱年於嶽……

<u>신미</u>일에 묻습니다, 고조께 풍년을 기원해야 할까요……

<u>신미</u>일에 묻습니다, 강의 신께 풍년을 기원해야 할까요……

<u>신미</u>일에 묻습니다, 산신께 풍년을 기원해야 할까요……

복사 모두 "辛未"일에 진행한 점복이며 각각 조상, 하신河神, 산신山神에게 어떻게 풍년을 기원해야하는지의 내용을 담고 있다. 또한 하남성 안양 은허에서 출토한 상대 후기 『아어정亞魚鼎』은 아래와 같은 명문도 볼 수 있다.

壬申, 王賜亞魚貝, 用作兄癸尊. 在六月, 唯王七祀翌日.
임신일 왕은 아어에게 조개껍질을 하사하여 兄癸尊을 만들었다. 유월은 왕이 재위한지 7년 되는 날이다.

먼저 간지 '壬申'으로 일자를 기록하고 기록을 완료한 후에 다시 월과 연도를 보충하였다 ('王七祀'가 바로 왕이 재위한 지 7년이라는 의미이다). 이로부터 알 수 있듯이, 숫자와 간지, 이 두 가지 "단서"를 장악하고 다시 심오한 갑골복사와 청동기 명문을 해석하면 적어도 기본적인 시긴 위치를 알아낼 수 있다.

간지로 시작하는 복사 외에도 갑골문에 전문적인 "간지표"[그림 1]가 적지 않게 남아 있다. 아마도 초보가 글자 새기는 연습을 하며 남긴 "숙제"였을 것이다. 3천 여 년 후 우리가 고문자를 학습하는 '초보'가 되어 갑골문 간지표와 그 해석을 자세히 보거나 한 번 필사해 봐도 쉽게 그 자형들을 파악할 수 있다. 독자 여러분들도 한 번 해보면 좋을 듯하다.

하지만, 간지자에 대해 존재를 아는 것은 쉽지만 존재하게 된 이유를 밝혀내는 과정은 아주 어렵다. 간지는 순수한 추상적 개념이기 때문에 간지를 기록하는 22자는 예외 없이 모두 발음을 표기하는 가차자이다. 간지라는 가차 의미는 실제로 아주 많이 사용하여 오래전에 빌려 온 후로 본뜻을 표기하도록 되돌리지 않았기 때문에 이 한자들의 본의는 대부분 사라지거나 잊혀졌다. 만약 간지 순서 등으로 한자를 만든 본의를 추측한다면 사실과 완전히 어긋나고 만다. 예를 들어 『설문해자說文解字』는 먼저

[그림 1] 상대 갑골문 간지표

10개의 천간을 각각 사계절 기후 현상을 상징한다고 하였으며 또한 인체 각 부위를 상징한다고 하였다. '甲'부터 '사람 머리'를 상징한다고 하였으며 '乙'은 '사람의 목'을 상징하며 '癸'까지 이와 같은 설명이 이어져 '사람의 발'을 상징한다고 하였다. 또한, 『사기史記』 등의 문헌에서 '道'나 '氣' 등의 관점으로 간지에 대해 적지 않은 해석을 내렸으나, 아쉽게도 고문자의 실제 상황과 부합하지 않는다.

현재 간지로 사용하는 한자의 3분의 1은 이미 그 본의를 찾았으며, 다른 3분의 1은 대체로 조자 근거가 명확하다. 마지막 3분의 1이 여전히 기원과 내력을 알지 못한다. 아래 현재까지 밝혀진 내용을 토대로 간지 순서에 의거하여 하나씩 소개하고자 한다.

甲

천간 '甲'은 본래 가로선 하나에 세로선 하나를 더하여 쓴다[그림 2.1]. 제 5강에서 설명하였듯이, 고문자 '七'도 이렇게 썼다[그림 2.2]. 상주 시대 전반에 걸쳐 '甲'과 '七' 두 한자는 기본적으로 형태가 같았으나 지금은 두 한자가 상고음과 그 당시 의미 사이의 관계는 알 수 없다. 아마도 자형상 우연히 일치했을 가능성이 있다. 다행히도 '甲'의 용법과 '七'은 차이가 명확하여 보통 서로 혼동되지 않는다.

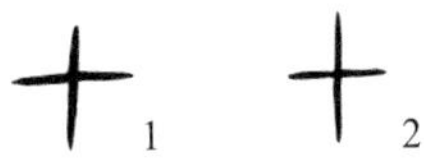

[그림 2] 상대 갑골문 '甲'(1)과 '七'(2)

'+[甲]'의 구조가 상당히 간략해서 본뜨려고 했던 사물의 대상이 실제로 아주 많다. '甲'의 용법은 상당히 단순해서 천간의 첫 번째만을 표기한다. 그래서 그 본의를 확정짓기가 어렵다. 어떤 사람은 '+'이 갑옷이나 껍데기를 뜻하는 '甲'을 위해 만들어진 한자로 간주하지만 자형상 일치하지도 않으며 확증할 방법도 없다.

사실, 고문자 '+'과 후대 '甲'의 차이는 엄청나게 크다. '田' 아래 빼져나온 '甲'은 도대체 어디서부터 왔는지 오랜 세월동안 이어져온 수수께끼였다. 갑골문이 발견된 후로 드디어 '甲'의 직접적인 기원은 천간의 첫 번째 '+'를 표기하기 위해서가 아니라 상 왕조 선왕先王의 "시호諡號"이다.

"시호"는 군주 사후에 후손들이 제사를 모실 때 사용하는 호칭(예를 들어 건륭황제의 시호는 "高宗"이다)으로, 상 왕조 선왕의 시호는 대부분 '한 글자+천간'으로 구성하였다. 예를 들어 하夏를 멸망시킨 상 탕왕湯王은 시호가 '大乙'이다. 나라를 망하게 한 상 주왕紂王은 시호가 '帝辛'이며 '殷'으로

천도한 왕을 "반경盤庚"이라고 부르는데 역시 시호이다. 상 왕조에서 간지로 날짜를 기록하였는데 상왕 시호 속의 천간은 그들에게 제사 올리는 날짜와 대응한다. 예를 들어 반경에게 지내는 제사는 일반적으로 '庚午', '庚申', '庚寅'등 6일로 배정한다.

상 탕왕으로부터 6대를 거슬러 올라가면 전래문헌에서 "상갑미上甲微"라고 기록한 선왕이 있다. "상갑"은 시호이며 '미'가 바로 그의 이름이다. 갑골복사 중에서 상갑미의 시호는 최초에 천간 '+'의 바깥쪽에 사각형을 추가하여 표기하였다[그림 3.1]. '⊞'는 아마도 이 시호의 전용자이며 역시 '甲'으로 읽는다. 두 글자일 가능성도 있는데 '~甲'으로 읽는다.

시호 '⊞'의 위쪽에 다시 '二'를 추가하였다[그림 3.2]. '二'가 바로 '上'이며 선분의 길이로 '上'이 지닌 공간 개념을 표기하였다. '二'가 바로 '下'인 것과 상대적이다. 갑골문에서 '二', '⊞'으로 조합된 합문이 바로 고전에 나오는 "上甲"과 대응한다.

1 2

[그림 3] 상대 갑골문 '上甲'의 '甲'과 '上甲' 합문

'上甲' 이후 세 왕은 고전에서 "보을報乙", "보병報丙", "보정報丁"라고 쓰여 있다. 갑골문 쓰기 방식은 바로 '乙', '丙', '丁' 세 자형 바깥으로 테두리를 추가하여 에워쌌다 [그림 4].

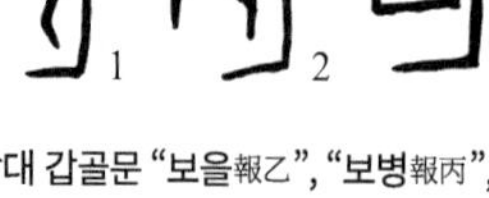

1 2 3

[그림 4] 상대 갑골문 "보을報乙", "보병報丙", "보정報丁"

상대 선왕의 시호는 천간 순서대로 배열하지 않는다. "상갑上甲", "보을報乙", "보병報丙", "보정報丁"은 오히려 유난히 질서정연하게 배열하였다. 이것은 상이 천하를 얻은 후에 다시 조상을 추봉追封하였을 가능성이 있다. 선왕의 시호에 사각형이나 테두리를 추가한 것은 구체적 의미(예를 들어 어떤 사람은 신주나 위패를 놓는 석실을 본뜬 것으로 간주한다)이며, 천간과 다른 특수 함의(고대 이집트 문자도 왕의 이름 바깥쪽으로 테두리를 그리는 것을 연상할 수 있는데 이를 "카르투시"라고 한다)의 표지로 보기도 한다.

상대 선왕 "상갑"의 전용자 '⊞'가 후대 '甲'의 직접적 기원임을 어렵지 않게 발견할 수 있다. '七'과 서로 혼동하는 것을 피하기 위해 천간 '甲'은 이후에 다시 '+'를 사용하지 않고 '⊞'로 수정하여 표기하였다. 전국시대 이후로 이 현상은 점차적으로 많아졌다. 하지만 일상 생활 속에서 '⊞'의 '+'과 사각형은 명확하게 띄어쓰기가 쉽지 않아 '田'과 서로 혼동될 수 있다 [그림 5].

1 2

[그림 5] 전국시대 초문자 중 형태가 비슷한 '甲'(1)과 '田'(2)

'田'과 차이를 두기 위해서 진秦 문자 '甲'은 중간의 세로선을 아래로 길게 늘여 썼으며[그림 6], 이 자형은 지금까지 사용한다.

[그림 6] 진간 '甲'

乙

상대 갑골문 '乙'은 상하 두 개의 호[그림 7.1]로 구성된 자형과 상하가 두 번 꺾여 있는[그림 7.2] 자형이 있다. 상대에 붓글씨로 표준체를 써서 주조한 청동기 금문과 대조해보면[그림 7.3], 상하로 두 개의 호가 있는 자형이 원형에 해당한다. 부분적으로 갑골문은 상하 두 번 꺾인 자형이 있는데 붓을 대신하여 칼로 새기다보니 발생한 현상이다.

[그림 7] 상대문자 '乙'

이상 '乙'자형만으로는 자형이 형성된 본뜻을 판단할 방법이 없다. 상대문자를 두루 살펴보면, '水'만이 '乙'과 관련 있다. '水'는 상형자이며 본래 흐르는 물을 본뜬 자형이다. 갑골문 '水'는 양측에 "물방울"이 있으며 중간에 흐르는 물을 본뜬 긴 획이 있다. 또한 두 개의 호로 구성된 자형과 두 번 꺾인 자형이 있다[그림 8]. 자형 구성 요소로 사용할 때 "물방울"은 늘 생략되며 물 흐르는 부분만 쓴다[그림 9]. 대조해보면 알 수 있듯이, '乙'과 '水' 중간에 물 흐르는 모습을 본뜬 부분이 기본적으로 동일하다.

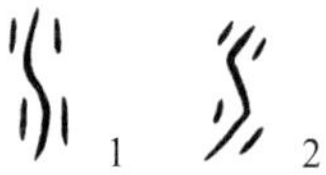

[그림 8] 상대갑골문 '水'

[그림 9] 상대 갑골문 '洹'의 번체자와 간체자

『설문해자說文解字』는 '乙'을 제외해도 '乚'이 더 수록되어 있다. '乚'과 고문자 '乙'은 형태가 비슷하며 해석 또한 "흐르다[流也]"이므로 두 한자는 동일한 한자일 수도 있다. '乙'의 본의는 아마도 '流'일 것이다. 하지만 '乚'는 자전에서만 볼 수 있을 뿐이지 실제 용례는 없다. '乙'과의 동일 여부는 확증하기 어렵다.

丙

'丙'은 간지 중에서 드물게도 본의가 명확한 한자 중 하나이다. 본래 고대 제사에서 희생을 담는 그릇을 나타냈다. 그릇 형태는 도마[俎]나 테이블[几]과 비슷하며, 제사를 올릴 때 사용하던 "고기 받침대"였다.

갑골문과 금문에서 '丙'의 자형은 종류가 다양하다. 그 중, 원시적인 자형은[그림 10], 윗부분을 긴 가로선으로 그려 양 끝이 튀어나왔으며 아랫부분은 뒤집힌 'V'형이다. 뒤집힌 'V'형의 상단부와 긴 가로선 사이에 일정한 간격이 존재하며 하단부는 제일 밑부분이다. 초기 청동기 금문 '丙'[그림 10.1]은 중간 부분을 채워 넣었으며 상형성이 가장 강한 자형이다. 갑골문은 그 윤곽만을 취해서 자형을 구성하였다[그림 10.2].

 1. 상대 금문  2. 상대 갑골문

[그림 10] '丙'의 원시 자형

현재까지 출토된 선진 시대 유물 중에서 "탁자"에 속하는 유물이 있다. 이 유물이 고문자 '丙'과 유사한 특징을 지닌다. 이 "탁자"의 아래에 가늘고 긴 "다리" 네 개가 있지 않고 목판 두 개가 있으며 각각 뒤집힌 'V'형으로 잘라 네 개의 "다리"를 만들었다. 옆에서 보면 '丙'의 각 부위와 하나씩 대응시킬 수 있을 정도이다.

일부 고분에서 부장된 "견책[부장품 목록]"에 이 기물의 명칭이 적혀 있다. 그 중 비교적 작은 것은 '俎'라고 칭하였고 큰 것은 '房'이라고 하였다. 고전의 기록에 근거하면 '房'도 일종의 도마이며 제사 희생을 올려놓던 큰 도마이다.

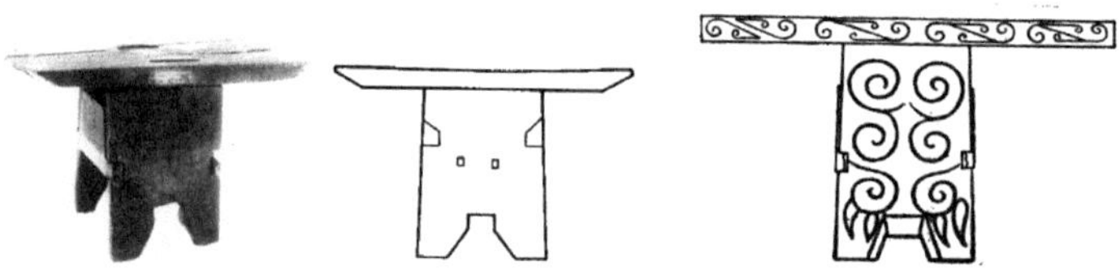

[그림 11] 전국시대 초 묘분에서 출토된 '俎'와 '房'

'丙'과 '房'의 상고음은 상당히 비슷하고 고문자 '丙'의 자형과 유물 '房'의 형태를 결합시켜 본다면 '丙'은 바로 이와 같은 '房'이나 '俎'를 위해서 만든 한자이다. '丙'은 아주 일찍부터 천간을 표기하기 위하여 빌려진 후로 상당한 기간동안 다시 돌아오지 못하였기 때문에 '丙'의 본의는 음이 비슷한 '房'을 다시 빌려서 표기할 수 밖에 없었다 (집을 뜻하는 '房'과 같은 한자를 사용하였으나 의미는 반드시 관련 있지 않다).

丁

현재까지 밝혀진 가장 원시적인 '丁'의 고문자는 상대 청동기 금문에서 볼 수 있다. 마치 속을 꽉 채운 둥근 덩어리 같은데 어떤 것은 둥글기도 하고 어떤 것은 납작하기도 하다[그림 12.1]. 서주시대 이후로 운필運筆 방향의 영향을 받아 점차적으로 상하 비대칭 자형이 출현하기 시작하였다[그림 12.2]. 전국시대에 이르러 사람들이 '丁'을 쓰는 과정에서 붓을 거둬들일 때 필획을 뾰족하게 마무리하였으며 때때로 아래로 늘어뜨리기도 했다[그림 12.3]. 진秦 예서로 발전하면서 '丁'은 이미 해서와 크게 차이나지 않았다[그림 12.4].

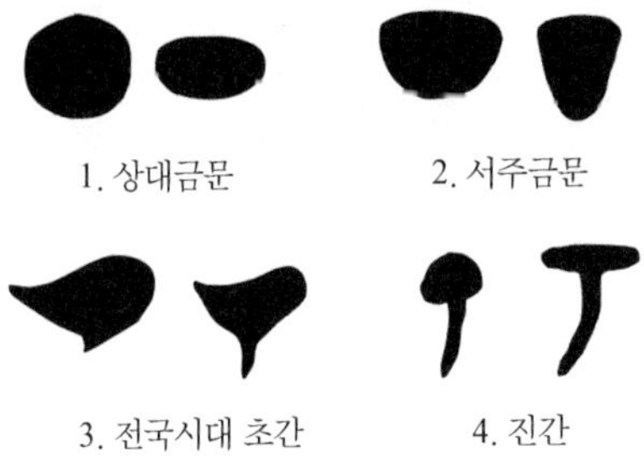

[그림 12] '丁'의 변천

'丁'은 대체로 '釘'의 초문으로 간주한다. 하지만 '丁'의 변천 과정에서 ●과 丁의 차이가 상당히 크다. 이를 고루 살펴보기 위해서 이 두 가지 자형은 먼저 못을 위에서 내려다본 모습을 본뜨고 이후에 측면에서 본 모습을 본뜬 것으로 해석하였다. 하지만 [그림 12.3]과 [그림 12.4]를 보면 알 수 있듯이 세로선을 지닌 '丁'은 실제로 쓰기 습관의 영향을 받아 발생한 것이며 (오른손으로 붓을 잡고 오른쪽으로 잠시 멈추었다가 다시 아래로 들어올렸다), 결코 못의 형태를 본뜨지 않았다.

당연히, 고대인이 말하는 '釘'은 반드시 '못'만을 뜻하지 않았다. 『설문해자說文解字』는 "釘, 鍊鉼黃金"라고 하였다. "납작하게 두들겨 만든 황금"이라는 뜻이다. 현재 출토된 한漢의 황금 화폐 중에서 마침 납작한 원형으로 제작한 화폐가 있다[그림 13]. "金鉼"이라고 하며 이것이 바로 『설문해자說文解字』에서 말하는 '釘'이다. 그렇다면 '丁'(●)은 확실히 '釘', 즉 "황금 주화[金鉼]"을 의미하기 위해 만든 한자일 가능성이 있다. 다만, 현재까지 발견된 황금 주화는 상주 시대보다 이르지 않으며, '丁'(●)이 만들어질 당시 고대인이 이와 같은 '釘'을 본 적이 있을지 확실하지 않다.

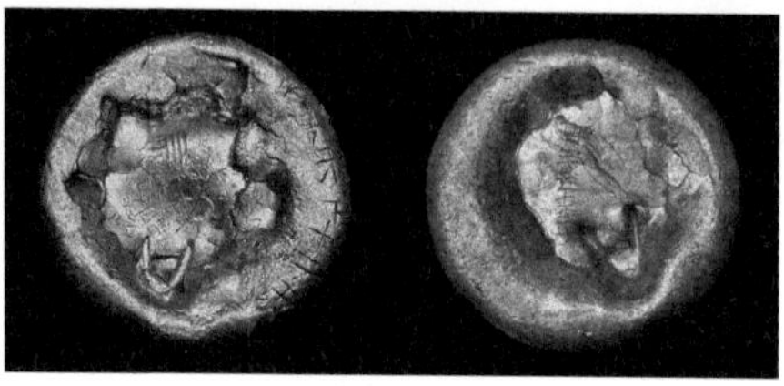

[그림 13] 남창南昌 해혼후海昏侯 서한西漢 묘분에서 출토된 "金鉼"

상商, 서주 문자에서 '丁'은 속을 채우지 않고 윤곽만 취했던 자형도 있다[그림 14]. 특히 갑골문은 선을 새겨넣어야 해서 일반적으로 사각형으로 새기는데 사각형인 경우도 있고 다소 납작한 경우도 있다[그림 14.2]. 이와 같은 구성 요소는 다른 고문자에서도 출현하며 자음과 결합해서 본다면 '丁'의 본뜻은 다른 의미가 있을 가능성이 있다.

[그림 14] 상대 문자 중 속을 채우지 않은 '丁'

예를 들어 일부 학자는 '丁'이 성읍城邑을 본떴으며 '城'을 위해서 만들어진 한자로 여겼다. '丁'과 '城'의 상고음이 서로 비슷하며 자형 관련 증거 또한 적지 않다. 예를 들어, 갑골문에 '成'으로 분류할 수 있는 자형들이 있다[그림 15]. 해자를 본뜬 사각형과 무기를 본뜬 '戌'로 조합하여 방어 기능을 갖춘 곳을 표기하였으며 이것이 바로 '城'의 초기 형태이다.

[그림 15] 상대 갑골문 '成'

또한 '郭', '墉' 모두 성벽을 의미하며 이 자형들은 공통적으로 의미를 표현하는 초기 형태가 원형이나 사각형 외부에 성루가 있는 모양을 추가한 형태로 썼다[그림 16]. '邑'은 원이나 사각형 아래 꿇어 앉은 사람을 추가하여 사람이 거주하는 곳[그림 17]을 표기하였다. '正'은 "정벌"을 뜻하는 '征'의 초기 자형이며 사람의 발을 본뜬 '止'가 원이나 사각형을 향해 있으며 성읍으로 진격하는 의미를 표기하였다[그림 18]. 이상의 자형 중에서 '城'을 표기하는 부분은 전부 동시대의 '丁'과 형태가 동일하다. 따라서 '丁'의 본의 또한 '城'일 가능성이 있다.

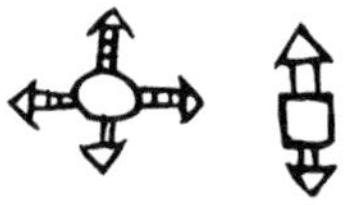

[그림 16] 상대 갑골문 '郭' 혹은 '墉'

1. 금문

2. 갑골문

[그림 17] 상대문자 '邑'

1. 금문

2. 갑골문

[그림 18] 상대문자 '正'

戊, 戌

천간 '戊'와 지지 '戌'의 구조는 아주 유사하다. 두 자형 모두 '戈'를 포함하며 두 자형이 본뜨고자 했던 사물 또한 '戈'와 유사하며 자루가 긴 두 가지 무기들이다.

오늘날 우리가 박물관에서 봤던 "긴 자루 무기"는 '戈', '矛', '戟', '鉞' 등을 포함하며 대부분 금속으로 된 머리 부분만 남아 있다. 그들은 본래 나무로 된 긴 자루가 있었으나 보존하기가 상당히 어려워 고고학 발굴 과정에서 일부 흔적만을 볼 수 있다[그림 19].

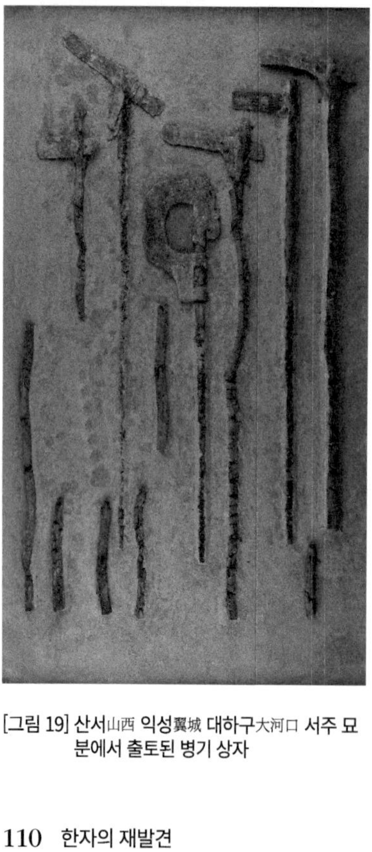

[그림 19] 산서山西 익성翼城 대하구大河口 서주 묘분에서 출토된 병기 상자

긴 자루 무기의 완전한 형태는 상주 시대 고문자에도 반영되어 있다. 부족 명칭 금문에서 '戈'[그림 20.1]는 고도의 상형성을 지니고 있으며 뾰족한 창끝, 긴 자루를 제외해도 장식용 영락瓔珞과 긴 자루 끝의 거치대까지도 표기하였다. 갑골문 '戈'는 몇 개 안 되는 필획으로 간화

1. 부족명칭 금문

2. 갑골문

[그림 20] 상대문자 '戊'

되어 테두리만 남겨놓았다[그림 20.2].

'戊'가 본뜬 무기의 특징은 날 부분이 안으로 들어간 호형弧形이며 "월아도月牙刀"와 어느 정도 비슷하다. 현재까지 발견된 청동기 중에서 가장 큰 상대 청동기 『사모무정司母戊鼎』(실제로 『사무정姒戊鼎』으로 칭한다)의 내벽에 당시 가장 표준 정자체 '戊'[그림 21]를 볼 수 있으며 뚜렷하게 '戊'의 날 형태를 반영하였다.

[그림 21] 상대 『사모무정司母戊鼎』 '戊'

갑골 복사 등 임의적 서사 혹은 각사刻辭 중에서 '戊'의 날 부분이 안쪽으로 패인 특징은 점차 소실되고 보통 세로선[그림 22.1~2]으로 변화한다. 상대 말기에 이르러 "긴 자루"는 점차 "삐침[丿]"으로 변화하였다. 이 당시의 '戊'[그림 22.3]와 예서, 해서는 이미 거의 비슷해졌다.

[그림 22] 상대 갑골문 '戊'의 변천

지금처럼 우리가 '戊'와 형태가 같은 고대 무기를 거의 볼 수 없고 천간 명칭에 남겨진 '戊'의 소리와 고문자 상의 무기 형태만 남아 있다. 이 한자가 바로 '我'와 비슷하다. 고문자로 볼 때 '我'도 본래 자루가 긴 무기를 뜻했으며 날 부분에 날카로운 이빨이 드러나 있는 점이 특징이다[그림 23]. 역시 일찍부터 가차되었기 때문에 '我'의 소리는 1인칭 대명사에 남아 있고 무기 형태 또한 고문자에서 볼 수 있지만 실물은 마찬가지로 찾아보기 어렵다.

[그림 23] 상대갑골문 '我'

고문자 '我'에 반영된 무기 형태 특징은 '戉'와 정반대이다. '戉'의 날 부분은 대체로 바깥으로 돌출된 호형이며 날 부분의 폭이 넓어 '鉞'이라고 칭하는 무기와 형태가 같다[그림 24]. '戌'이 도끼를 본떴으나 이 한자와 '戉[鉞]'의 관계는 명확하지 않다. 소리로 볼 때 '戌'의 상고음은 '戌'을 포함한 '滅'과 비슷하다. '戌'의 본뜻은 '滅'과 관련 있을 것이다.

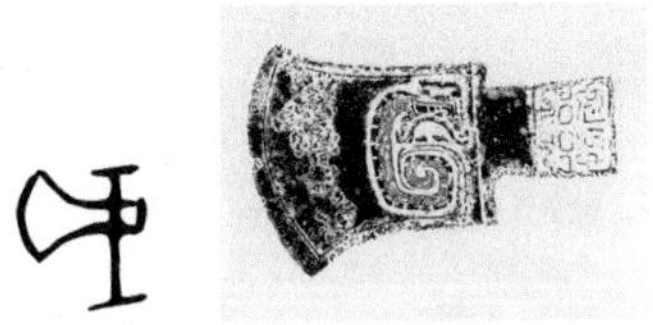

[그림 24] 갑골문 '戌'과 상대 청동도끼 (탁본)

일반적인 서사법은 '戌'의 날 부분이 바깥으로 튀어나온 특징도 엄격하게 보존된 것은 아니며 세로선으로 변화하였다[그림 25.1~2]. 이 때 '戊'와 '戌'은 머리 부분 폭만 달랐을 뿐이며 '戌'의 머리 부분은 넓은 편이다. 그래서 언제나 '戊'보다 획이 더 많다. 3천년 이래로 이 획의 차이는 늘 변하지 않았다.

[그림 25] 상대 갑골문 '戌'의 변화

己

'己'는 고금을 통틀어 거의 변화가 없지만 본의가 여전히 불명확한 점이 아쉽다. '己'를 포함하였을 가능성이 있는 고문자 '弔[吊]', '夷' ,'弗' 등을 보면[그림 27], '己'는 아마도 무엇을 둘러싸고 있는 줄인 듯 하다. 어떤 사람은 '己'가 '紀'의 초기 형태라고 간주한다. '紀'는 고전에서 '실의 끝자락'의 뜻을 표기하므로 아마도 '己'의 본의와 확실히 관련 있을 수도 있다.

[그림 26] 고문자 ‘己’ (갑골, 금문 등 자형이 동일)

[그림 27] 상대 갑골문 ‘弔[吊]’, ‘夷’ ,‘弗’

庚

‘庚’은 본래 모종의 악기를 지칭한다. 고대 악기 중에서 큰 종을 ‘鏞’이라고 하였으며 본래 ‘庸’이라고 썼다. ‘庸’은 ‘用’으로 소리를 표기하고 ‘庚’으로 의미를 표기하는 형성자이며 ‘庚’과 ‘庸’은 같은 종류의 악기이다.

상대 청동기 금문에 원시적인 자형으로 쓰인 ‘庚’이 있다[그림 28.1]. 주요 형태는 마치 기둥 하나를 세우고 그 가운데에 큰 원을 뚫어서 양쪽에 작은 원을 매달아 놓고 꼭대기에 분명하지 않은 부속물들이 있는 듯하다. 동일한 시기에 부족의 명칭을 표기한 자형이 있다. 아래 “받침대”가 추가된 형태인데 ‘庚’의 번체로 볼 수 있다[그림 28.2].

1. 천간 2. 부족 명칭

[그림 28] 상대 청동기 명문에 쓰인 ‘庚’의 원시 형태

상주 시대에 일상적인 한자 쓰기 방식 중에서 '庚'은 간단한 선만 남기는 형태였다[그림 29.1~2]. 진秦 문자로 발전하면서 비대칭적 한자 형태가 주류를 이루었으며[그림 29.3], 후대의 '庚'으로 계승되었다.

[그림 29] '庚'의 변천

그렇다면, '庚'은 본래 어떤 악기를 표기하였을까? 원시 자형을 보면 학자들은 '庚'은 귀가 달려 있고 흔들어 연주하는 악기라고 하였다. 후대의 "화랑북"처럼 흔들이 북과 유사하다. 고전에서 "땡땡이[鼗]"라고 한다. 하지만 "땡땡이"는 손에 들고 흔드는 작은 북을 뜻한다. 하지만 '庚'의 아래 종종 받침대가 있다. 아마도 크기가 큰 흔들이 북을 의미했을 것이다.

상대 악기 '庚'의 실체는 아직 발견하지 못했으나 전국시대 청동기에 귀족 생활을 묘사한 그림 무늬 중에서 상대 청동기 금문 '庚'과 유사한 대형 흔들이 북을 볼 수 있다[그림 30]. 이 흔들이 북은 종이나 석경과 함께 사용하며 한 사람보다 조금 키가 크며 형태도 화랑북보다 크다. 연주자는 두 손으로 기둥을 잡고 있으면서 마치 흔드는 동작으로 북에 달린 두 채를 휘날려 북 가죽을 두드린다. 북채를 휘날리는 각도가 아래에 있기도 하고[그림 30.1], 높이 있기도 하다[그림 30.2]. 아마도 북이 회전함에 따라 움직인다는 것을 설명하는 듯 하다.

1. 미국 Kaikodo에 소장 중인 청동 그림 무늬 방호方壺

2. 미국 Walters 미술관에 소장 중인 청동 그림 무늬 제기

[그림 30] 전국시대 그림 무늬 중의 대형 흔들이북

만약에 상대도 이와 같은 대형 흔들이 북이 있다면 '庚'이라고 칭했을 것이다. 하지만 나무로 만든 북은 쉽게 부패하기 때문에 고고학적 발굴로는 발견하기 아주 어려울 것이다.

추가로 언급하자면, '庚'의 상고음은 표준 중국어 '剛'과 발음이 비슷하며 대형 흔들이 북을 '庚'으로 칭하는 것은 북을 칠 때 나는 소리로 이름을 정하였을 것이다.

辛

'辛'의 초기 자형은 납작하고 긴 역삼각형에 좌우 두 사선을 더한 듯하다[그림 31]. 이후에 위쪽으로 장식하기 위한 짧은 가로선을 추가하고 세로선 중간 부분에 붓을 눌러 두껍게 표시하거나 점을 더하였으나 최종적으로 가로획으로 변하였다[그림 32].

[그림 31] 상대 금문 중의 '辛' 초기 자형

[그림 32] '辛'의 변천

학자들은 대부분 '辛'이 끌과 같은 도구를 형상화한 것으로 보고 있지만, 발음 측면에서 설명하기 어렵다. 자형과 소리를 종합적으로 고려했을 때, '辛'은 '薪'을 위해 만들어진 글자로 보이며, 원래 위에서 아래로 쪼개진 나무를 형상화했을 가능성이 크다.

'薪'은 원래 굵은 장작을 가리키는 말로, 위에서 아래로 세로로 쪼개어 사용해야 했기 때문에 고대에는 "큰 것은 쪼갤 수 있어 '薪'이라 하고, 작은 것은 묶어서 '柴'라 한다"라고 하였다. 또한, 장작을 쪼개는 동작도 '薪'이라고 했기 때문에 "나무를 베어 쪼개는 것을 '薪'이라 한다"라고 하였다. '薪'의 이러한 특징이 보다 원시적인 '辛'에 반영되었을 가능성이 있다.

'新' 역시 '薪'을 위해 만들어진 글자로 보인다. 그러나 시간이 지나면서 흔히 새롭다는 의미의 '新'으로 가차假借되어 사용되었기 때문에, 이를 구별하기 위해 초두변[艹] 부호를 추가한 것으로 보인다. 갑골문에서 '新'의 오른쪽 부분은 나무를 쪼개는 도구인 '斤'을 나타내며, 왼쪽은 원래 '辛'으로 썼다[그림 33.1]. 또한, '辛'과 '木'을 위 아래로 이어서 '亲'인 경우도 있다[그림 33.2]. 이러한 점을 고려할 때, '辛', '新', '薪'은 순차적으로 모두 같은 단어, 즉 장작을 뜻하는 '薪'을 나타냈을 가능성이 있다.

[그림 33] 갑골문 '新'

壬

고문자 '壬'의 자형은 명확하지 않으며, 원래 가로획 두 개와 세로획 하나로 구성했으며 후대 '工'과 매우 유사하다[그림 34.1]. '壬'의 중간은 '辛'의 아래쪽과 비슷하며 세로획 끝부분에 있던 둔필頓筆이나 점이 가로획으로 변화하였다[그림 34.2-3].

전국시대 이후에 '壬'과 '王'의 자형이 때때로 구별하기 어려워졌다.

[그림 34] '壬'의 변천

후대의 '壬'자에서 윗부분이 삐침[撇]으로 쓰이게 된 것은 '王'자와 혼동되는 것을 피하기 위해서였을 것이다. 또한, 중간 가로획이 짧았다가 길어지게 된 것은 아래쪽 가로획이 더 긴 '王'과 구별하기 위한 조치였다. '王'은 본래 흙더미 위에 사람이 똑바로 서 있는 모습을 본뜬 것이며[그림 35.1], "똑바로 서다挺立"를 나타낸다. 또한, "廷庭"이나 "聽听" 등에서 성부로 사용하였다. 예서와 해서 '壬'의 첫 획은 원래 삐침으로 쓰였으며[그림

35.2], 가운데 가로획이 비교적 짧았기 때문에 일상적으로 쓸 때는 '壬'과 자주 혼동되었다.

1. 갑골문

2. 진간 (구성요소)

[그림 35] '壬'의 변천

癸

'癸'는 처음에 비스듬한 X자 모양에 네 개의 짧은 획을 더한 형태로 쓰였으며[그림 36], 그 구성은 일관되지 않다. X자의 윗부분이 튀어나와 있기도 하고 그렇지 않기도 하는데, 현재로서는 어느 형태가 더 원형인지 단정하기 어렵다. 고문자 중에서 일반적으로 '巫'로 해석되는 또 다른 글자가 있으며[그림 37], 이는 네 개의 끝부분이 돌출되지 않은 '癸'와 단지 기울어진 각도만 다를 뿐이다. 또한, 일부 '癸'는 매우 반듯하게 쓰여서 소위 '巫'와 완전히 동일한 형태를 보이기도 한다. 이 두 가지가 서로 연관이 있는지 아직 확실히 알 수 없다.

[그림 36] 상대금문 '癸'

[그림 37] 일반적으로 '巫'로 해석하는 자형

'癸'의 네 끝부분에 있던 짧은 가로획이 나중에 네 가지 곡선으로 바뀌었으며, 『설문해자說文解字』 소전에서 마치 교차하는 두 갈고리처럼 변하였다. 이 때문에 한자 구성 체계로는 매우 독특하게 보인다[그림 38].

[그림 38] 『설문해자說文解字』 소전 '癸'

한자를 편리하게 쓰기 위해, 쓰기 어렵고 희귀한 구성 요소들은 종종 일반적인 구성 요소로 대체되곤 한다. 대략 춘추전국시대 무렵, 진秦 문자 '癸'[그림 39]는 잘못 분해한 후 재구성을 거쳤다. 상부는 '發', '登' 등의 부수로 사용되는 '癶'로 변형되었고 하부는 본래 '矢'와 혼동되었다가 이후 '天'으로 바뀌었다. 상하가 결합되어 전혀 합리적 근거가 없는 '癸'로 구성되었으며, 그 구조가 현재까지 전해졌다.

1. 석고문

2. 진간

[그림 39] 秦문자 "癸"

丑

12지지에서 첫 번째인 '子'와 여섯 번째인 '巳'의 관계는 매우 특별하므로, 이는 마지막에 다루기로 하고, 열한 번째인 '戌'은 천간의 '戊'와 함께 이미 논의했으므로, 이제 나머지 아홉 글자를 살펴보자.

지지의 두 번째인 '丑'은 '爪'의 초기 형태인 '叉'에서 유래하였다. '叉'는 '又'보다 점 두개가 더 많다. 우리가 앞서 설명했듯이, 고대 문자에서 '又'는 사람의 오른손을 상징하며, 글자를 구성할 때 손을 가리킨다. '又'의 '손끝' 부분에 손톱 모양을 추가하면 '叉'가 된다[그림 40.2]. 『설문해자說文解字』는 '叉는 손톱과 발톱이다'라고 설명하고 있다. 즉, '叉'의 본뜻은 손톱이나 발톱을 가리킨다. 여러분도 오른손을 들어 옆에서 관찰해 보면 '㕚'자의 기원을 쉽게 이해할 수 있을 것이다.

1 2

[그림 40] 서주 초기 금문 '又'와 '㕚'

고대 말소리가 유사했기 때문에 '㕚'는 지지에서 두 번째 위치를 나타내는 용도로 차용되었다. 사용이 많아지면서 글씨를 쓰는 방식도 점차 간소화되었는데, 때때로 '손톱' 부분이 서로 붙어버리기도 했으며[그림 41.1], 나중에는 아예 한 획으로 연결되기도 하였다[그림 41.2]. 이 과정에서 '丑'이 분화되었다.

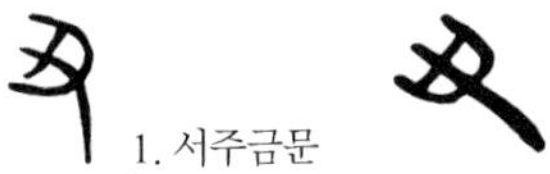
1. 서주금문 2. 진간

[그림 41] '㕚'로부터 '丑'까지의 변천

'㕚'가 본뜻으로 사용된 사례도 있으며, 예를 들어 서주 시대 금문은 "㕚牙"라는 표현이 등장한다. 이때 '㕚'는 여전히 "손톱"을 강조하고 있으며, 일부 글자는 특히 과장되게 표현되었다[그림 42].

진한 시대 정자正字인 『설문해자說文解字』의 소전은 "손톱" 부분이 두 개의 점으로 분리되었으며[그림 43], 이후 시간이 지나면서 '㕚'로 발전하였다.

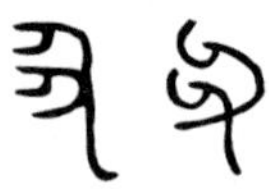

[그림 42] 서주금문 "叉牙"의 '叉'

[그림 43] 『설문해자說文解字』 소전 '叉'

아마도 '丑'의 가차 용법이 너무 강하게 자리 잡았기 때문인지, 이후 '叉'의 본뜻은 '爪'로 대체되었다.

원래 '爪'와 '叉'는 의미가 달랐다. '爪'는 손이나 발톱 전체를 본뜬 글자로([그림 44]에서 '采'의 윗부분과 같다), '叉'의 음과 의미를 흡수한 후에 손톱이나 발톱을 구체적으로 가리키는 뜻도 갖게 되었다. 예를 들어, 『순자荀子·권학勸學』에서 "蚓无爪牙之利"가 있다. 이는 지렁이에게는 새나 짐승처럼 날카로운 발톱과 이빨이 없다는 뜻이다. 또한, 일부 오방언吳方言에서는 손톱을 "指爪", 발톱을 "脚爪"라고 한다. 이는 동물의 발굽을 뜻하는 "脚爪"와는 다른 의미이며 본래의 '叉' 의미를 반영한 것이다.

'叉'는 후대 한자에도 그 흔적이 남아 있다. 예를 들면 손톱으로 긁는 행위를 '搔'라고 하고, 긁히는 벌레를 '跳蚤'이라고 한다. 여기서 '蚤'의 '叉'가 바로 '叉'에서 변형된 것이다.

 1. 상대 갑골문  2. 서주 금문

[그림 44] '爪'로 구성된 고문자 '采'

寅

지지에서 세 번째 위치인 '寅'은 원래 활과 화살을 뜻하는 '矢'자를 가차하여 사용한 것이다. '寅'과 '矢'는 고대음이 유사하며, 상대 문자 중 '寅'을 나타내는 글자 중 상당수가 '矢'와 완전히 동일한 형태를 띠고 있다[그림 45, 46 비교].

[그림 45] 상대문자 중 '寅'을 표기한 문자

[그림 46] 상대문자 '矢'

일부 세밀하게 새겨진 '寅'은 활과 화살을 더욱 구체적으로 묘사하였다. 특히 화살 깃이 화살대 양쪽에 부착된 형태는 일반적인 '矢'보다 더욱 정밀하게 표현하였다[그림 45.1, 47].

[그림 47] 상대 옥판玉板 간지표 조각의 "庚寅辛"

'寅'을 나타내는 '矢'는 이후 여러 형태로 와전되었으며, 원래 둥근 호 모양이었던 화살 깃은 점차 사각형으로 변하였고[그림 48.1], 나중에 '田'으로까지 변화했다. 또한 화살촉은 점차 바깥으로 벌어지면서 지붕 모양을 한 '宀'과 혼동되기 시작했다[그림 48.2~3]. 아마도 전국시대 이후에 '寅'이 원래 '矢'에서 유래했다는 사실은 거의 알려지지 않게 되었을 것이다.

 1. 상대 갑골문  2. 서주 금문  3. 진간

[그림 48] '寅'의 변천

卯

지지에서 네 번째 위치인 '卯'는 '劉'의 초기 문자를 가차하여 사용한 것으로 보인다. '卯'는 매우 안정적이며, 상나라 때부터 좌우에 반원 두 개를 배치하고, 그 사이에 서로 등을 맞댄 두 개의 호선을 추가하였다[그림 49.1]. 갑골문은 새기는 방식 때문에 선이 대부분 직선에 가깝게 표현되었으며[그림 49.2], 진秦 문자는 두 개의 반원이 때때로 위쪽으로 치우쳐 쓰이기도 했다[그림 49.3]. 이러한 형태는 후대 '卯'로 계승되었다.

 1. 상대 금문  2. 상대 갑골문  3. 진간

[그림 49] '卯'의 변천

고전에서 '卯'는 기본적으로 지지로만 사용되었지만, 갑골문에서는 동사로 쓰인 사례가 많다. 이는 '卯'가 지니고 있던 본뜻이 후대에 잊혀졌음을 표시하는 것일 수 있다. 예를 들어, 갑골 복사 중 다음과 같은 내용이 기록되어 있다.

> 貞: 燎於土三小牢, 卯一牛, 沉十牛.
> 묻습니다: 토신에게 세 가지 희생을 바치며 료제사를 지내니 한 마리를 죽이고 열 마리는 물에 빠뜨립니다.

점복의 내용은 '土'[토지신, 즉 '社']에 대한 제사로, 세 가지 종류의 희생 방식이 포함되어 있다. '燎'[불태움], '沉'[물에 던짐] 그리고 '卯'이다. 왕국유는 이 '卯'가 '劉'의 가차자라고 보았다. '卯'와 '劉'는 고대 음이 비슷하고, 후자는 왼쪽 상단 부분이 '卯'(이 형태는 '留', '貿' 등의 글자에도 나타나고 '劉'는 또한 '鐂'로 쓰이기도 했다)이다. '劉'는 '죽임'을 의미하는데, 이는 갑골문에서 '卯'로 희생 제사를 표시하는 방식과 유사하다.

즉, '卯'는 원래 '劉'의 변형된 글자일 가능성이 있으며, 음이 비슷해 가차하여 지지의 네 번째 위치를 나타내는 데 사용되었다. 이후 나온 '劉'는 '卯'에 의미를 나타내는 '刀'와 '金'을 추가하여 형성된 형성자이며, 그 의미는 오히려 '卯'의 본뜻을 나타낸다. 글자 형태에서 '卯'와 '劉'는 "찢고 죽이는" 의미를 상징할 수 있는데, 자형 두 번째 부분 두 개의 외향적인 획이 '八'과 비슷하고, 아마도 '분할'의 의미와도 관련이 있을 것이다.

辰

'辰'은 본래 곡선형으로 생긴 긴 날을 장착한 농기구를 가리키며, 이 도구는 풀과 나무를 자르는 데 사용할 수 있다 .전래문헌은 이 농기구를 '耨'라고 부르며, 그 글자에 '辰'을 포함시켰다. 그러나 '辰'의 고문자 형태만 보면[그림 50], 복잡한 형태든 간단한 형태든 그 상징이 무엇인지 판단하기 어렵다. 다행히 갑골문에서 '蓐'이 있는데, 이는 '辰'을 손에 들고 풀과 나무를 향해 나가는 형상을 나타낸다[그림 51]. 이 '蓐'에 의미를 나타내는 '田'을 추가하면, 서주 시대의 금문에서 '農'의 번체가 된다[그림 52.1]. '農'이 이런 과정을 거쳐 형성된 이유는 농사를 짓기 전에 풀과 나무를 제거해야 하거나 수확할 때 곡식을 자르기 위한 작업을 의미할 수 있다. 이 기본적인 구조에서 자른 풀과 나무, 그리고 '辰'을 든 손을 생략하고[그림 52.2], '田' 대신 '曲'을 사용하게 되면서 후세의 '農'이 만들어졌다.

1. 복잡한 자형 2. 간단한 자형

[그림 50] 갑골문 '辰'

1 2

[그림 51] 갑골문 '草' 혹은 '木'으로 구성된 '蓐'

1 2

[그림 52] 서주 금문 '農'의 번체와 간체

『회남자淮南子』에 "摩蜃而耨"라는 구절이 있다. 이는 '蜃'의 껍질을 갈아 풀을 제거한다는 뜻이다. 이를 통해 '蜃'(큰 조개)의 껍질이 농기구로 가공될 수 있음을 알 수 있다. '蜃'은 '辰'을 포함하고 있으며, 그 용도가 바로 '耨'와 일치한다. 그래서 곽말약은 '辰'이 '조개 껍질 모양'을 나타내며, '농기구'와 관련이 있다고 보았다. 그러나 고대 문자 '辰'과 조개 껍질 모양은 차이가 있어, '蜃'으로 농기구를 만들었다는 것을 확증하기는 어렵다.

午

지지에서 일곱 번째인 '午'는 "杵臼"의 '杵' 초기 문자를 빌려서 나타낸 것이다. 상대 문자에서 더 원시적인 '午'는 '杵'의 모양과 닮았다[그림 53.1]. 고대인의 문자 사용 습관에 따라 '午'는 지지를 나타내는데 사용함에 따라 의미 기호를 추가하여 '杵'와 같은 형성자가 만들어져 본래 의미를 표현하게 되었다.

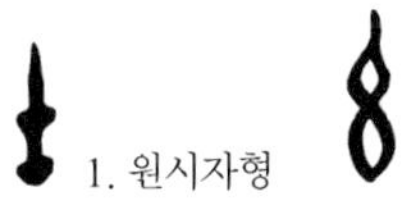
1. 원시자형 2. 상용자

[그림 53] 갑골문 '午'

'午'는 아주 일찍부터 변형이 일어났다. 이유는 알 수 없지만 윗부분은 '矢'나 '寅'에 출현했던 "화살촉" 부위와 비슷하게 변화하였고[그림 54.1], 그 후 아랫부분은 원점에서 가로획으로 변했으며[그림 54.2, '十', '辛', '壬' 등의 변화와 비교 가능], 점차적으로 예서와 해서의 '午'로 발전했다.

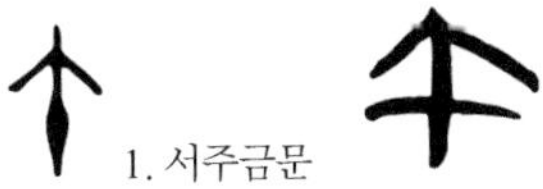
1. 서주금문 2. 진간

[그림 54] '午'의 변천

未

『설문해자說文解字』에서는 '未'가 "나무에 가지와 잎이 겹쳐 있는 모습을 형상화한 것"이라고 정의하였다. 고문자 '木'은 나무 한 그루를 형상화한 것으로, 위는 가지가 있고 아래는 뿌리가 있다[그림 55]. 갑골문에서 초기 '未'는 '木'의 상단에 'U'에 가까운 구성 요소를 추가하였다[그림 56.1]. '木'은 일부 생략될 수 있지만, 'U'자 형태는 항상 존재했다[그림 56.2]. 일부 '未'의 상단 획이 점차 두 'U' 형태로 변했으며[그림 57.1], 소전까지도 여전히 이와 같은 형태로 존재했다[그림 57.2].

[그림 55] 갑골문 '木'

1 2

[그림 56] 갑골문 '未'

1. 상대 금문

2. 『설문해자說文解字』 소전

[그림 57] 위쪽이 '未'와 유사한 자형

상대 문자에서 '木'의 윗쪽 가지와 잎이 겹쳐진 형태를 가진 '未'가 있다[그림 58]. 이 문자는 주로 씨족 이름에 사용되었으며, 지지 '未'를 나타내지는 않았다. 비교해보면, 이 '未'는 오히려 '木'의 가지와 잎을 형상화하고, '未'는 그와 다르게 나타난다. 따라서 '未'의 초기 자형은 ''나 ''와 같은 형태가 더 신빙성이 있으나 그 본뜻은 여전히 알 수 없다.

[그림 58] 상대 금문 중 '未'와 형태가 유사한 부족명

申

지지 아홉 번째 '申'은 본래 번개를 나타내는 '电'을 빌려서 표현한 것이다. '申'과 '电'은 현재 세로 직선과 곡선상의 차이만 존재하지만 원래 같은 자형이었다. 고문자 '申'은 대체로 장식성 무늬처럼 보이지만[그림 59], '雷'의 초기 문자를[그림 60] 비교해보면, '雷'의 가운데가 바로 '申'인 점을 알 수 있다. 따라서 '申'은 본래 번개 모양을 형상화하였으며, '雷'는 그 양쪽에 몇 개의 원을 추가한 것이다 (나중에 '田'과 혼용하였다). 이는 이마도 천둥소리를 상징했을 것으로 추정한다.

[그림 59] 갑골문 '申'

[그림 60] 갑골문 '雷'

'雷'의 초기 문자는 나중에 의미 부호 '雨'를 추가하여 '雷'로 구성하였고[그림 61.1], '申'과 '电'도 의미 부호 '雨'가 추가되어 '電'이 되었다[그림 61.2]. '雨'를 추가한 후 '電'과 지지 '申'은 명확히 구분되었다.

 1  2

[그림 61] 서주 금문 '雷'와 '電'

'申'은 나중에 여러 번 변형을 거쳤으며 중간의 긴 획은 종종 직선으로 늘어났다. 양쪽의 짧은 획은 분리시켜 재구성되었으며 '甲'의 변천 과정과 유사한 형태로 변화하였다[그림 62.2]. 한대 이후, 고대 중국인은 '申'과 '電'에서 사용된 '申'을 구분했으며 '申'은 가운데 획을 세로로 직선화하고, '電'은 가운데 획을 곡선으로 변형하였으며[그림 63.1] 이 형태가 계속해서 사용되었다.

 1. 전국시대 초간 '電'  2. 진간 '申'

[그림 62] 중간 세로선을 사용한 '電'과 '申'

 1. 동한 시기 비각의 '電'  2. 동한 시기 청동 거울의 '申'

[그림 63] 중간 세로선이 굽은 '電'과 '申'

酉

지지 10번째 '酉'는 본래 '酒'의 초기 문자를 빌려서 표현하였다. '酉'는[그림 64] 상 왕조 때 많이 쓰이던 입이 크고 술을 담는 토기를 본뜬 자형이다. 갑골문과 금문에서 '酉'는 지지 외에도 본뜻인 술을 나타내기 위해 사용되었다. 이를 통해 우리는 고대인이 '酒'를 만들 때, 액체만 그리는 것이 뜻을 전달하기 어려워 술을 담는 그릇의 형태를 빌려 표현했음을 추측할 수 있다. '酉'가 간지자로 차용된 후, '酒'와 '酉' 두 가지 뜻을 동시에 나타내게 되었다. 물방울이 있는 '酒'는 대체로 진문자에서 독립적인 형태로 완전히 분리되었다[그림 65].

[그림 64] 상대 금문 '酉'

[그림 65] 진간 '酒'

亥

'亥'의 형성은 불분명하다. 한 가지 이론에 따르면, '亥'와 돼지를 나타내는 '豕'는 한 글자에서 분화된 것으로 보며, 그 근거는 두 자가 서주 이후의 문자에서 윤곽이 비슷하다는 것이다[그림 66]. 그러나 상대商代 문자 형태를 살펴보면[그림 67], 그 기원이 완전히 다름을 알 수 있다. 단지 발전 과정에서 우연히 비슷한 형태로 변화했으며, 나중에 생긴 십이지와 지지의 대응에서 일치한 것에 불과하다. 원시적인 '亥'[그림 67.1] 유래는 현재까지도 알 수 없다.

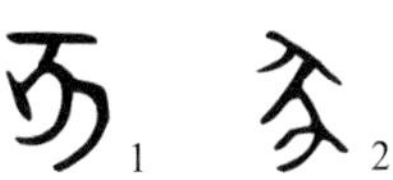

[그림 66] 서주 금문 '亥'(1)와 '豕'(2)

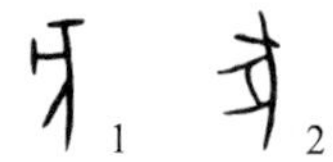

[그림 67] 상대 갑골문 '亥'(1)와 '豕'(2)

子, 巳

'子'와 '巳'의 고문자는 십이지 중에서 가장 특별하고, 현대인들이 이해하기 가장 어렵다. 상나라와 서주 시대는 지지 여섯 번째가 일반적으로 동주 시기 이후에 통용된 '巳'가 아니라 '子'로 표현되었다[그림 68].

[그림 68] 상주 시기 지지 6번째를 표기한 '子'

지지 첫 번째는 동주 이후에 통용된 '子'를 사용하지 않고, 후세에 전해지지 않은 특이한 글자로 표현되었다. 4강에서 이 글자가 여러 가지 복잡한 형태를 가지고 있다고 소개했으며[그림 69], 아마도 갓 태어난 아기의 정수리가 아직 닫히지 않았고, 머리털이 자란 형태를 나타내는 것일 수 있다. 이 글자가 나타내는 지지는 진秦과 한 이후의 '子'와 동일하며, 『설문해자說文解字』도 이를 '子'의 이체 중 하나로 보고 있다[그림 70].

[그림 69] 상대 갑골문에 표기된 첫 번째 지지 자형

[그림 70]『설문해자說文解字』'子' 이체자 중의 하나

만약『설문해자說文解字』의 이해가 틀리지 않았다면, 상나라와 서주 시대는 구성이 다른 두 가지 '子'가 존재했으며, 각각 다른 지지를 나타냈다. 이렇게 된다면 두 자는 형태가 다르고 서로 다른 천간과 결합하지만[그림 1의 간지 표 참조], 발음은 완전히 동일하므로 여전히 혼동하기 쉬웠다. 곽말약郭沫若이 말한 것처럼 "이것은 점괘가 출토된 후 제기된 새로운 사실 중 하나이며, 또한 매우 흥미로운 문제이다".

아마도 고대인도 자신들이 만든 글자에 혼란스러워 했을 것이며, 대체로 춘추시기 이후로 이 자형을 사용하지 않고, 일반적인 '子'를 지지 첫 번째로 사용하고, 여섯 번째는 '巳'로 변경하였다(아래 표 참조).

지지	상대와 서주	동주 이후
첫번째		子
여섯번째	子	巳

'巳'는 본래 등장한 시기가 그리 늦지 않다. 윗부분은 '子'와 유사하지만, 아랫부분은 굽은 획 하나만 있다[그림 71.1]. 상나라와 서주 시대에서 '巳'는 주로 제사의 의미를 나타내는 '祀'를 나타내었으며, 그 본래의 의미는 아직 확실히 알 수 없다.

1. 상대 갑골문 2. 진간

[그림 71] '巳'의 변천

대체로 한자 체계가 형성되기 시작하면서, 천간과 십이지지는 자형을 빌려 음을 표기하는 방식으로 기록하였다. 사용된 22개 문자는 모두 순수하게 음을 표기하기 위해 빌려 쓴 문자들이다. 이 자형과 천간지지 사이에 깊은 의미가 있을 만한 연관성은 없다. 한자는 다른 추상적인 개념을 기록할 때도 종종 가차나 형성의 방식으로 사용된다. 따라서 고문자를 음성과 결합시켜 이해하는 것은 자형의 제한을 극복하고, 한자의 성질과 흐름을 객관적으로 바라보는 중요한 열쇠가 된다.

가차와 형성을 이해하려면 고대 중국어 말소리에 대한 지식이 필요하며, 장기간 전문적으로 학습해야 한다. 본서는 이를 자세히 다루지 않으므로, 관심 있는 분들은 다양한 음운학 논문을 참고하여 더 깊이 이해해 보기를 권장한다.

【참고 문헌과 보충 자료】

'丙'에 관하여 본인의 논문 「古文字"丙"与古器物"房"」을 참고하라.
葛亮, 「古文字"丙"与古器物"房"」, 『出土文献与古文字研究』第7辑, 上海古籍出版社, 2018年.

『司母戊鼎』에 대하여 구석규裘錫圭의 「說"姛"」을 참고하라.
裘錫圭, 「說"姛"」, 『裘錫圭學術文集1·甲骨文卷』, 復旦大學出版社, 2012年.

음운학 통론에 관하여 새롭게 출판된 두 가지 저서를 추천한다.
楊劍橋, 『漢語音韻學講義』, 復旦大學出版社, 2022年.
趙彤, 『漢語音韻學概論第二版』, 中國人民大學出版社, 2021年.

제7장

'愛'와 '憂'

- 한자 변천 과정을 객관적으로 바라보기

"사랑하는데[愛] 마음[心]이 없고, 친하지만[親] 만나지[見] 않는다"는 한자 간화를 비판할 때마다 늘 출현하는 이야기이다. 앞 구절은 대략 번체자 '愛'에 '心'이 있으나 현재 간화되어 사라진 것뿐만 아니라 '愛'에 풍부하게 담겨 있는 깊은 의미까지 파괴하여 사회적으로도 좋지 못한 영향을 줄 수 있다.

이 중에서 아마도 한자 역사와 성질에 대해 적지 않은 오해가 존재하는 듯 하다. 문자 자형에 도덕, 교화의 능력이 존재하는지 말하지 않겠다. 오직 '愛'의 변천 과정에 대해 말하자면 그렇게 간단히 "是非"를 가릴만한 문제는 아니다.

먼저 우리는 "번체자繁體字"가 무엇인지 명확히 해야 한다. 네 번째 강의에서 언급했듯이, 각 시대의 한자는 사용 환경과 기록 내용의 차이에 따라 "번체"와 "간체"가 존재하는 것이 자연스러운 현상이다. 오늘날 일반적인 "번체자"는 현대 "간화자簡化字"가 등장하기 전까지 통용되던 문자 형태를 가리키며, 이는 과거에 유일한 표기법이었던 것도 아니고, 고대부터 변함없이 전승된 것도 아니다.

실제로 번체자든 간체자든 여러 차례 "큰 변화"를 겪었으며, 2~3천 년 전 창제 원리를 반영한 문자 형태와는 이미 매우 거리가 먼 상태이다. 따라서 한자의 변천 과정과 그 장단점(단순히 간화자의 문제만이 아니라)을 역사적이고 객관적인 시각에서 바라볼 필요가 있다.

'爱'를 예로 들면, 흔히 제기되는 '爱'는 '心'이 없다는 비판은 한 가지 중요한 문제를 간과하고 있다. 번체자인 '愛'에서 '心' 이외의 구성 요소인 爫, 冖, 夊는 '爱'와 어떤 관련이 있으며, 어떤 창제 원리가 담겨 있는 것일까? 사실 아무도 명확히 설명할 수 없다. 그래서 '心'이 사라진 점만을 강조하게 되는 것이다.

그러나 이미 약 2천 년 전부터 이러한 구성 요소의 창제 논리는 사라졌으며, 단순히 사라진 것이 아니라 다소 황당한 방식으로 소실된 것이다. 결국 '爱' 자체만으로는 그 변천 과정을 설명하기 어려우며, '爱'와 '憂', '慶' 등의 글자를 비교해야만 그 맥락을 이해할 수 있는 것이다.

'爱'와 '憂', '慶'은 모두 번체자와 간체자가 존재하며, 번체자를 나란히 배열해 보면 이 세 한자는 상단 부분만 차이가 있다는 점을 발견할 수 있다.

愛 憂 慶

이 세 번체자는 왜 그렇게 닮았을까? 이들은 또한 많은 부분에서 '愛'와 '憂', '慶'의 조자 본의가 남아 있을까? '慶'부터 이야기해보자.

慶

[그림 1] 갑골문 '慶'

'慶'은 상대 갑골문에서 처음 등장한다[그림 1]. 상상속의 동물 "해태[廌]"(고문자)와 '心'이 뒤집힌 ''로 구성되었다. 일반적인 분석에 따르면, '廌'는 바로 "獬廌"(또는 "獬豸"라고도 씀)이며 시비를 가리는 신비한 능력을 지닌 전설 속의 외뿔 짐승이다. '法'은 원래 '灋'으로 쓰였으며, 그 안에 '廌'가 포함된 것도 바로 이 이유 때문이다. 오늘날까지도 많은 법원이나 법학대학 정문 앞에는 다양한 형태의 외뿔 짐승 조각상이나 상징물이 놓여 있다.

그러나 상주 고문자로 볼 때, 독립된 자형 '廌'[그림 2.1]이든, '灋', '薦', '慶' 등의 자형 안에 포함된 구성 요소 '廌'[그림 2.2~4]이든, 실제로는 머리에 두 개의 뿔이 달린 동물을 형상화한 것이다. 초기 상나라 갑골문을 보면, 두 개의 뿔이 높이 솟아 있으며 약간 안쪽으로 휘어져 있어, 그 모양이 영양羚羊과 비슷하다.

1. 상대 갑골문 '廌'

2. 서주 금문 '灋法'

3. 춘추금문 '薦荐'

4. 춘추금문 "慶"

[그림 2] 고문자 '廌' 및 '廌'을 포함한 자형

특히 흥미로운 점은, 우리에게 익숙한 티베트 영양이 긴 뿔 두 개는 가늘고 곧으며 균형 잡혀 있어, 먼 거리에서 옆으로 보면 마치 하나의 뿔처럼 보여 '외뿔 짐승'이라는 별명을 갖고 있다는 것이다. 전설에 따르면, 동물이나 사람이 싸울 때 영리한 티베트 영양이 이를 중재한다고 하며, 심지어 티베트어에서 티베트 영양을 뜻하는 단어 Zö는 '廌'의 발음과도 어느 정도 유사하다. 이로 볼 때, 신령스러운 동물 '廌'의 원형은 아마도 중원 지역에서 보기 드문 어떤 종류의 영양이었을 가능성이 크다.

그렇다면 '廌'에 '心'이 더해져서 왜 '慶'이 되었을까? 또한 갑골문에서 '慶'의 '心'이 왜 거꾸로 쓰였을까? 이에 대한 확실한 답은 아직 없다. 다만 우리는 '慶'의 변화 과정을 추적할 수 있을 뿐이다. 상商 갑골문[그림 1], 춘추시대 금문[그림 2.4], 전국시대 문자[그림 3]를 보면, 일반적으로 '慶'의 머리 부분에 뿔이 달리고, 몸체가 '心'을 반쯤 감싸는 특징을 유지하고 있다. 그 과정에서 '廌'의 꼬리, 즉 아래쪽의 삼지창 모양이 점차 몸에서 분리되었으며[그림 3.2], 일부 글자에서는 아예 생략되기도 했다[그림 3.3].

 1  2  3

[그림 3] 전국시대 초간 '慶'

이후 진한 시대 문자[그림 4]로 들어서면서 '慶'에 중대한 변화가 발생하였다. 즉, '廌'의 몸에서 떨어져 나간 꼬리()가 모양이 유사한 구성 요소인 '夊'로 대체된 것이다.

 1. 『설문해자說文解字』 소전  2. 진간  3. 동한 비각

[그림 4] 진한문자 '慶'

'夊'의 유래는 거꾸로 뒤집힌 '止'이다. '止'는 원래 사람의 온전한 발을 본뜬 것이었으며[그림 5.1], 이후 그 의미가 발가락으로 축소되면서 '趾'로 표현하였다.

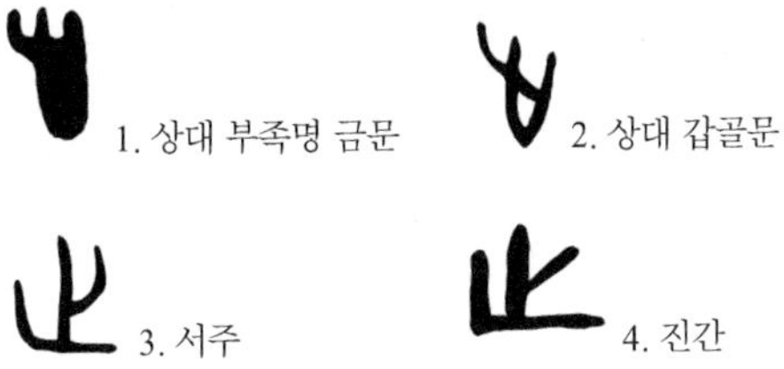

[그림 5] '止'의 변천

고대 문자에서 '止'는 대부분 '걷다'라는 의미이며, 그 방향은 종종 움직이는 방향을 암시한다. 예를 들어, '出'은 바깥으로 나가는 것을 의미하는데, 글자 모양은 '止'가 구덩이에서 밖으로 나가는 모습을 본뜬 것이다[그림 6.1].

'各'의 본뜻은 어떤 장소에 도착하는 것이며(이 의미는 고문에서 '格'으로 표기됨), 이 뜻에 맞추어 '止'를 거꾸로 뒤집어 안쪽을 향하도록 표현했다[그림 6.2].

'陟'는 산을 오르는 것을 뜻하기 때문에, 위를 향하는 두 개의 발과 높은 산을 상징하는 '阜'를 결합하여 그 의미를 나타냈다[그림 6.3]. 반면 '降'은 '陟'과 반대로, 아래로 내려가는 두 개의 '止'를 사용하여 하강을 표현했다[그림 6.4]. '各'이나 '降'과 같은 글자에서 거꾸로 쓰인 '止'는 예서나 해서에서 '夊' 또는 '夂'로 표기되었다.

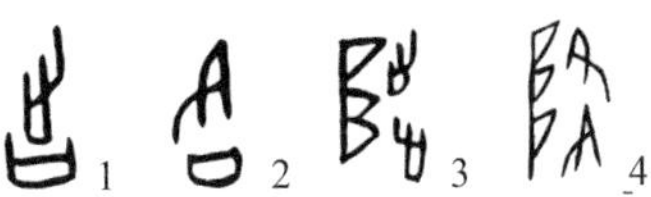

[그림 6] 갑골문 '出', '各', '陟', '降'

‘夊’와 ‘慶’의 꼬리는 의미적으로 전혀 관련이 없으며, 단지 꼬리 모양()이 별도의 한자로 굳어지지 않았기 때문에 한자를 쓰는 과정에서 의도적이든 무의식적이든 모양이 비슷하면서도 많이 쓰는 구성 요소인 ‘夊’로 대체되었다.

이 현상은 한자의 역사에서 매우 흔하게 나타나며, 이전 강의에서도 몇 가지 예를 언급한 바 있다. 이를 긍정적으로 보면 “유사화 경향”이라고 할 수 있다. 즉, 잘 사용하지 않는 구성 요소를 모양이 비슷하면서 자주 사용하는 구성 요소로 바꿔 글자를 더 쉽게 쓸 수 있도록 한 것이다. 반대로 보면, “잘못된 유추”로 볼 수 있다. 다른 글자를 참고하여 쓰다가 결국 서로 섞여 버린 것이다.

따라서 진한 시대 문자에서 ‘慶’에 ‘夊’가 포함된 것은 특별한 의미는 없으며 단순한 자형 변화일 뿐이다. 『설문해자說文解字』에서 ‘慶’을 “걸어가서 사람에게 축하해주는 것”라고 해석한 것은 억지로 ‘夊’의 의미를 끼워 맞춘 것일 뿐이며, 사실 그렇게 해석할 필요도 없다.

여기까지 이야기하면 많은 독자들이 이미 눈치챘을 것이다. ‘愛’, ‘憂’, ‘慶’이 서로 비슷한 이유 역시 ‘유사화’ 혹은 ‘글자 혼용’의 결과라는 사실이다. 이제 구체적으로 살펴보도록 하겠다.

愛

중국어에서 ‘愛’가 생겨난 시기는 아주 이른 시기로 추정하나 최초에 어떤 글자로 이를 표현했는지 아직 명확하지 않다. 현재 알려진 가장 이른 시기의 ‘愛’자는 전국 시대 문자이며, 일반적으로 ‘㤅’로 표기하였다[그림 7].

1. 진晉계 금문

2. 초간

[그림 7] 전국문자 '㤅'愛

'㤅'는 형성자이다. '心'이 의미를 나타내고, '旡'가 소리를 나타낸다. '愛'는 심리적 활동과 관련된 개념이므로 의부 '心'을 사용했다. 성부 '旡'는 다소 생소할 수 있으나, 사실 같은 발음을 지닌 '旣'의 오른쪽 부분과 동일하다. 전국시대 문자에서 '愛'는 '⿱既心'로 쓰기도 하였다[그림 8].

'旡/既'와 '愛'의 발음은 매우 유사했으며(현재도 '既'에서 소리를 따온 '概'가 '愛'와 같은 운韵에 속함), 이러한 이유로 '旡'가 '愛'의 발음을 나타내는 요소로 사용된 것이다.

[그림 8] 전국초간 '⿱既心'愛

'旡'는 본래 무릎을 꿇고 앉아 있는 사람의 형상을 나타내며, 엉덩이는 발꿈치에 앉아 있고 손은 몸 앞에 놓여 있다[그림 9]. 특별한 점은 그 머리 부분이 뒤쪽을 향한 '口'로 표현되어 있다는 것이다. '欠'과 그 구성[그림 10]을 비교해보면, '欠'도 무릎을 꿇고 앉은 사람의 형상을 나타내지만, 머리 부분은 앞쪽을 향한 '口'이며 입을 벌리고 하품하는 모습을 나타낸다. 이렇게 보면, '旡'는 어떤 호흡 동작을 나타내는 글자일 수도 있다.

[그림 9] 갑골문 '旡'

[그림 10] 갑골문 '欠'

고대 사람들이 '旡'를 형성자 '㤅'의 성부로 선택한 이유는 발음이 유사한 것 외에도 '旡'가 사람과 관련 있다는 점에서, 사람의 심리 활동인 '사랑'을 표현하는 데 도움이 되었을 것으로 보인다. '㤅'에서 '旡'의 두 다리는 때때로 '心'을 반쯤 감싸는 형태이며[그림 11.1], 이는 같은 시대의 '慶'[그림 11.2]과 매우 유사하다.

1. 中愛

2. 肖慶

[그림 11] 전국시대 새인 중 형태가 유사한 '㤅'과 '慶'

흥미로운 점은 전국문자 '愛'의 일부 자형 중에서 가장 아랫부분에 의외로 꼬리가 길게 나온 것도 있으며[그림 12], '慶'에서 분리된 꼬리와 모양이 일치한다.

[그림 12] 전국시대 초간 중 꼬리를 추가한 '愛'

진秦 문자 단계에서 이 "꼬리"는 다시 도치된 '止'로 변형되어 '夊'[그림 13]로 나타났으며, 이는 '慶' 하단 부분의 꼬리가 떨어져 나갔다. 이 점은

'夊'로 변한 과정과 완전히 일치한다. 따라서 '愛'자 하단에 나타난 '夊'는 글자의 의미와는 아무 관계가 없으며, 아마도 '慶'의 영향으로 뒤섞여 쓰인 것으로 보인다.

 1. 『설문해자說文解字』 소전  2. 진간

[그림 13] 진秦문자 '愛'

『설문해자說文解字』는 '夊'이 있는 '愛'와 없는 '愛'를 두 개의 다른 글자로 나누어 설명한다[그림 14]. "㤅, 惠也"는 '愛'의 원형과 본래 의미를 취한 것이며, '愛'는 진한 시대에 통용되던 형태로, 비록 "걷다"와 같은 의미는 나타내지 않지만 여전히 "걸어가는 모습[行貌]"로 해석하였다. 지금 우리는 이 해석이 '慶'을 "걸어가서 사람에게 축하하는 것"이라고 설명한 것처럼, 본래 존재하지 않는 '夊'의 의미를 억지로 맞춘 것에 불과하며, 신뢰할 수 없다는 것을 알게 되었다.

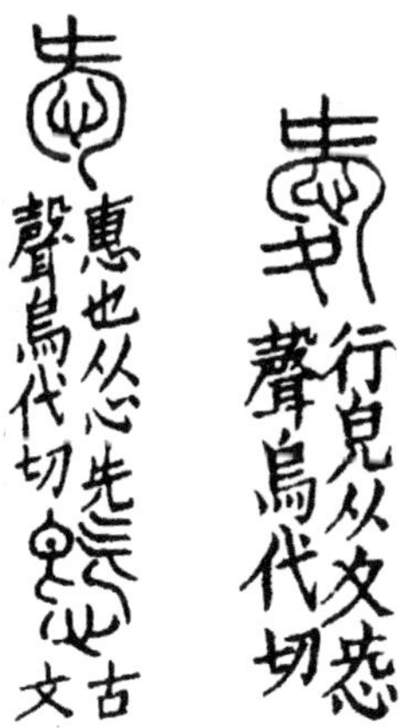

[그림 14] 『설문해자說文解字』 '㤅'와 '愛'

전서와 예서를 비교해 보면[그림 15.1], '愛'의 '心' 위에 있는 '冖'는 '旡'의 아랫부분이 변한 것이며, 머리 위의 '爫'는 '旡'의 윗부분에 해당한다[그림 15.2]. '爪'가 왜 추가되었는지는 특별한 이유가 있다고 보기 어렵다. 한漢 예서를 보면, 아마도 의도적이든 무의식적이든 "유사화"된 것이거나, 혹은 단순히 "혼동하여 쓴" 결과일 가능성이 크다.

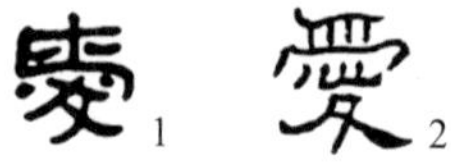

[그림 15] 한 예서 '愛' 윗부분 변화 과정

이른바, 心이 없는 '爱'는 원래 '愛'의 속자이며, 혹은 '爱'로 쓰이기도 하는데, 이것은 행서(예를 들어, 爱)가 해서로 변화한 결과이다. 이러한 속자는 대략 수당隋唐 이전에 이미 등장했으며, 송·원 이후 더욱 널리 쓰였다. 현대는 이를 '공식화'하여 국가에서 공표한 정자로 규정하였다. 명확하게 설명하기 어려운 "心+夊" 구조를 "友愛"의 '友'로 대체하여 '爱'의 의미를 더욱 부각시켰으며, 동시에 글자의 형태적 안정성도 고려한 것으로 매우 기발한 수정이었다.

憂

'憂'와 '愛'를 구성하는 핵심 의미나 발전 맥락 모두 비슷하다. '憂'가 전국시대에 처음으로 출현한 한자라는 점은 의심의 여지가 없다. 일반적으로 '㥑'와 같이 썼다[그림 16].

 1. 진晉계 금문  2. 초간

[그림 16] 전국문자 '𢝊'憂

'𢝊' 또한 형성자이다. '心'이 의미를 나타내고, '頁'이 소리를 나타낸다. 여기서 '頁'은 책 한 쪽을 의미하는 '页'이 아니라 '首'의 이체자이며 '首'와 같은 발음으로 읽는다. '首'는 원래 머리를 옆에서 본 모습을 본뜬 자형[그림 17.1]이며, 이후 머리카락과 얼굴 윤곽을 유지하면서 점차 규범화되었다[그림 17.2-3]. '首'는 흔히 사용하는 두 가지 이체자가 있는데, 머리카락을 생략한 것이 '百'[그림 18.2]이며, 인체를 그려 넣은 것이 '頁'[그림 18.3]이다.

 1. 상대 갑골문  2. 서주 금문  3. 진간

[그림 17] '首'의 변천

 1  2  3

[그림 18] 『설문해자說文解字』 소전 '首', '百', '頁'

전국시대 '憂'는 '𢝊'로도 쓰였을 뿐만 아니라, '𢙏'로 쓰인 경우도 많았다[그림 19]. '頁'과 '百'이 나타내는 것은 모두 '憂'와 유사한 '首' 발음이다. '㤅'과 마찬가지로, 고대인이 '憂'의 성부로 '頁'을 선택할 때, 단순히 발음이 비슷하다는 이유뿐만 아니라, '頁'이 사람과 관련이 있어 인간의 심리적 활동인 "근심"를 표현하는 데 도움이 된다고 고려했을 가능성도 있다.

[그림 19] 전국시대 초간 '𢝊憂'

'㤅'에서 '愛'로 변화한 사례와 마찬가지로, 진秦 문자에서 '𢝊' 또한 "거꾸로 된 발"을 추가하여 '憂'가 되었다[그림 20]. '愛'와 마찬가지로, '憂'에 추가된 '夊' 역시 자체적인 변천 과정만으로는 설명하기 어려우며, '慶'의 영향을 받은 것으로 보아야 한다. 또한, 형태와 의미가 모두 유사한 '愛'와 '憂' 사이는 상호 영향을 주고받으며 유사해지는 경향도 있었을 것이다.

[그림 20] 진간 '憂'

『설문해자說文解字』는 '夊'가 있는 '憂'와 없는 '𢝊'을 각각 별개의 항목으로 나누었다[그림 21]. '𢝊'는 "근심이다[愁也]"로 해석하였으며 '憂'의 원형이자 본래 의미를 나타낸다. 반면, '憂'는 "어울려 걷다[和之行也]"로 해석하였는데, 이는 원래 존재하지 않았던 '夊'를 고려하여 '걷다'를 추가한 것이므로 신뢰하기 어렵다.

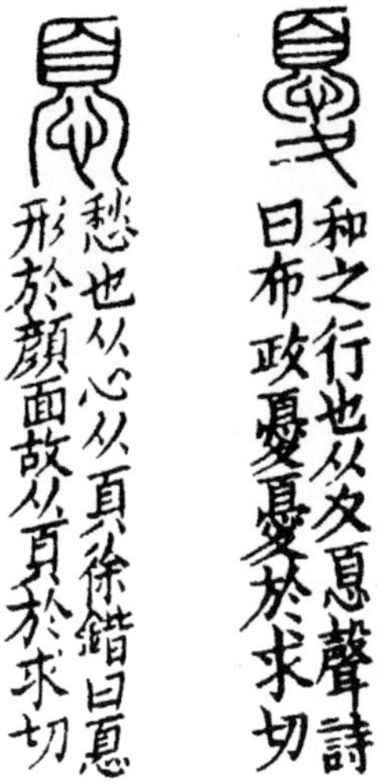

憂 和之行也从夊㥑聲詩曰布政憂憂於求切
㥑 愁也从心从頁徐鍇曰㥑形於顏面故从頁於求切

[그림 21]『說文解字』‘㥑’, ‘憂’

‘夊’가 어디서 비롯되었는지가 불분명할 뿐만 아니라, ‘憂’에서 ‘首’가 음을 나타낸다는 점도 진한 시대는 이미 잊혀진 듯하다. 예를 들어,『說文解字』는 ‘頁’을 단순히 의미부로만 보았다. 지금 간화자 ‘忧’는 ‘心’을 유지하면서, 이미 근거를 상실한 ‘頁’과 ‘夊’를 분명한 동음자인 ‘尤’로 대체하였는데, 이는 음과 뜻을 더욱 직접적으로 전달하는 방식으로, 사실 상당히 좋은 선택이다.

‘慶’, ‘愛’, ‘憂’ 세 글자를 분석해 보면, 한자 대다수가 약 2000년 전 혹은 그보다 더 일찍부터 창제 원리가 사라졌음을 알 수 있다. 만약 ‘愛’, ‘憂’, ‘慶’ 세 자의 통일된 구조가 문자 개혁 과정에서 파괴되었다고 주장한다면, 이는 일리가 있다. 하지만 이 ‘통일성’ 자체도 전국시대와 진한 시대를 거치며 여러 차례 혼동되면서 점차 하나의 체계로 정리된 것이지, 애초부터 그렇게 만들어진 것이 아니었다.

가령, 전국 시대에 ‘爱’ 자형에 잘못 꼬리를 붙인 사람, 진나라에서 그 꼬리를 ‘夊’로 잘못 적은 사람, 한나라에서 성부인 ‘旡’를 ‘爫+冖’로 바꾼 사람, 그 후 '心+夊'를 '友'나 '犮'로 대체한 사람—그들이 과연 '愛'의 원래 구조를 제대로 이해하고 있었을까? 아마 그렇지 않았을 것이다.

그렇다면, 전국 시대, 진한 시대, 당·송·원·명·청 시대의 사람들은 일상에서 잘못된 '爱'를 보거나 사용한 탓에 '爱'를 알아보지 못했을까? 혹은 책 속의 '爱'의 의미를 잘못 해석하거나, 심지어 '사랑하는 마음' 자체를 잃어버렸을까? 아마 그렇지 않았을 것이다. 그렇다면, 오늘날 간화자 '爱'를 쓰는 사람들은 어떨까? 역시 그렇지 않다. 그렇다면 우리가 비판해야 할 대상은 누구일까?

삼천 년이 넘는 세월 동안, '변화'는 한자의 발전에서 늘 있어 온 일상적인 현상이었다. 변화가 일어나면, 반드시 무언가를 잃게 된다. 하지만 한자가 변화하면서, 그것이 기록한 문헌의 내용이 손실되었는가? 역사 정보 전달을 방해했는가? 아주 조금은 그럴 수도 있겠지만, 그 영향은 미미하여 거의 무시할 수 있는 수준이다. "學而時習之"와 "学而时习之"가 『논어論語』를 이해하는 난이도에 영향을 미치는가? 전혀 그렇지 않다.

어느 특정한 역사적 시점에 존재하는 문자 사용자에게 중요한 것은, 글자를 어떻게 써야 하는지가 아니라 당시 통용되는 규칙을 따르면 된다는 점이다. 한자 역사 연구는 본래의 원칙과 근원을 살피는 과정도 필요하지만, 이것이 한자의 실제 사용과 동일한 문제는 아니다. 따라서 두 가지를 혼동할 필요는 없다.

물론, 어느 고대인도 예상하지 못했을 것이다. 현대 중국인이 한자를 거의 손으로 쓰지 않고, 병음 입력 방식이 절대적인 주류가 될 것이라는 점을 말이다. 그 결과, 한자의 형태는 역사상 가장 안정적인 시기에 접어들었다. 이제 한자의 간체와 번체, 그리고 그 구성 원리가 무엇이든 그다지 중요한 문제가 아니다. 오히려 자형이 안정성을 유지하고, 컴퓨터에서 문자 코드와 형태 간의 대응 관계를 일관되게 유지하는 것이야말로, 후대에 종이 문서와 전자 문서를 전승하는 과정에서 오류를 방지하고 의미를 명확히 하는 데 가장 중요한 원칙이 되었다.

【참고 문헌과 보충 자료】

'丙'에 관하여 선육진單育辰**의『甲骨文所見動物研究』의 176-185쪽을 참고하라.**

單育辰,『甲骨文所見動物研究』, 上海古籍出版社, 2007年.

한자 간화의 장단점에 대해서 구석규裘錫圭**의 「從純文字學角度看簡化字」를 참고하라.**

裘錫圭, 「從純文字學角度看簡化字」, 『裘錫圭學術文集4·語言文字與古文獻卷』, 復旦大學出版社, 2012年.

간체자, 번체자의 대조에 관하여 여병厲兵**, 위려**魏勵**의『簡化字 繁體字 異體字辨析字典』를 참고하라.**

厲兵, 魏勵, 『簡化字 繁體字 異體字辨析字典』, 四川人民出版社, 1995年.

제8장

'安'과 '家'

- 한자를 분석할 때 중시해야 할 초기 자형

한자의 표의 기능이나 문화적 함의를 설명할 때, '安'과 '家' 두 한자가 그에 대한 예로 자주 제시된다. 이 두 한자는 구조가 비슷하며 윗부분에 모두 '宀'이 있다(보통 mián이라고 읽음). '宀'은 실제로 지붕이 있는 집을 본뜬 한자이다[그림 1]. 정확히 말하면, 경사진 지붕과 네 벽이 있는 비교적 완전한 형태의 건축물이며 사람이 거주하기에 적합한 건축물이다. '宀'으로 의미를 표현하는 한자는 '宮', '室', '宅', '寓', '宿', '寢' 등과 같이 건축물을 가리킨다.

'安'과 '家'는 모두 표준 회의자로 두 개 이상의 의부로 구성된 표의자이다. '安'은 '宀' 속에 '女'가 있다. 집 안에 여자가 살고 있는 장면으로 "안정"이나 사람을 "안심"하게 하는 것을 나타낸다. '家'는 '宀' 아래에 '豖'가

[그림 1] 완전한 건축물 형태를 본뜬 상대 문자 '宀'

있다(돼지의 옛 명칭). 집 안에서 돼지를 기르는 것이 풍요로운 생활을 나타내며, "가정"을 상징한다.

단순하게 볼 때, 집 안에 여자가 있는 장면을 '安'으로 표현한다면 어느 정도 받아들일 수 있다. 사람이 거주하는 집에서 돼지를 키우는 상황을 '家'로 표현하는 점은 아주 이상하다. 상식적으로 맞지 않으면서 역사적으로도 이와 같은 기록은 없다. 그렇다면, 출토문헌 고문자로 본다면 이 해석에 어떤 문제가 있을까? 주로 두 가지 측면으로 볼 수 있다.

1. 한자 본의를 연구할 때, 최대한 이른 시기의 원시적인 자형으로 분석해야 한다. 상주 고문자 중에서 '安'의 구성 요소는 단순한 '女'가 아니었으며, '家'의 구성 요소도 일반적인 "돼지"가 아니었다. 만약 늦은 시기의 자형으로 논의하면, 당연히 그 본질을 정확히 파악하기 어렵다.

2. 합체자에 대해 우리 모두가 암묵적으로 합체자를 회의자로 인식하고 마치 그림 보고 설명하듯이 각 구성 요소의 의미를 연결하여 해석하였다. 그러나 2~3천 년 전부터 음을 나타내는 구성 요소를 지닌 자형이 한자의 대다수를 차지하고 있었다. 따라서 한자를 분석할 때는 반드시 성부의 존재를 충분히 고려해야 한다.

'安'과 '家' 두 자도 원래 성부를 포함하였다. 성부가 어디 있는지 구체적으로 분석해보자.

安

"宀+女"로 구성된 '安'은 이른 시기부터 등장하였다. 동한 허신의 『설문해자說文解字』에 수록된 소전이 바로 이와 같다[그림 2]. 오늘날 우리가 볼 수 있는 『설문해자說文解字』는 한대에 편찬된 원본이 아니라, 남당南唐부터 북송北宋 사이에 서현徐鉉과 서개徐鍇 형제가 정리한 판본이다. 각각 "대서본大徐本"과 "소서본小徐本"으로 칭한다.

대서본은 "安은 고요함이다. 女로 구성되었고 宀 아래 있다[安, 静也. 从女在宀下]."라고 하였다. 소서본은 "安은 멈춤이다. 女로 구성되었고 宀 안쪽에 있다[安, 止也. 从女在宀中]."이라고 하였다.("从某"는 특정 자형으로 의미를 표현함을 지칭한다)

전자의 해석은 "고요함"으로 기울어졌고 후자는 "안정"으로 기울어져 있는데, 어느 해석이 허신의 본래 의도에 부합하는지 알 수 없다. 그러나 두 가지 해석은 '安'의 구조를 분석하는 방식이 동일하며 모두 글자 안에 포함된 것이 바로 '女'라고 인식하였다.

[그림 2] 『설문해자說文解字』 소전 '安'

'女'는 본래 땅에 무릎을 꿇어 앉고 두 손을 몸 앞에 모은 여성의 모습을 본뜬 것이다[그림 3.1]. 만약 손을 모은 특징이 없다면 바로 '卩'이며[그림 3.2 일반적으로 '절'로 읽음], 무릎 꿇고 앉은 남성을 나타내거나 남녀를 구분하지 않았다.

[그림 3] 상대 갑골문 '女'와 '卩'

대략 서주 시기부터 진한 시대 전서에 이르기까지 '女'는 점차 "일어서기" 시작하여 더 이상 무릎을 꿇고 앉은 자세를 강조하지 않았다. 하지만 "손을 모은" 동작은 계속 존재하였다[그림 4와 같다]. 만약 "몸통" 부분을 완전히 바로 세운다면, '女'가 다시 앞으로 넘어지므로 그 자형이 바로 진秦 예서 '女'[그림 5]가 되었다. 이것이 후대 '女'의 직접적인 기원이다.

[그림 4] 서주금문 '女'

[그림 5] 진간 '女'

그렇다면 『설문해자說文解字』에서 '女'로 구성된 '安'은 어느 시대의 한자일까? 일반적으로, 『설문해자說文解字』 소전은 진 통일 후 반포한 전서라고 간주한다. 실제로는 상당 수가 한대 전서이며 심지어 한대 예서로 재구성한 전서이기도 하다. 오늘날 사람들이 보기에 "진한秦漢"이 마치 같은 시기인 것 같으나 실제로 진나라 통일부터 동한 시기 허신의 『설문해자說文解字』까지 최소 300년 이상 차이가 나서 다수의 소전은 이미 진秦 전서의 원형이 아니다.

지금 우리는 지하에서 출토된 원형 그대로 진문사들을 볼 수 있다. 그 중 '安'은 전서나 예서, 청동기나 인장, 간독을 막론하고 '女' 옆에 언제나 한 획이 더 그어져 있었다[그림 6].

1. 진秦 금문 (전서)　　2. 진간 (전서)

[그림 6] 출토문헌 진秦문자 '安'

이와 같은 현상은 한대까지도 대량으로 존재했으며, 동한 이후부터 "宀+女" 형식의 '安'이 점차 주류로 자리매김하였다. 그러나 도장이나 도량형度量衡 등의 공식 서체에 사용한 전서 '安'은 여전히 '女'에 획을 더하였다[그림 7]. 이는 정자를 지키고 보존하려는 특징이다.

1. 인장

2. 청동 도량형 도구

[그림 7] 동한東漢 전서 중 원시 구조가 남아 있는 '安'

최근 발표된 북경대학 소장 서한 죽간 『노자老子』를 보면, '安'의 '女'에 한 획을 추가한 구조에서[그림 8.1] 그 획이 '女'와 연결되어 거의 사라지는 과정[그림 8.2]을 볼 수 있다.

1

2

[그림 8] 북대한간北大漢簡 두 가지 '安' 비교

진 문자로부터 거슬러 올라가 보면, 지금까지 알려진 전국시대, 춘추시대, 서주 시대 문자들에서 '安'은 거의 모두 이 획이 존재한다[그림 9]. 이로 볼 때, "추가한" 획에 분명히 의미가 있으며, 결코 임의대로 쓴 획일 수가 없다. 상당히 이른 시기의 서주 금문을 보면[그림 9.3], 이 획은 '女'가 표현하는 신체 중 하체 아랫부분에 나타난다. 그렇다면 이 획은 무엇을 의미할까?

1. 전국시대 초간　2. 춘추 금문　3. 서주 금문

[그림 9] 주周문자 '安'

더 원시적 형태에 가까운 상대 갑골문으로 살펴보고 아울러 새로 발표된 두 가지 갑골문 자료를 보면 이제 이 문제의 해답에 다가설 수 있다. 갑골문 '安'을 보면, 추가된 획은 원래 '女'의 둔부와 발뒤꿈치 사이에 위치한다[그림 10].

[그림 10] 상대 갑골문 '安'

최근 발표된 산동성 제남 대신장大辛庄 갑골문과 하남성 안양 화원장花园庄 동쪽에서 발견된 갑골문은 '宀'이 없는 두 자형까지 발견되었다[그림 11]. 한 자형은 '女', 다른 하나는 남자가 각각 무릎을 꿇고 있으며, 둔부와 발뒤꿈치 사이에 짧은 획이 존재한다. 이 자형 중에서 적어도 '女'가 포함된 자형은 '安'의 초기 자형일 가능성이 크며, 이는 '宀'이 포함된 '安'보다 더 원시적 자형이라 할 수 있다.

1. 제남 대신장大辛庄　　2. 안양 화원장花园庄 동쪽

[그림 11] '宀'으로 구성되지 않은 '安'

'安'의 의미와 고문자 자형을 볼 때, 우리는 이를 상고 시대에 앉는 자세——"안좌安坐"——와 연관 지을 수 있다. 수당隋唐 이전까지 중국인은 "땅에 자리를 펴고 앉는[席地而坐]" 방식을 사용했다. 당시 '坐'는 일반적으로 두 무릎을 땅에 대고 발을 뒤쪽으로 두는 자세를 의미했다. 만약 둔부가 발뒤꿈치 위에 놓이면 "안좌安坐"라고 하였으며, 이는 보다 안정적이고 편안한 자세였다[그림 12]. 반면 둔부를 발뒤꿈치 위에 놓지 않고 허리를 곧게 세우는 자세는 "위좌危坐"라고 하였다. 이로부터 "正襟危坐"라는 성어가 유래하였다. "위좌"는 곧 "꿇어앉기[跪]"를 의미하며, 또는 "장궤長跪"라고도 불렸다. 이 자세는 자연스럽게 "안좌"보다 앉은 사람의 신체가 높아 보이므로 '長'을 추가하였다. 이후 "꿇어앉기"라는 개념이 확대되면서, 둔부와 발뒤꿈치 접촉 여부와 상관없이 모두 "꿇어앉기"라고 불렀다.

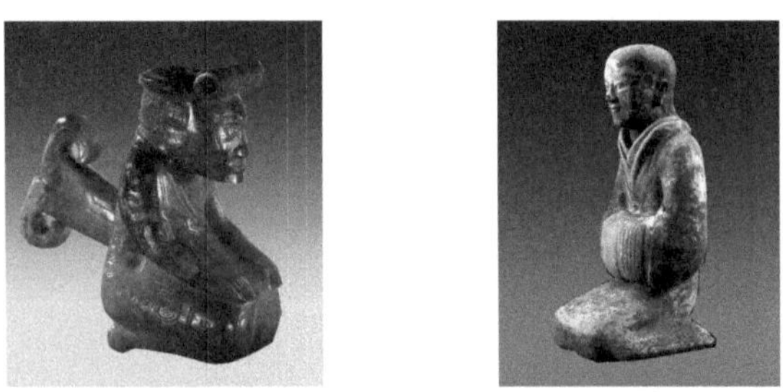

1. 안양 부호婦好묘에서 출토한 상대 옥인玉人　　2. 서안 시대 임가포任家坡에서 출토한 한 도용陶俑

[그림 12] 고대인의 안좌安坐 형상

갑골문 '安'의 사람 형상을 보면, 허벅지와 종아리가 나란히 놓여 있으며, 상체와 허벅지 사이에 뚜렷하게 각도를 이루었다[그림 10,11]. 이는 정확히 사람이 "안좌安坐"하는 자세를 묘사한 것이다. 따라서 '安'은 원래 안정적인 앉는 자세를 본떠서 안정과 평안의 의미를 표현한 것임을 알 수 있다. 사람의 둔부와 발뒤꿈치 사이에 짧은 획을 추가한 것은, 이 두 부위가 맞닿아 있음을 강조하기 위한 것일 수도 있으며, 또는 여기에 방석과 같은 받침물을 놓아 "더욱 안정적으로 앉는" 의미를 명확히 한 것일 수도 있다. 이 짧은 획이야말로 '安'의 초기 형태 '[illegible]'와 '女'를 구별하는 핵심 요소이다.

출토된 유물 중, "지종支踵"이라는 칠기 좌구[그림 13.1]가 있는데, 이는 안정적으로 앉을 때 두 발과 둔부 사이에 놓아 신체를 지탱하는 용도로 사용되었다. 상대에도 이와 유사한 기물이 있었다면, 아마도 그것이 '安' 속의 짧은 획이 생겨난 기원일 가능성이 있다.

[그림 13] 장사長沙 망성파望城坡에서 출토한 서한 시기 지종支踵 및 사용 도안
(형의전邢義田의 『今塵集: 秦漢時代的簡牘, 畫像與文化流播』에서 인용)

그렇다면 '宀'이 없는 '[illegible]'과 '宀'이 추가된 '安'은 어떤 관계일까? 후자는 이미 독립적으로 의미를 나타내던 '[illegible]'에 추가로 의부를 덧붙여 '安'의 뜻을 더욱 명확히 한 것일 가능성이 있다. 만약 사실이 그렇다면, '安'의

변화 과정은 다음 세 단계로 정리할 수 있다.

1. 안좌安坐의 형태로 "안정"을 나타내는 '安'
2. '宀'을 추가하여, 집과 안좌의 결합을 통해 '安'을 표현하고 ' '은 발음도 나타냄
3. '安'의 구성 요소 ' '이 일반적인 '女'로 변화

또 다른 가능성으로, '宀'이 추가된 자형은 본래 '安'이 아니라, '宀'이 의미를 나타내고 다른 부분이 발음을 나타내는 형성자였을 수도 있다. 원래는 집과 관련된 어떤 단어를 의미했으나, 같은 음으로 인해 '안정'을 뜻하는 '安'으로 가차되었고, 결국 원형 ' '를 대체하게 되었을 수도 있다.

이와 별개로, 과거에 '安'을 나타낸다고 여겨졌던 또 하나의 고대 문자[그림 14.1]가 있다. 이 한자는 둔부 아래의 중요한 획이 없이 "宀+女"의 형태로 쓰여, 후대의 '安'과 형태가 일치한다. 그러나 상대 문자 체계를 보면, 이 글자 안의 구성 요소는 여성이든 남성이든[그림 14.2] 실제로 나타내는 것은 '손님'을 뜻하는 '賓'이며, '安'이 아니다.

[그림 14] 상대 갑골문 '賓'의 두 가지 자형

한자의 오랜 역사에서 서로 다른 시대의 두 한자가 우연히 같은 형태를 가지는 경우는 드물지 않다. "宀+女"의 '賓'은 대략 서주 시기에 사라졌으며, 같은 형태의 '安'은 훗날 동한 시기에야 비로소 정식으로 등장하였다. 당시 한자를 사용하는 사람들은 이 두 가지가 혼동될 일은 없었다.

家

'宀+豕'의 '家'는 『설문해자說文解字』에도 등장한다[그림 15]. 그러나 소전의 '豕'는 상당히 추상화되어 돼지 형태와 상응하는지 알아보기 어렵다. 상대 문자를 보면, '豕'는 본래 배가 크고 꼬리가 짧은 돼지의 형상[그림 16.1]으로 나타나며, 배가 좁고 꼬리가 말려 있는 '犬'[그림 16.2]와 비교하면 그 차이가 매우 뚜렷하다.

그림 15 『설문해자說文解字』 소전 '家'

그림 16 상대 갑골문 '豕'와 '犬'

그렇다면 왜 '宀'과 돼지가 결합하여 '家'를 나타낼 수 있을까? 이러한 문자 구조에 대해 『설문해자說文解字』의 저자인 허신도 어색하다고 생각했을 가능성이 있다. 그래서 그는 한 가지 기묘한 방식으로 이를 해석하였다. 그는 "家는 거처를 뜻하며, '宀'과 '豭'에서 '豭'의 소리가 생략된 것"이라고 하였다. 즉, 그는 '家'를 회의자로 보지 않고 형성자로 해석하여, '宀'만이 의미를 나타내고 '豕'는 단순히 발음을 표시한다고 보았다. 따라서 집 안에 돼지가 있든 없든 '家'의 의미와는 논리적으로 관련 없도록 해석하였다.

'家'를 포함한 한자 중에서 '豭'가 있는데, 이는 고대부터 현대까지 '家'와 발음이 동일하다. '豭'는 수퇘지를 의미하며, '豕'와 '叚' 중에서 '叚'가 발음을 나타내는 형성자이다. 허신은 '家'가 '豭'의 음을 따온 글자이며,

단지 그중 '叚'를 생략한 것이라고 보았다. 이를 "豭省声[豭는 생략된 소리 요소]"이라고 한다.

그러나 이러한 "생성省聲" 방식은 상당히 우회적이며, 실제로 발음을 표시하는 '叚'를 생략한 채 음을 유추할 수 있을지에 대한 의문이 제기되었다. 과거 학자들도 이에 대해 많은 의혹을 품었다. 하지만 갑골문이 출토된 후, '家'의 '豕'가 원래 '豭'였다는 사실이 밝혀졌다. 다만, 그것이 형성자 '豭'가 아니라 후대에 사라진 한 상형문자였을 뿐이었다[그림 17].

[그림 17] 상대갑골문 '家'

갑골문의 '家'를 자세히 관찰해 보면, 그 가운데에 돼지의 형상이 분명히 나타나 있다. 그러나 일반적인 '豕'와 비교하면, 돼지의 넓적다리 아래에 한 획이 더 추가되어 있다. 이는 분명히 수퇘지를 나타내는 상형문자로, '豭'의 초기 형태이다.

만약 같은 시기의 갑골문에서 '豕'(일반 돼지), '豭'(수퇘지), '豖'(거세된 수퇘지) 세 글자를 비교해 보면[그림 18], '豭' 형태와 의미 관계가 더욱 분명하게 드러난다.

1. '豕'(일반 돼지) 2. '豭'(수퇘지) 3. '豖'(거세된 수퇘지)

[그림 18] 갑골문에 세 가지 종류의 돼지

이 자형들로부터 '家'는 원래 집을 형상화한 '宀'이 의미를 나타내고

'豭'의 초기 형태 ''가 발음을 표기하는 형성자였음을 알 수 있다. 서주 시대에 이르면, 표준 자형 '家' 가운데에 있는 "수퇘지"를 희미하게나마 변별할 수 있었다[그림 19]. 또한 '家' 속의 '豭'는 때때로 넓적다리 아래의 한 획이 생략되어 '豕'로 쓰기도 하였다. '豕'와 '猪'는 고대음에서 동일한 발음을 가졌을 가능성이 있으며, '家'와도 유사한 발음이었을 것으로 보인다. 따라서 '豕' 역시 '家'의 발음을 암시하는 역할을 했을 수 있다.

[그림 19] 서주 금문에 쓰인 '豭'로 구성된 '家'

아마도 이 글자의 형태가 너무 독특하고 '豕'나 '豖'와 쉽게 혼동될 수 있었기 때문에, 독립된 글자는 이후 형성자인 '豭'로 내체되었고 '家'의 구성요소로 사용했던 원래 형태도 점차 사라져 결국 '豕'와 헷갈리기 시작하였다. 이로 인해 '豕'가 본래 갖고 있던 표음 기능이 흐려졌으며, 후대 사람들은 '豕'와 '家'의 의미를 잘못 연결하여 여러 가지 이상한 해석을 제시하였다.

그런데, 2000년 전 한漢 허신은 비록 갑골문을 본 적이 없었지만, 한자 구조에 대한 뛰어난 감각을 바탕으로 '家'와 '豭'가 관련이 있음을 깨달았다. 그는 "从宀, 豭省声[宀으로 구성되었으며 豭는 생략된 소리 요소]"이라고 분석했는데, 이는 완전히 정확한 해석은 아니지만 이미 매우 통찰력 있는 견해라고 할 수 있다.

또한, 상대 부족 명칭 금문에서 볼 수 있는 일부 한자는 매우 상형성이 강한 형태를 띠고 있어, 과거에 이것이 '家'의 초기 형태라고 여겨졌다[그림 20]. 그런데 이 한자 안의 돼지들은 모두 넓적다리 아래에 추가적인 획이 없으며, 이러한 점 때문에 '家'의 원시 자형은 '豕'이지 '豭'가 아니었음을 증명하는 듯 보인다. 하지만 이 한자의 돼지들은 등에 돋아 있는 갈기를 강조하는 특징이 있으며[그림 20.1], 야생 멧돼지의 특성을 강하게 드러내고 있다. 또한, 이 한자의 돼지 머리는 대부분 아래를 향하고 있는 반면, '家'의 돼지 머리는 항상 위를 향하고 있다. 따라서 이 두 글자는 동일한 자형이 아닐 가능성이 크다.

[그림 20] 상대 부족 명칭 금문 중에서 '家'와 유사한 자형

후대에서 '安'과 '家' 두 자형을 오해한 사례를 보면, 한자의 어원을 분석할 때 다음과 같은 점을 유의해야 함을 알 수 있다.

첫째, 이미 알려진 가장 원시적이고 연대가 이른 글자 형태를 중시해야 하며, 한 획 한 획의 미세한 차이에서 역사적 단서를 찾아야 한다.

둘째, 단순히 자형만 보고 합체자로 이루어진 구성 요소들을 모두 의미 부호로 간주하여, 몇 가지 "이미지"의 뜻을 조합한 것이 고대인의 한자 창제 원리라고 단정해서는 안 된다.

이러한 접근 방식은 자칫 "그림 보고 이야기 짓기" 식의 피상적인 해석에 빠지는 결과를 초래할 수 있다.

【참고 문헌과 보충 자료】

'安坐'에 관하여 왕소화汪少華의 「古人的坐姿與座次」을 참고하라.
汪少華, 「古人的坐姿與座次」, 『南昌大學學報人社版』第3期, 1999年.

'安'에 대해서는 진검陳劍의 「說"安"字」를 참고하라.
陳劍, 「說"安"字」, 『甲骨金文考釋論集』, 綫裝書局, 2007年.

"支踵"에 관하여 범상희範常喜의 『漢墓出土T形木器名"支踵"考』를 참고하라.
範常喜, 「漢墓出土T形木器名"支踵"考」, 『考古學集刊』第26輯, 社會科學文獻出版社, 2022年.

제9장

'邦'과 '國'

- 고전 해석에서 중시해야 할 출토자료

제자백가 저작 등과 같이 현재 볼 수 있는 선진시기 전래본 고전은 기본적으로 진秦 "분서갱유" 이후에 한漢 학자들이 새롭게 정리해서 편찬하였다. 그 중 대부분은 먼저 전국시대 고문자를 한예漢隸로 바꿔 쓴 후 다시 필사한 것이다. 판본은 바꿔쓰고 필사하는 과정 중에서 여러 가지 변화가 발생하는 현상을 피하기 어렵다. 일부 자형과 어휘는 습관적인 오류가 표준으로 탈바꿈하기도 하여 후대 판본에 적용되었다. 현재 우리가 사용하는 언어 속에 이 오류들이 반영되었기 때문에 현재로서는 알아차릴 방법이 없다.

최근 수십 년간, 선진 고문자 자료가 땅 속에서 뿜어져 나오듯 출토되면서 수많은 한자와 어휘의 본뜻을 확인할 수 있는 용례를 통해 그 원형原形을 복원할 수 있었다. 9장에서 언급하고자 하는 '邦'과 '國'이 바로 전형적인 예시이다.

현대 중국어에서 '邦'과 '國'은 거의 차이점이 없었다. "鄰邦"은 바로 "鄰國"이며 "友邦"은 우호적인 나라이다. 2천년을 거슬러 올라가서 동한 허신의 『설문해자說文解字』도 "邦, 國也."라고 하였으며 "國, 邦也."라고도 하였다. 두 한자는 이미 대등한 관계이며 모두 국가를 나타낸다는 점을 알 수 있다.

하지만 만약 한대漢代 학자들의 손을 거치지 않은 선진先秦 출토 문헌을 보면 후대에 '國'으로 국가를 표기한 곳은 대부분 '邦'으로 표기하였다. 이른바 "齊國", "魯國", "晉國", "楚國" 등과 같은 제후국諸侯國은 당시의 언어와 문헌은 실제로 "齊邦", "魯邦", "晉邦", "楚邦"으로 칭하였다. ([그림 1], 상해박물관에서 소장 중인 초간)

[그림 1] 상해박물관에서 소장 중인 초간 "齊邦", "魯邦", "晉邦", "楚邦"

또한 『시경詩經』은 風, 雅, 頌으로 구분한다. 일반적으로 風은 "國風"을 말한다. 상해박물관에서 소장 중인 전국시대 죽간에서 『시경詩經』 관련 저서인 『공자시론孔子詩論』이 있다. 그 중 "國風"은 볼 수 없으나 본래 명칭인 "邦風"이 남아있다. 이 밖에도 "國家", "萬國", "鄰國", "敵國", "國君", "相國" 등도 한漢 이전에 모두 "邦家", "萬邦", "鄰邦", "敵邦", "邦君", "相邦"으로 쓰여 있다. 호북성 형문시 곽점에서 출토된 전국시대 초간 『노자老子』 중에서 전래본 "國家昏亂"에 대응하는 내용이 "邦家昏亂"으로 쓰여 있다. 같이 출토된 『치의緇衣』에 전래본 "萬國作孚"에 대응하는 내용은 "萬邦作孚"로 쓰여 있다.

한대에 '國'을 '邦'으로 고친 것은 한 고조 유방劉邦을 피휘하기 위해서였다. 피휘를 위해서 글자 바꾸는 것은 어렵지 않으나 완전하게 의미가 같은 한자로 바꾸는 것은 아주 어렵다. 예를 들어 『노자老子』의 명문장 "도를 도라고 하면 일반적인 도가 아니다道可道, 非常道"는 본래 "도를 도라고 하면 변하지 않는 도가 아니다道可道也, 非恒道也"로 쓰여 있다(마왕퇴백서에서 볼 수 있다). '恒'을 '常'으로 고친 것은 한 문제文帝 유항劉恒을 피휘한 것이다. 한 번 더 내용을 곱씹어보면 바로 발견할 수 있는데 '常'과 '恒'의 의미는 일정한 차이가 있으며 이 차이는 후대인이 『노자老子』의 이 구절을 이해하는데 적지 않은 영향을 미쳤다.

'國'과 '邦'도 본래 완전히 같은 동의어는 아니며 오히려 한대漢代의 피휘를 거쳐 혼용되면서 구분이 없어졌다. 두 한자의 본의를 찾으려면 역대로 몇 차례 옮겨 적은 전래문헌을 근거할 수 밖에 없었다. 지금처럼 출토문헌과 조자造字 의도를 드러낸 고문자 자형을 참조하면서 상대적으로 정밀한 분석이 가능해졌다.

邦

'邦'의 본뜻과 밀접한 관련이 있는 '丰', '封'부터 언급해야 하겠다. 일반적으로 '丰'은 분봉分封의 '封' 초기 형태이다. 고문자 '丰'[그림 2]의 윗부분은 식물을 본떴으며 아랫부분은 흙을 본떴다(는 '土'의 초기 형태이다). 묘목을 흙더미 위에 심은 모습을 나타냈다. 서주 이후에 '丰'의 옆에 손을 나타내는 '又'를 추가하여 나무를 심는 의미를 더욱더 명확히 하였다[그림 3.1], 좌측의 는 아래 지면을 표시한 가로선을 추가하였으며 마찬가지

로 '土'이다. '又'는 '寸'으로 변하였으며 식물을 표기한 부분은 '土'로 변형되어 '封'이 되었다. [그림 3.2], [그림 3.3]

[그림 2] 상대 청동기 금문 '丰'

3.1 서주 금문

3.2 진간

3.3 서한시대 죽간

[그림 3] '封'의 변천

'丰'과 '封'은 나무 심기를 뜻하는 게 아니다. 최초 이 자형의 의미는 대략 몇 가지 층차를 지닌다.

1. 나무 심는 방식으로 땅의 경계를 설정하는 행위였으며 '封'이라고 하였다.
2. 왕은 토지를 친척, 신하에게 하사하면서 그들에게 일정한 경계 내에서 관할하도록 하는 것도 '封'이라고 하였다. 바로 봉지를 하사하여 '國'을 세운다는 "분봉分封", "봉건封建"의 '封'이다.
3. 분봉으로 얻은 토지의 경계도 '封'이라고 한다. 예를 들어 「촉지무가 진나라 군대를 물리치다燭之武退秦師」에서 "그대는 진나라가 무슨 권리를 가지고 있단 말인가? 이미 동쪽에 鄭을 봉지를 받았으면서 또 그 서쪽에도 봉지를 원하다니"라는 구절이 있다.

'封'이라는 행위를 통해서 형성된 영지, 관할구역을 일반적으로 '邦'이라고 했으며 이것이 바로 "제후국"이다. '封'과 '邦'의 상고음은 가까우며 구조도 비슷하고 의미도 관련 있다. 선진 시대 이후로 "분봉"의 '封'도 '邦'을 사용하여 표기하였다. 예를 들어, 상해박물관에 소장 중인 전국시대 초간에 "옛날에 주 왕실에서 魯를 분봉하였다昔周室之邦魯"(『조말지진曹沫之陳』), "성왕은 주공에게 분봉하였다成王旣邦周公"(『성왕기방成王旣邦』)이 있다. "邦魯"와 "邦周公"이 바로 "노나라에 분봉을 하였다", "주공에게 분봉을 하였다"라는 뜻이다.

'封'과 마찬가지로 고문자 '邦'의 좌측 또한 '丰'이며 '土'를 쓰는 것과 쓰지 않는 것 두 가지 유형이 있다[그림 4.1], [그림 4.2]. 이후에 간화된 자형으로 계승하였다[그림 4.2], [그림 4.3]. '邦' 우측은 '城邑'의 '邑'이며 '丰'과 결합하여 의미를 표현하였다. 예서, 해서로 변화한 후에 '阝'로 바뀌었다[그림 4.3], [그림 4.4].

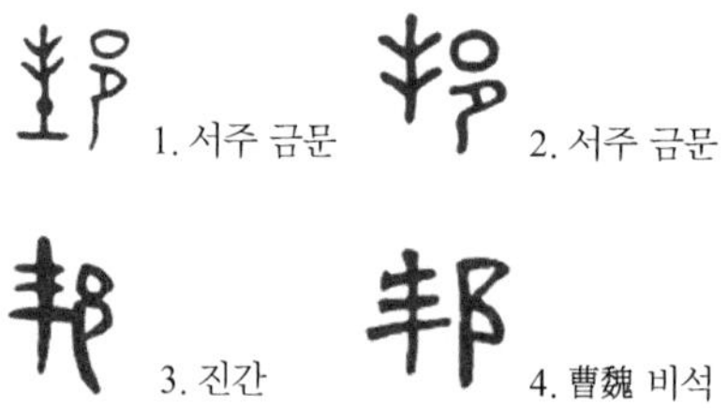

[그림 4] '邦'자 변천

고문자 '邦'의 형태를 보면 본의는 "분봉으로 획득한 영지"라는 뜻이며 후대 "제후국"이 지칭하는 개념에 해당한다. 주대周代 출토문헌의 "齊邦", "魯邦", "邦風", "邦家" 등의 용례를 보면 '邦'이 나타내는 의미가 모두 본뜻이다. 이와 같은 용법은 일찍부터 상당히 안정되고 보편적이었으며 한 초기에 이르러 '國'으로 바뀌었다.

이상, '封'과 '邦' 두 한자의 해석은 '丰'이 '封'의 초기 형태라는 이해에 기반을 둔 것이다. 또한, '丰'의 아래가 '土'가 아니라 뿌리와 줄기가 굵은 모습으로 "무성하다"를 표현했다는 해석도 있다. 한편, '丰'을 "순무"의 초기 형태로 간주하기도 한다. 『시경詩經·곡풍谷風』 "무와 배추를 캐내어采葑采菲"에서 '葑'이 바로 순무청이며 민간에서는 대두채大頭菜라고도 하였다. '丰'과 형태, 자음이 모두 대응한다. 만약에 '丰'이 확실히 "순무"를 나타낸다면 고대인이 순무를 심어 경계를 표시한 게 아니라 '丰'으로 '封 ', '邦' 두 한자의 음을 표시한 것이다.

國

'國' 안의 '或'이 바로 '國'의 초기 형태이다. 전통적인 해석에 따르면 '或'과 '國'의 본의는 모두 도시이다. '或'의 구성 요소 '戈'는 무기를 대표하며 '口'는 해자를 본뜬 요소라서 성벽과 군대가 보호해 주는 도시를 나타냈다. 하지만 다수의 출토문헌을 참고한 후부터 '或'과 '國'의 자형과 의미에 대해 완전히 다르게 인식하기 시작했다.

'或'은 본래 '도시'와 무관하며 단순한 상형자에 불과하다[그림 5]. 앞에서 언급한 '戈'[그림6], '戊', '戌', '我' 등의 한자(제 6장 '戊', '戌' 참고)와 비교하면 '或'은 둥근 머리 부분에 긴 자루가 달린 물건을 본떴다.

[그림 5] 상대금문 '或'

[그림 6] 상대 금문 '戈'

하남성 안양에서 출토된 상대 청동기 중에서 상대 금문 '或' 윗부분과 아주 유사한 것이 있다. 발굴자는 이것을 "권표"라고 칭하였다.[1][그림 7] 권표는 당시에 '或'으로 불리워졌을 것이다. 그 밖에도 일종의 무기로 긴 자루와 둥근 날을 지닌 것으로 도끼류로 분류하며[그림 8], 상나라의 '或'일 가능성이 있다.

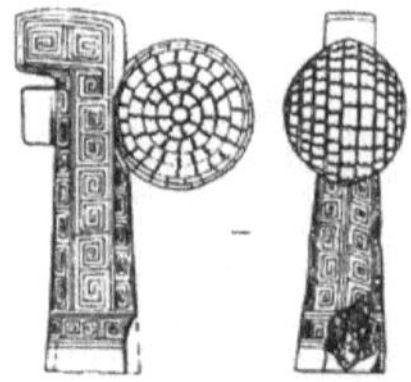

[그림 7] 안양에서 출토된 상나라 "권표"

[그림 8] 상나라 관공管銎식 도끼의 머릿부분

'或'은 '戈', '戊', '戌', '我' 등의 한자 변천 규칙과 대체로 동일하다. 부족명을 표기한 금문은 상당히 사실적으로 묘사하려는 경향이 있다. 갑골 복사처럼 한자를 새겨 쓰는 경우 간단한 몇 가지 획만 남기다가 다시 상나라 말기 이후부터는 긴 자루 부분에 삐침이 추가되었으며[그림 9.2], 처음으로 예서와 해서에서 볼 수 있는 '或'의 최초 형태가 갖추어졌다.

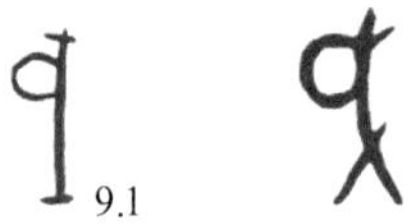

9.1 9.2

[그림 9] 상나라 갑골문 '或'

특이한 점은 '或'의 둥근 머리는 이후에 분리된다[그림10.1]. 원형 위쪽과 아래쪽에 짧은 가로선을 추가하며,[그림 10.2] 짧은 가로선 네 개를 더하기

1 역자주: 저자는 이 유물을 "权杖头"로 표기하였다. "权杖"은 정치 영역이나 종교에서 권력을 상징하는 지팡이이다. 이와 대응하는 한국어 중 가장 가까운 의미를 표기하는 어휘가 "권표(權標)"이므로 번역문에 이를 사용하였다.

도 한다[그림 10.3]. 이와 같은 변화는 '或'의 본의와 이미 아무 상관이 없으며 '或'의 가차 의미인 '域'으로부터 비롯된 것이다.

[그림 10] 서주 금문 '或'

상나라 시대부터 '或'은 항상 방위사와 조합하여 특정 방향의 일정 구역을 표기하였다. 갑골문과 금문 중에서 "東或", "南或"을 정벌했다는 기록을 많이 볼 수 있다. 여기에서 '或'은 어느 구체적 지점이나 명확한 국가가 아니라 "東土", "南土"의 '土'처럼 비교적 광범위한 공간 개념을 지칭한다. 지금도 사용하는 "西域"과 비교하면 어렵지 않게 이해할 수 있다. 상주 시대에 방위사와 결합한 '或'이 나타내는 것은 바로 "구역"의 '域'이며 '或'의 가차 의미이다.

'疆'과 '域'의 의미는 비슷하다. '疆'은 본래 '畺'이다. 두 '田' 사이에 짧은 가로선을 더하여 경계를 표시하였다 [그림11]. 아마도 "畺疆"의 영향을 받아 '域'을 가차한 '或'에 가로선을 두 개 혹은 네 개 추가하여([그림10.2], [그림10.3]) 강역疆域의 의미를 강조하였다.

앞에서 제시한 "東或", "南或"의 '或'은 '域'의 의미를 표기하지만 한자로 말한다면 '國'에 해당한다. '或' 바깥으로 '口'을 추가한 '國'은 일찍이 서주 시대부터 출현하였다[그림 12]. 바깥 테두리를 더한 것은 특정 구역을 둘러싼 하나의 지역으로 강조했을 것이다. 예를 들어 서주 청동기 금문 "南或"은 "南國"이라고도 하며[그림 13], '國'과 '或'은 구분 없이 통용하므로 모두 '域'을 표기하였다(직접 '域'으로 읽기도 한다). 만약 구체적인 나라를 지시하면 방위를 말하지 않고 "周邦", "魯邦" 등으로 칭한다.

[그림 11] 서주금문 "畺疆"

[그림 12] 서주 금문 '國'

[그림 13] 서주 금문 '或'과 '國' 통용 용례

많이 알고 있듯이, "中國"은 서주 초기 청동기 『하존何尊』에 최초로 출현하였다. 이 명문은 주나라 무왕의 명언인 "나는 이 중국에서 살 것이다余其宅兹中或."라고 쓰여 있다. 상주 시대 한자 사용 습관에 비추어 보면 이 구절의 "中或"은 확실히 "中國"에 해당하나 그 함의는 실제로 주 왕조 영역의 중심 지역을 지칭하므로 바로 낙양洛陽을 중심으로 하는 하남성 중부 일대인 "中域"이기도 하다.

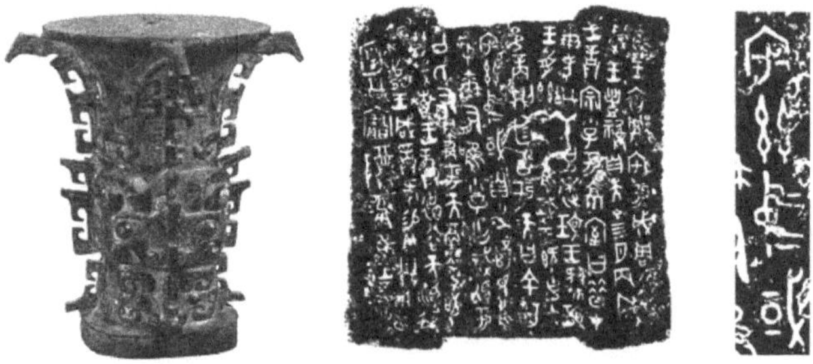

[그림 14] 『하존何尊』 및 그 명문

"中國"과 상대되는 표현으로 "四國"도 있다. 『시경詩經·숭고崧高』에 "온 세상을 바로 잡으시고, 온 나라에 이름을 떨치셨다揉此萬邦, 聞於四國"라는 구절이 있다. 바로 '邦'과 '國'이 대비된다. 고대 학자들이 주석으로 "四國은 四方과 같은 말이다."라고 하였다. 이 두 구절을 현재의 언어로 해석하면 "만국을 편안히 하고 사방에 명예를 떨치다"이다. 전래본 『예기禮記·치의緇衣』에서 "온 나라가 따르나니四國順之"라는 구절이 있다. 상해박물관에서 소장 중인 전국시대 초간 『치의緇衣』는 "四或順之"로 쓰여 있으며 곽점초간 『치의緇衣』는 "四方順之"로 쓰여 있다. "四國"이 바로 "四方"임을 알 수 있다.

전래문헌으로 보면, 서주 이후로 '國'은 '邦'보다 작은 지역이라는 의미도 있으며 수도의 성 안과 근교近郊를 뜻하였다. '國'에 거주하는 사람을 "國人"으로 불렀고 외부에서 사는 사람은 "野人"으로 불렀다. 주나라 여왕厲王 시기에 발생한 "國人 폭동"은 수도에 거주하는 백성이 왕을 몰아낸 사건이다. 수많은 고전의 첫 번째 장章 모두 『춘추좌전春秋左傳』의 "정백이 단을 치다鄭伯克段于鄢"이다. 그 중, "大都不過參國之一"은 "큰 도읍도 나라의 삼분의 일을 넘을 수 없다"라는 뜻이다.

이와 같은 '國'은 출토 문헌 내용 중에서는 잘 볼 수 없다. 춘추시대 청동기 중에서 『오생종敔生鐘』 "其邦, 其國, 其民", 『채후신종蔡侯申鐘』 "建我邦國" 등의 구절이 있다. 그 중, '國'은 '邦'보다 작고 '民'보다 크므로 아마도 수도와 수도 밖을 나타내는 "國野"의 '國'을 지칭했을 것이다. 선진시기 전래문헌도 "邦國"을 많이 볼 수 있으며 연용한 "邦國"은 유방劉邦을 피휘하여 고치지 않았다. 만약 수정하면 "邦邦"이 되므로 원래의 어휘 형태로 남겨 놓았다.

진나라 통일 이후로 주나라의 분봉으로 형성된 '邦'은 다시 존재하지 않았고 중앙에서 관할하는 '郡'으로 변화하였다. 진秦은 자신이 건립한 통일 국가가 다시 '邦'으로 불리워지는 것을 원하지 않아 '國'으로 바꾸었다. 예를 들면, 진시황 『역산각석嶧山刻石』은 먼저 "황제가 나라를 세워皇帝立國"라고 하였으며 "난세를 돌이켜보면 국토를 나누어 제후국을 세웠다追念亂世, 分土建邦"라고 언급하였다. 새로운 '國'과 이전 '邦'의 대비가 아주 분명하다[그림 15].

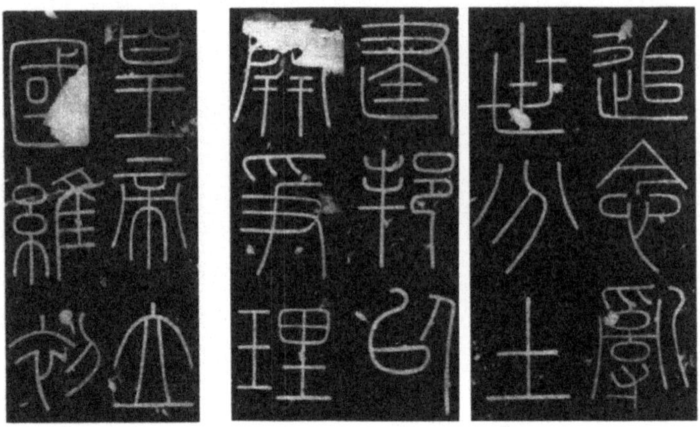

"皇帝立國……" "追念亂世, 分土建邦……"

[그림 15] 『역산각석嶧山刻石』 탁본

한 이후로 피휘로 인하여 '邦'이 보통 '國'으로 바뀌었다. "漢國" 이외에 과거 '邦'으로 칭하던 제후 영지 또한 '國'으로 바뀌었다. 예를 들어, 한 왕조에서 분봉한 하간국河間國, 교동국膠東國, 장사국長沙國 등이 있으며 '國'의 내적 함의는 더욱 복잡해졌다.

그렇다면 이미 알고 있는 출토문헌과 전래문헌을 기반으로 '或', '國', '域', '邦'의 복잡한 관계를 어떻게 이해해야 할까? 아마도 이와 같은 추측이 가능하다. 선진 시대는 아직 '域'이 없었다. '或'은 본래 무기 명칭이었으나 동일한 음을 바탕으로 가차하여 "구역區域"의 '域'을 나타냈다. '國'은 '或'으로부터 만들어진 자형이며 선진 시대에 이미 '域'을 나타났으며 "수도首都"도 표기하였다. '邦'은 본래 주나라 분봉으로 형성된 왕후의 영지이다. 진이 전국을 통일한 이후로 소실되었다. 한 왕조가 피휘하면서 '國'이 '邦'으로 대체되었다. '國'의 본뜻은 새로운 한자 '域'이 담당하였다. 모든 한자의 관계는 아래 표로 정리하였다.

어휘 의미	선진 시대 상용자	진한 시대 이후의 상용자
구역	或, 國	域
국가	邦	國
수도	國	都

한자마다 모두 형태, 소리, 의미 세 가지 분야에 대한 정보가 있다. 시간의 추이에 따라 이 정보 또한 변화가 발생한다. 다른 한자 사이에 만약 어떤 형태, 어떤 소리, 어떤 의미가 연계되었다면 그들이 담당하는 기능은 서로 영향을 주면서 대체되며 흡수, 중첩, 분해되기도 한다.

우리가 고문자를 해석하고 고전을 해독하면서 한자 및 중국어의 역사 변천을 충분히 고려해야 하며 가능하다면 다른 시대의 전래문헌 및 출토자료를 비교하여 모든 한자가 존재했던 역사 시기, 역사적 상황 속에 환원시키는데 힘써야 한다.

【참고 문헌과 보충 자료】

'邦'과 '國'의 차이에 관하여 Onishi Katsuya 大西克也의 『論古文字資料中的"邦"和"國"』을 참고하라.

Onishi Katsuya大西克也, 「論古文字資料中的"邦"和"國"」, 『古文字研究』第23輯, 中華書局, 2002年.

제10장

'保'와 '育'

- 자형에서 본의를 표시한 용례

한자의 발전은 지금에 이르기까지 적어도 3천 년의 역사가 있으며, 여러 문자에 담겨 있는 의미는 오랜 세월에 걸쳐 축적되어 매우 복잡해졌다. 중국어 사전을 펼치면 하나의 표제자 아래 여러 가지 뜻이 나오는 경우가 많다. 그중에는 고대인들이 문자를 만들 때 표현하고자 했던 본래 의미가 있을 수 있고, 본래 의미에서 파생된 인신의가 있을 수 있으며, 본래 의미와는 무관하지만, 발음이 동일하다는 이유로 표현된 가차의가 있을 수 있다. 이 세 가지는 구별하기 어려운 경우가 많다.

예를 들어 제8장에서 언급한 '안安'이라는 단어는 본래 사람이 편안히 앉아 있는 모습을 형상하였으며, 본래 의미는 '안정'이다. 그 확장된 의미인 '안전', '안치' 등은 모두 본래 의미에서 파생되었고, 그 가차된 의미인 '어디', '어떻게'(의문을 나타내는 '安在', '安能' 등 참조)는 본래 의미와 무관하며, 실제로 '安'과 발음이 동일한 또 다른 의문사로, '언焉'으로도 표기되었다.

한자 체계에는 '安'과 같이 형태와 의미의 기원이 비교적 명확한 문자가 많이 있지만, 발전 단서가 모호하고 심지어 본래 의미가 오랫동안 잊혀진 문자 또한 적지 않다. 우리는 고문자의 상대적으로 원시적인 자형을 분석함으로써 역사 속으로 사라진 많은 한자의 본래 의미를 밝혀낼 수 있다.

예를 들어, 어린이를 뜻하는 '子'는 본래 갓난아이의 모양을 형상한 글자로[그림 1], 머리가 크고 팔을 흔들기 좋아하며 다리는 발달하지 않은 (또는 포대기에 싸인) 특징을 보인다. 수천 년 동안 '子'라는 단일 글자의 형태와 의미는 명확하게 유지되어 왔지만, 원래 '子'를 포함하고 있던 일부 글자, 예를 들어 '보保', '육育' 등은 오늘날 '子'와의 관계가 매우 모호해졌다.

[그림 1] 商 시기 금문 '子'

자형 측면에서 보면, 진한秦漢 시대의 전서篆書 '保'와 '育' 두 글자에는 각각 '子'가 포함되어 있었는데[그림2.1, 2.2], 하나는 바로 쓰여 있고, 다른 하나는 거꾸로 쓰여 있을 뿐이었다. 그러나 예서와 해서 문자로 넘어오면서 '亻+呆', '𠫓+月肉'과 같이 의미를 알기 어려운 조합으로 변하게 되었다.

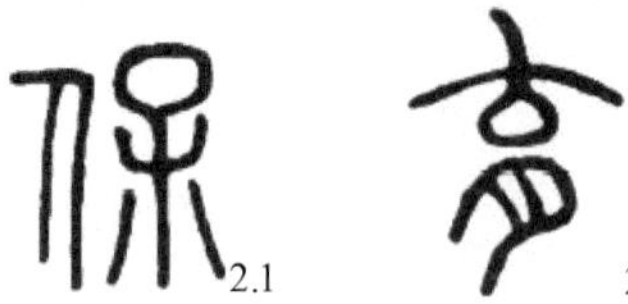

2.1 2.2

[그림 2] 소전小篆 '保' '育'

의미[字義] 측면에서 보면, '保'는 일반적으로 '보호', '유지', '보증' 등의 뜻으로 쓰이며, '子'와는 직접적인 관련이 없어 보인다. '育'은 일반적으로 '출산', '양육', '교육' 등의 의미로 사용되는데, 이는 분명히 아이와 관련이 있지만, '낳다', '키우다', '가르치다' 중에서 어느 것이 본뜻인지 '育'의 자형만으로는 분명히 알기 어렵다.

『설문해자說文解字』에서는 "保는 기르는 것이다[保, 养也]."라고 했고, "育은 아이를 키워 선행을 할 수 있게 하는 것이다[育, 养子使作善也]."라고 하여 '保'와 '育'의 본래 의미를 모두 '양육[养]'으로 해석하고 있다. 이러한 해석에는 어떤 근거가 있는지, 그리고 과연 올바른 것인가? 출토된 고문자의 관점에서 살펴보도록 한다.

保

가장 원시적인 것으로 알려진 '保'자는 상商 나라 말기와 주周 나라 초기의 씨족 명칭을 나타낸 금문에서 볼 수 있다[그림 3.1]. 그 글자 모양은 강한 그림적 성질을 보이며, 한 사람이 손을 뒤로 뻗어 아기를 등에 받쳐 업고 있는 형상을 나타내었다. 갑골문에도 비슷한 형체가 있으며, 단지 획이 약간 생략되었을 뿐이다[그림3.2].

3.1 상 시기 씨족 명칭 금문

3.2 상 시기 갑골문

[그림 3] 원시적인 문자 '保'

서주西周 초기에 쓰여진 『상서尙書·소고召誥』에는 "그 아내를 붙들고 그 아이를 안으면서 하늘에 슬피 부르짖으며[保抱攜持厥婦子以哀籲天]"라는 구절이 있는데, 이는 상商 나라 주왕紂王의 통치 아래 백성들이 아내와 아이들을 '보호[保]'하거나, 품에 '안고[抱]' 있거나, 손잡고 '데리고[攜]' 있거나, 끌어 '잡으며[持]' 하늘에 호소한 것이다.

그렇다면, '保'의 고문자 자형과 『소고召誥』의 '보호[保]', '안고[抱]'를 함께 언급한 사례를 종합해보면 '保'의 본래 의미는 '아기를 등에 업다'가 된다. 즉, 흔히 사용되는 '보호하다', '보양하다', '유지하다'(보호[保], 포용[抱], 이끔[攜], 잡다[持]의 생략형) 등은 '아기를 업는다'에서 파생된 인신의이다. 만약 우리가 상주商周 시기의 상형 정도가 높은 자형을 보지 못했다면 '保'의 본래 의미는 아마도 찾지 못했을 것이다.

'保'자의 본래 모양은 성인이 뒤로 손을 뻗어 아이를 받쳐 올리는 모습을 형상화한 것으로, 아이가 어른의 등에 올라탄 형태와 작은 체형 등의 특징을 섬세하게 묘사하고 있다. 그러나 고대인들도 이렇게 글씨를 쓰는 것이 번거롭다고 생각하여 아주 일찍부터 '뒤로 손을 뻗은 사람'을 일반적으로 人을 나타내는 자형으로 대체하고 '아이' 또한 크기를 늘려 위치 간의 관계를 흐리게 하였으며[그림 4], 자형 전체를 평범한 좌우 구도로 바꾸었다. 다행히 아기를 떠받치고 있던 그 '손'은 완전히 사라지지 않았고 인체에서 분리되어 '아이' 형태 아래 바깥쪽에 작은 곡선 획으로 변화되었다. 이 곡선의 위치, 각도는 원시적인 '保'자의 아기를 받치고 있던 손과

정확히 일치한다는 것을 어렵지 않게 알 수 있다.

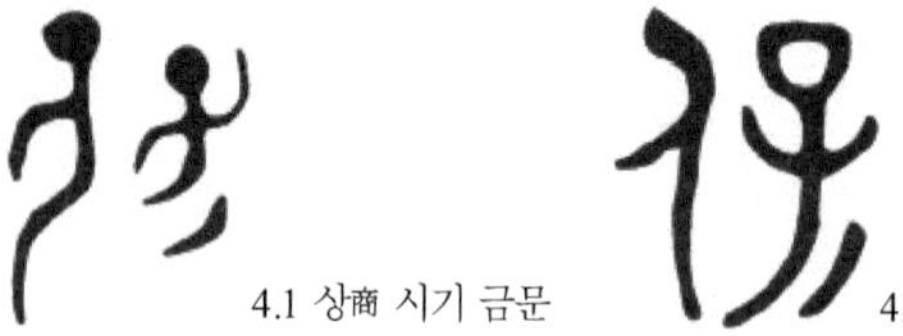

4.1 상商 시기 금문 4.2 서주西周 시기 금문

[그림 4] 손 부위를 간략화한 상주商周 시기 '保'

대략 춘추春秋 시기 이후, 당시 글을 쓰는 사람들은 더 이상 '保'자의 곡선 형태 획의 기원을 이해하지 못하고, 자형 대칭을 추구하기 위해 때로는 '子'자 아래 양쪽에 획을 추가하기도 했다[그림5.1]. 전국戰國 시기 이후, 이러한 두 획을 추가한 자형이 주류가 되었고, 예서, 해서 문자인 '保'의 형태로 발전하여 오늘날까지 전해지게 되었다. ('呆'를 'dāi'로 표시한 것은 극히 최근의 현상으로, '保'와는 아무런 관련이 없다)

5.1 춘추春秋 금문 5.2 전국戰國 초간

[그림 5] 동주東周 시기 '呆'로 구성된 '保'

'保'자의 본래 의미는 후대에 전하지 않지만, '保'를 포함한 다른 한 글자 중에서 '아기를 업다'와 매우 가까운 뜻을 지닌 것이 있으니, 바로 '강보襁褓'의 '褓'이다. '襁褓'란 아기를 등에 업어 넣는 포대기를 말하며, 그 중 '襁'은 아기를 업는 띠를, '褓'는 아기를 싸는 옷감이나 이불을 가리킨다. 원래 '襁褓'의 '褓'는 바로 '保'로 직접 썼는데, 이는 분명히 '保'의 어떤 파생된 의미를 나타낸 것이며, 이를 통해서도 '保'자의 본래 의미의 일단을 엿볼 수 있다.

최근 몇 년 동안 새로운 자료가 발표되면서 고문자에 보이는 포대기와 관련된 다른 문자가 학자들의 관심을 끌고 있다. 칭화대학에 소장된 전국戰國 시기 초간에서 '子'와 '人'이 있고 그 아래에 두 개의 'X'가 있는 '保' 자가 있다[그림6]. 이 문자의 기원은 아마도 상대商代 갑골문에 보이는 사람이 아이를 업고 포대기襁를 나타낸 동일 유형의 문자일 가능성이 높다[그림7]. 두 개의 'X'는 아기를 업는 띠와 관련이 있거나, '爻 yáo'를 구성해 '保'자의 소리를 나타내었을 수도 있다. 이 유형의 자형은 포대기의 특징을 강조한 것으로, '保'의 이체로 볼 수 있으며 '褓'로 직접 해석할 수도 있다.

[그림 6] 칭화대학 소장 초간楚簡 『계년繫年』의 '保褓'字

[그림 7] 상대商代 갑골문에 보이는 '襁'을 의미하는 '保{褓}'字

인신된 의미 외에 출토문헌에는 '寶'의 가차 의미로 '保'가 쓰이기도 했다(만약 소중한 보물이 사람들의 보호 대상이라면 保의 인신의로 이해해도 틀린 것은 아니다). '寶'는 宀, 玉, 貝로 구성된 회의자로[그림8], 집안에 소중히 간직하고 있는 옥(보물을 대표함), 조개화폐(돈을 대표함)를 조합해 의미를 표시하였으며, 缶와 '寶'의 고대 소리가 유사하여 음을 표시하는 데에 쓰였다.

[그림 8] 서주西周 금문金文 '寶'

주周 나라 사람들은 귀중한 청동 예기에 '자자손손 영원히 소중하게 사용하라[子子孫孫永寶用].'라는 문구를 주조하거나 새겨넣어 역대 후손들이 영원히 이 청동기를 '보물처럼 사용'하기를 희망했다. '永寶用'은 종종 '永保用'으로 쓰였다. '保'가 '寶'로 차용된 횟수가 많아지며, 그 구성요소 또한 혼합되어 '保+玉', '保+貝'의 형태가 나타났다[그림 9]. 이러한 자형은 '保'와 '寶'를 모두 나타내며, '保'와 '寶' 사이에서 누가 누구에게 영향을 주었는지 구분할 수 없게 되었다. 진한秦漢 이후에는 '保'와 '寶'가 명확히 구분되었고 자형, 용법 또한 완전히 분리되었다.

9.1 서주西周 금문金文

9.2 춘추春秋 금문金文

[그림 9] '玉' 또는 '貝'으로 구성된 '保/寶'

育

『설문해자說文解字』에는 표제자 '육育'에 이체자 '毓'을 수록하였다. '육毓'자의 형태는 '育'의 본래 의미를 파악하는 핵심 근거이다. 상商 나라 문자를 보면, '毓'의 본래 의미는 '출산'이라는 뜻으로 쉽게 이해할 수 있다[그림 10]. 자형은 여성이 아이를 출산하는 장면을 표현하였는데[그림 10.1], 아기의 머리는 바깥쪽을 향하여 순조롭게 여자의 몸 아래에서 약간의 양수와 함께 분만되고 있다. 따라서 '子'의 형태는 종종 거꾸로 되어있으며, 주위에 작은 점이 있다. 일부 문자에는 '양수'가 생략되어 있지만, '女'와 '子'의 위치는 일반적으로 변하지 않는다.

10.1 금문金文

10.2 갑골문甲骨文

[그림 10] 상商 나라 문자 '毓'

이를 통해 '출산[生]'이 '毓/育'의 본래 의미이며, '양육[养]', '교육[教]'(『설문해자說文解字』: "育은 아이를 키워 선행을 할 수 있게 하는 것이다[育, 养子使作善也].")은 사실 확대된 의미인 것을 알 수 있다. 예컨대 오늘날 '종영육수鐘靈毓秀'라는 사자성어 또한 있는데 우수한 환경에서 우수한 인물이 나온다는 의미이며, '毓'은 그 본래 의미를 표현하였다.

'毓'자는 이후 몇 가지 측면으로 진화되었다. 우선 구성요소 '女'에 두 개의 점(또는 여성의 가슴을 표시)을 더해 '어머니[母]'로 변화되어 의미가 더욱 명확해졌고[그림 11.1], 다시 '每'로 변화되었는데 이는 어떠한 의미가 없는 것으로 보인다[그림 11.2]. 또한 양수와 같은 작은 점들은 '거꾸로 된 아이'

의 아래에 집중되며, '거꾸로 된 아이'와 결합하여 '㐬liú'로 형성되었다.

이때, '거꾸로 된 아이'의 위치는 어머니의 머리 부분으로 이동하며, 더 이상 위치 관계를 이용해 의미를 나타낼 수 없게 되었다. 이러한 상황 속에서 고대인들은 간단명료하게 아래와 같이 단순화하였다.

1. 어머니 부분 생략
2. '거꾸로 된 아이' 보존
3. '양수'와 모양이 비슷하고 '毓'과 고대 발음, 의미가 유사한 '肉'으로 대체([그림 11.3], 고대 '肉'자는 '月'의 형태와 유사)

그리하여 회의자 '毓'은 형성자 '育'으로 변형되었으며, 이는 후대에 일반적으로 사용되는 자형이 되었다.

해서楷书에서는 '𠫓'으로 구성된 글자가 있는데, 본래는 '거꾸로 된 아이倒子'라는 의미를 나타낸 글자로, '弃'라는 글자가 있다. '弃'자는 상고

11.1 서주西周 금문金文

11.2 소전小篆

11.3 소전小篆 '育'

[그림 11] '毓-育'의 변화

시대 여러 이유로 갓난아기를 버리는 풍습을 반영하였다. 주나라 선조인 '후직后稷'의 본명도 '弃'인데, 전설에 따르면 그의 어머니가 뜻하지 않게 임신하자 한동안 갓 태어난 아이를 버리려고 했기 때문이라고 한다.

'기弃'의 자형은 좌우 양손으로 아기를 밖으로 내던진다는 뜻이다[그림 12.1]. '毓'과 마찬가지로 '아들子'를 거꾸로 쓴 형태이며, 특별히 위치 관계를 이용해 의미를 표현하였다. 전국戰國 시대에 일반적인 서체로 발전하며 상단은 '𠫓', 하단은 '廾'이 기본적으로 완성되었다[그림 12.2].

12.1 갑골문甲骨文

12.2 전국戰國 시대 초간楚簡

[그림 12] 상商 나라 문자 '毓'

'기弃'자는 매우 이른 시기부터 이미 간체와 번체의 두 형태가 존재하였다. 간체에 비해 갑골문 번체의 '弃'[그림 13.1]에는 가운데에 어떤 부분이 더 있는데, 마치 한 개의 광주리와 같다. 이 부분은 실제로는 '삼태기[簸箕]'를 뜻하는 '箕'의 상형 초기 문자, 다시 말해 '其'의 자형이다. '其'의 윗부분에는 '곧은 아이[正子]'가 있고, 둘레의 작은 점들은 피나 먼지를 나타낸 것으로 보인다. 삼태기로 아기를 밖으로 내던지는 모습을 형상화한 것이므로 '弃'의 의미는 더욱 명확해지며, 그때 '子'자가 바로 서 있든 거꾸로 서 있든 대체로 중요하지 않았다. 이와 같은 번체에는 '子'의 형태가 거꾸로 쓰인 경우도 있으며[그림 13.2], 이후 이러한 자형이 발전하여 번체자 '棄'가 형성되었다. 이에 비추어 보면, '育'자가 '거꾸로 된 아이[倒子]'를 통해 의미를 나타낸다는 특징은 더욱 분명해진다.

13.1 갑골문甲骨文　　13.2 진간秦簡　　13.3 동한東漢 시기 비석 문자

[그림 13] '棄'자의 발전

본 장의 분석을 통해 '保'의 본래 의미는 아기를 업는 것이고, '育'의 본래 의미는 아기를 낳는 것임을 알 수 있다. '保'자는 '人', '子'에 추가된 획이 있고, '育'자는 '子'를 거꾸로 써 모두 본래의 의미와 밀접한 관련이 있다.

이상 내용을 통해 알 수 있듯이 고문자를 연구할 때 대부분의 한자를 단순한 표의문자로 취급하고 마음대로 '분리'하여 속된 해석을 하는 것을 피해야 할 뿐만 아니라, 표의문자에 담긴 각 획의 형태와 위치 관계로부터 반영된 조자 본의, 그 안에 담긴 역사적 정보를 심도 있게 발굴해야 한다.

【참고 문헌과 보충 자료】

'保'자와 관련된 내용은 謝明文의 『金文叢考一』를 참고하라.

謝明文 『商周文字論集』, 上海古籍出版社, 2017年, 329-332쪽.

제11장

'鳳'과 '朋'

- 가차자를 인신의로 오해한 용례

지난 강의에서는 한자의 본의本義, 파생의[引申義], 가차의假借義, 그리고 고문자의 자형이 본의를 드러내는 기능에 대해 이야기했다. 이제 이어서, 고문자 자료가 파생의와 가차의를 구별하는 데 어떠한 역할을 하는지에 대해 논해보고자 한다.

한자의 실제 사용에서는 '가차假借', 즉 다른 글자를 빌어 음을 표시하는 현상이 대량으로 존재한다. 그 결과, 적지 않은 한자에는 조자造字 당시의 본래 의미와 전혀 논리적 관련이 없는 가차의假借義가 생겨나게 되었다. 우리는 어떤 글자에 여러 상이한 의미 항목이 나타나면, 그 사이에 보편적인 의미적 연관을 찾아 연결하고자 하는데, 이는 매우 자연스러운 심리이다. 그러나 실제 상황은 종종 직관에 반한다. 옛사람이나 현대인이나, 순전히 음을 빌린 가차적 용례를 의미의 파생으로 잘못 이해하는 오류를 범하곤 한다. 예를 들어, 『설문해자說文解字』의 '봉鳳'자의 항목에서는 이렇게 말한다.

"봉황이 날면 무리 지은 새가 수 만이 되어 따라가므로 붕당의 의미를 가진 글자로 해석한다[鳳飛, 群鳥從以萬數, 故以爲朋黨字]."라고 하였다. 즉, 봉황이 날아오를 때 수만 마리의 새들이 그를 따라 날아가는데, 마치 그의 붕당인 것처럼 보여 '봉鳳'자 또한 朋黨의 '朋'의 의미를 나타낸다는 뜻이다. 다시 말하면, '鳳'자에는 본래의 뜻인 봉황에서 파생된 의미와, 본래 뜻과 논리적으로 관련된 파생 의미 '朋'이 존재한다는 것이다.

아래에서는 먼저 고대 한자 '봉鳳'과 '붕朋'을 살펴본 뒤, 이러한 전통적인 해석법에 내재한 문제점을 분석하고자 한다.

鳳

상商대 갑골문에는 이미 '봉鳳'자가 존재한다(그림 1, 그림 4, 그림 8). 일반적인 새의 형상[그림 2]과 비교해 보면, '鳳'은 머리 위의 높은 볏, 화려한 깃날개라는 매우 뚜렷한 특징을 지니고 있어, 보통의 새와는 구별되는 특

[그림 1] 갑골문 '鳳'의 일부 형태: 독체자

[그림 2] 갑골문에 보이는 새 형태의 '隹'

별한 조류임을 알 수 있다.

그러나 머리에 높은 볏과 화려한 깃을 나타낸 새 형상의 글자라고 해서 반드시 '봉鳳'을 뜻하는 것일까? 다른 새를 가리키는 것은 아닐까? 고문자 연구는 단순히 그림처럼 보이는 형상을 보고 의미를 짐작하는 방식이 아니다. 갑골문 '봉鳳'자를 올바르게 해석하는 핵심은 그 음가[讀音]와 용례用例에 있다.

갑골문에서 {鳳}이라는 단어는 대부분 새 이름이 아니라 '바람[風]'을 나타낸다. 예를 들어 상왕商王은 어떤 날에 바람[鳳{風}]과 비가 올 것인지, 외출할 때 큰비[大鳳{大風}]를 만날지, 어떻게 해야 바람[鳳{風}]과 비를 그치게 할지를 자주 점쳤다. 또 다른 예로 상商 나라 사람들은 동서남북의 네 방향과 네 방향에서 불어오는 바람을 신으로 여겨 각각 고유한 이름을 지었다. 국립도서관에 소장된 큰 갑골 조각에는 사방과 사방 바람의 이름이 새겨져 있다[그림 3].

동방은 석이다. 바람은 협이다[東方曰析, 風{鳳}曰協].

남방은 인이다. 바람은 표이다[南方曰因, 風{鳳}曰彪].

서방은 위이다. 바람은 이이다[西方曰韋, 風{鳳}曰彝].

북방은 伏이다. 바람은 살이다[北方曰勹, 風{鳳}曰殺].

[그림 3] 갑골문 '사방과 바람'

이러한 유형의 문장은 『산해경山海經』에 그대로 남아 있으며, 약간의 수정과 변화를 거쳐 다음과 같이 기록하고 있다.

> 동방은 석이다. 래풍은 준이다[東方日折, 來風日俊].……
>
> 남방은 인이다. 과풍은 호민이다[南方日因乎, 夸風日乎民].……
>
> (서방은) 어떤 사람은 석이라고 한다. 래풍은 위이다[(西方)有人名日石夷, 來風日韋].……
>
> 북방은 원이다. 래풍은 염이다[北方日鳧, 來之風日狹].……

상商 나라 문자에서 보편적으로 {鳳}으로 바람을 나타낸 용례로 볼 때, 과 '바람[風]'은 적어도 음이 가까운 단어이거나, 같은 글자에서 분화되었을 가능성이 있다.

또한 갑골문에서는 자형에 음부音符 '凡(ㅂ로 표기)'을 덧붙여 쓴 형태가 자주 보이는데, 이러한 글자형 역시 '풍風'을 의미한다[그림 4]. 후대의 '鳳(凤)'자는 바로 아래에 '鳥(鸟)'를 두어 의미를 나타내고, 위에 '凡'을 두어 음을 표시한 형성자이다[그림 5]. 이 두 부류의 자형은 엄밀하게 일대일로 대응하므로, 본질적으로 동일한 글자임이 분명하다. 다만 복잡한 봉鳳 형상이 후대에 일반적인 '鳥(鸟)'로 대체되었고, '凡'이 글자 위로 올라갔을 뿐이다.

[그림 4] 갑골문 '鳳'의 형태(음성 기호 '凡'을 포함한 형성자)

1. 서한西漢 시기 금문

2. 동한東漢 시기 석각

[그림 5] 한漢 시기 음성 기호 '凡'을 포함한 '鳳'

상商 시기 갑골문 '鳳'의 독음, 용례를 명확히 하고, 다시 문자를 살펴보도록 한다. 화려한 깃털 외에도 머리 위의 높은 왕관 또한 갑골문 '鳳'의 필수 특징 중 하나이며, 동일한 높은 왕관은 바로 '용龍'이라는 단어에도 나타난다[그림 6]. 용과 비슷한 특징을 가진 신성한 새는 봉황[鳳]일 수밖에 없다.

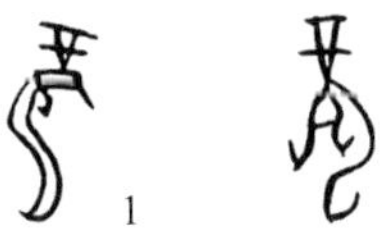

1 2

[그림 6] 갑골문 '龍'

일반적으로 봉황의 원래 모습은 공작새로 알려져 있는데, 고문자로 보면 이는 사실이다. 수컷 공작은 머리 꼭대기의 왕관 깃털이 있고 꼬리 깃털 전체가 매우 화려할 뿐만 아니라, 꽁지 털에는 특별한 색의 얼룩무늬 또한 있는데, 일반적으로 '눈 반점'이라고 하며[그림 7], 이 꼬리 깃털은 '오셀리Ocelli[珠毛]'(진주 눈동자 깃)라고도 불린다. 갑골문 '鳳'은 왕관, 화려한 깃털 외에도 오셀리 깃털의 이미지를 묘사하는 경우가 많으며[그림 8, 그림 4.2], 공작새의 특징을 매우 정확하게 포착한 것이다. 이 점은 갑골문 '鳳'자의 해석을 뒷받침할 수 있다.

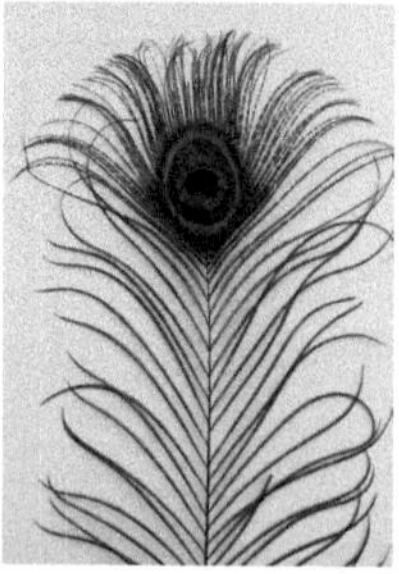

[그림 7] 공작 '오셀리Ocelli[珠毛]'

[그림 8] 갑골문 '鳳'의 오셀리를 강조한 세 형태

'봉鳳'자 이외에, 후대에 나타난 '풍[風/风]'자 역시 봉의 꼬리에 달린 '오셀리Ocelli[珠毛]'와 관련되어 있을 가능성이 있다. '風'자는 '鳳'과 구조가 비슷한데, 둘 다 '凡'을 음부로 삼고 어떤 동물을 감싸는 형식을 취하고 있다. 그러나 그 안에 쓰인 '蟲'은 의미적으로 설명하기 어렵다. 고문자 자료에 따르면, '風'자 안의 '蟲'은 본래 '鳳'자에 붙어 있던 '오셀리Ocelli[珠毛]' 형태가 와변된 것이다. 상商 문자 중 오셀리와 '凡'을 갖춘 '鳳'자[그림 4.2, 그림 8.2–3]가 서주西周 이후에 이르면, 그 오셀리가 봉의 꼬리에서 분리되어 '凡'과 매우 가까운 위치에 쓰이게 되었다[그림 9.1]. 이렇게 '鳳'자에서 오셀리 하나가 '凡'과 결합하여 분화한 것이 바로 '風'자의 기원이다[그림 9.2]. 이러한 자형은 변천 과정을 거치면서 진·한 이후 대부분 '蟲'을 따르는 형태로 정착하였지만[그림 10.1], 일부 고형古形을 보존한 문자에서는 오셀리에서 유래한 흔적이 여전히 희미하게 남아 있다[그림 10.2].

 1  2

[그림 9] 서주 금문 '鳳'에서 나온 '風'의 형태

1. 진간秦簡 (구성 요소 '蟲')   2. 동한東漢 석각 문자 (고대 자형)

[그림 10] 진한秦漢 문자 '풍風'

덧붙여 언급하면, 공작의 오셀리는 아마도 '皇'이라는 단어의 근원일 수도 있다. 鳳은 봉황鳳凰이라고도 불리는데, 본래 '鳳皇'으로 표기되었다가 대략 진·당晉·唐 시기에야 '鳳凰'으로 변형되었다. '皇'자의 초기 문자는 오셀리의 형태와 유사하고[그림 11], 상하 구조의 '皇'자는 ''에서 '王'을[그림 12, 큰 도끼를 형상하였으며, 왕권을 상징] 조합해 형성한 것으로[그림 13] 황제의 '皇'과 봉황의 '皇'이 의미에 있어 인신 관계라는 견해가 있다.

상대商代 금문金文

[그림 11] '皇'자의 초문

상대商代 금문金文

[그림 12] '王'자의 초문

 1. 서주西周 금문金文  2. 춘추春秋 금문金文

[그림 13] '皇'자의 변천

서주西周 시대 청동기의 적지 않은 동물 모양 도안에는 오셀리 깃털의 무늬가 있는데, 예를 들어 봉황 무늬의 꼬리 부분[그림 14]과 전체적으로 동물을 닮은 기물의 꼬리 부분이 있다[그림 15.1-2, 오셀리를 볼 수 있는 조감도]. 이러한 문양 속의 오셀리는 동시대의 '皇'자와 매우 유사하여 '皇'이 본래 오셀리를 닮았다는 이론을 뒷받침할 수 있다.

타이베이台北 고궁박물관 소장 형계존邢季尊

[그림 14] 서주西周 시기 봉황 문양 '皇' 형태의 꼬리 무늬

1. 산서山西성 곡옥曲沃현 출토자료
진후조준晉侯鳥尊

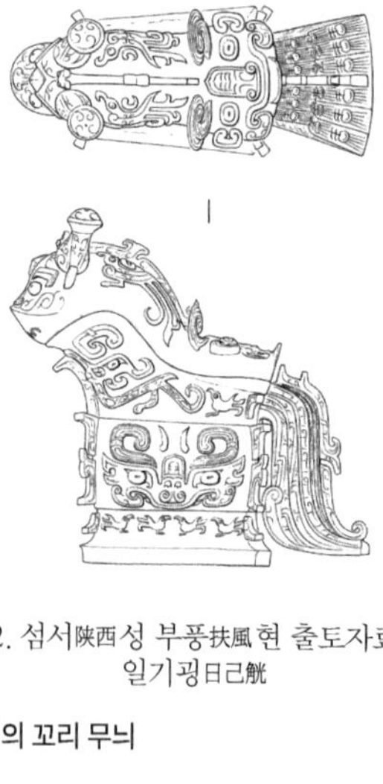

2. 섬서陝西성 부풍扶風현 출토자료
일기굉日己觥

[그림 15] 서주 청동기 '皇' 형태의 꼬리 무늬

고문자의 '봉鳳'과 그와 관련된 여러 글자에 대해서는 대략 설명을 마쳤다. 그러나 이들 자형의 발전 과정에서 우리는 '붕朋'의 자취를 찾아볼 수는 없다.

朋

전해지는 고서古书에서 '붕朋'은 주로 두 가지 뜻을 나타낸다. 하나는 '친구' 또는 '붕당朋党'을 의미하는 것이고, 다른 하나는 흔치 않은 의미로 '고대 화폐 단위'를 가리킨다. 보다 정확히 말하면, 후자는 상·서주商·西周 시기에 금속 화폐가 통용되기 이전, 조개껍데기로 만든 패화貝幣의 단위를 뜻한다. 예를 들어 『시경詩經·소아小雅·청청자아菁菁者莪』에서 '이미 군자를 알현하니 나에게 百朋을 주시네[既見君子, 錫我百朋].'라고 되어 있는데, 이는 나에게 100 '朋'의 조개 화폐를 하사했다는 뜻이다.

고문자 자료를 보면, 이 두 종류의 '朋'은 본래 동일한 글자가 아니었다. 화폐 단위로서의 '朋'은 원래  형태로 쓰였는데, 이는 한 줄로 꿰어진 패화贝币의 모습을 본뜬 것이다. 출토된 패화는 기본적으로 모두 가운데에 구멍이 뚫려 있어[그림 16], 줄에 꿰어 한 묶음을 이루면 이를 '한 붕[朋]'이라 불렀다. 패화를 한 줄로 꿴 것을 가운데에서 들어 올리면 양쪽이 아래로 늘어지는데, 바로 그 모습이 자형으로 형상화된 것이다.

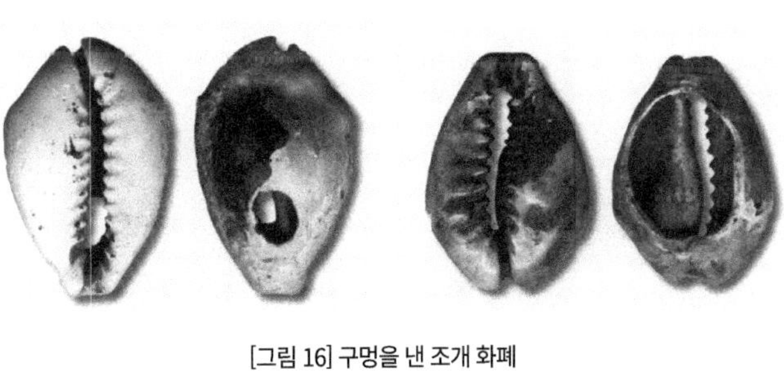

[그림 16] 구멍을 낸 조개 화폐

상주商周 시대 갑골문과 금문에서 종종 '貝 □ □朋'이라는 기록을 볼 수 있다. 예를 들어, 상해박물관에 소장된 서주西周 초기 '덕정德鼎'의 명문에는 '왕은 덕에게 20붕의 화폐를 하사하고, 귀한 예기를 만드는 데 사용한다[王賜德貝二十{朋}, 用作寶尊彝].'[그림 17] 라고 하였다. 즉, 주왕周王은 '덕德'이라는 사람에게 20 붕의 조개껍데기 화폐를 하사하였고, '덕德'은 그것으로 존귀한 제기를 만드는 데 사용했다는 내용이다. 여기서 '붕朋'은 구체적으로 몇 개의 조개인지 정확히 단언할 수는 없지만, 당시 십진법을 주로 사용했던 것으로 미루어 보아 열 개의 조개일 것이다.

[그림 17] 덕정德鼎 명문銘文

중원 왕조의 세력이 확대되면서 바닷조개가 더 이상 희귀한 물자가 아니게 되자, 패화贝币는 점차 소멸하고 금속 주조 화폐가 등장하게 되었다. 춘추 시대 이후가 되면, 이 패화의 단위를 나타내던  역시 더는 사용되지 않게 되고, 대신  과 '사람[人]'이 결합하여 이루어진 다른 글자, 즉 '친구'를 뜻하는 '朋'에 흡수되어 버렸다.

'벗' 또는 '친구'를 뜻하는 '朋'자 역시 상商대 갑골문까지 거슬러 올라갈 수 있는데, 당시에는 그것이 과 나란히 사용된 두 개의 글자였다[그림 18]. '친구'를 뜻하는 '朋'( )은 '人'을 의미요소로 하고, ' '을 발음요소로 하는 형성자이다. 자형이 좌우 대칭을 이루고 있어 '벗·친구'라는 개념과 유사한 면이 있으며, 따라서 이 '朋'( )자에는 음을 나타내는 기능뿐 아니라 일정한 표의 기능도 함께 담겨 있었을 가능성이 있다.

[그림 18] 상대商代 갑골문甲骨文 조개 화폐 朋 (1) 친구[朋]를 나타내는 朋 (2)

상대商代 문자 '朋'( )의 구조는 높고 낮아 균형이 맞지 않는다. 서주西周 이후 고대인의 글쓰기는 자연스러운 추세가 있어 글자를 최대한 반듯하게 만들어 작은 정사각형 공간을 가득 채웠다. '朋'( )자도 이러한 규격화 과정을 거쳐[그림 19.1-3], 처음에는 굽혀진 사람의 아래로 들어갔다가 나중에는 거의 반쯤 둘러싸이게 되었다.

[그림 19] 서주西周 금문金文 '朋'의 규격화 과정

진·한秦汉 시기의 문자에 이르면, '朋'자 속의 '사람' 형상은 흔히 삼면에서 둘러싸는 형태로 쓰였고[그림 20.1], 필획이 서로 이어지거나 재구성되면서, 나란히 놓인 두 개의 '月' 형태와 매우 유사해지게 되었다[그림 20.2-3]. 이후 이를 좌우로 분해하자, 오늘날 우리에게 익숙한 '朋'자의 형태가 형성되었다.

[그림 20] 진한秦漢 문자 '朋' 필획의 재구성

따라서 흔히 '朋'자는 두 개의 달[月] 모양이다, 두 덩이의 고기[肉]처럼 생겼다, 그래서 친구가 서로 짝을 이룬다는 뜻이라는 등의 풀이는 모두 후기 자형에서 비롯된 잘못된 설명이다. '친구'의 '朋'자는 실제로 '사람[人]'과 이라는 한 줄로 꿴 패화[贝]를 본뜬 요소로 이루어진 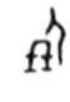이라는 형성자로부터 발전한 것이다.

이로써 '朋'자의 발전 과정 또한 대략적으로 마무리되었으며, '鳳'과는 아무런 관련이 없어 보인다.

『설문說文』 '고문古文 鳳'

'朋'을 '鳳'자의 인신의로 간주한 견해는 『설문해자說文解字』의 '鳳'자에서 볼 수 있다. 이 항목은 특히 복잡하고도 재미가 있어 여덟 개의 작은 문장으로 나누어 본다.

① 은 신령스러운 새이다[神鳥也]. ②천로가 이르기를[天老曰], 「봉의 형상은 기러기의 앞모습과 사슴의 뒷모습, 뱀의 목과 물고기의 꼬리, 황새의 이마 원앙의 수염, 용의 무늬와 범의 등, 제비의 턱과 닭의 부리를 하고 있으며, 오색을 모두 갖추고 있다[鳳之象也, 鴻前麐後, 蛇頸魚尾, 鸛顙鴛思, 龍文虎背, 燕頷雞喙, 五色備擧]. ③동방 군자의 나라로부터 나와서 사해의 밖을 날아다닌다. 곤륜산을 지나고, 지주에서 마시며, 약수에서 날개를 씻고, 저녁에는 바람이 생기는 동굴에서 잠을 잔다[出於東方君子之國, 翺翔四海之外,

過崐崘, 飲砥柱, 濯羽弱水, 莫宿風穴]. ④나타나면 곧 천하가 태평하게 된다[見則天下大安寧].」라고 하였다. ⑤鳥로 구성되었으며 凡이 성부이다[从鳥凡聲].

⑥  은 고문 봉이다[古文鳳], 상형象形자이다. ⑦봉황이 날면 무리 지은 새가 수 만이 되어 따라가므로 붕당의 의미를 가진 글자로 해석한다[鳳飛, 群鳥從以萬數, 故以爲朋黨字].

⑧  또한 고문 봉이다[亦古文鳳].

이 긴 단락에서 '鳳'자를 제대로 분석한 것은 ①, ⑤ 두 문장으로, 소전  은 '의미요소 {鳥}와 소리요소 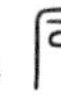{凡}'로 구성된 형성자이다. ②-④문장은 '天老(전설 속 황제의 신하)'의 신령스러운 새인 봉황에 대한 설명으로, 온몸은 열 가지 동물과 닮았으며, 어디서 와서 어디로 가는지, 나타나면 어떻게 되는지 등 상상력은 풍부하지만 '鳳'이라는 단어 자체와는 아무런 관련이 없다.

 자 외에도, ⑥ 구절에서 또한  를 나열하고 '고문 鳳'으로 칭하며 '鳳'의 상형자로 간주하였다. 이 자형은 이미 '朋'을 나타냈기 때문에 바로 뒤 서술하기를 봉황이 날아갈 때 새 떼가 뒤따르므로 마치 붕당朋黨과 같다고 하였다. 이 밖에  은 '鵬'자로 일종의 '고문 鳳'으로 여겼다.

그렇다면 『설문說文』의 해석에 따르면,  은 본래 '鳳'을 위해 만들어진 '고문古文'이며, 즉 형성자 '鳳'의 전신前身이다. 의미가 파생됨에 따라 '朋'을 나타내는 데에도 쓰일 수 있었다. 곧 '朋'자는 애초에 독립된 글자가 아니라 '鳳'의 이체자異體字였던 것이다. 따라서 『說文』에는 아예 '朋'자 조항 자체가 없다.

그러나 출토문헌으로 판단하면, 『설문說文』에 나오는 이른바 '古文'은 사실 고대가 아니며, 기본적으로 전국戰國 시대 동방 6국의 문자이다. '고문 鳳' 즉,  은 상 시기에 등장한 형성자 '鳳'보다 더욱 오래될 수도 없다. 이 문자는 전국戰國 시대 '朋'자의 변형체로 '鳳'자가 절대로 아니다.

'친구'를 뜻하는 '朋'자는 춘추 말기 이후에 이르면, 일부 자형에서 '사람'과 패화[貝串] 부분이 모두 변형을 일으켜[그림 21.1], 전체적으로 보면 머리의 높은 볏만 제거한 고문자 '鳳'[그림 21.2]과 약간 비슷한 모습을 띠게 된다. 동시에 '朋'과 '鳳'의 고대음은 서로 가까웠는데(오늘날 f 성모에 속하는 글자는 고대에 b/p로 읽힘), 전국 시대에는 '朋'을 빌려 '鳳'을 나타내는 가차假借 용례가 존재했을 것으로 보인다. '朋'자의 자형은 이러한 사용 방식의 영향을 받았을 가능성이 있으며, 그 가운데의 패화[貝] 부분이 '鳳'의 날개[羽翅]로 와변訛變되었지만, 원래 위쪽의 '사람[人]' 부분은 새의 머리나 높은 볏으로 변하지 않았기 때문에, 과 같은 혼합된 형태의 자형이 나타나게 된 것이다.

1. 춘추春秋 금문金文 '朋' 2. 임의로 왕관을 제거한 갑골문 '鳳'자 3. 설문說文 '고문 鳳'

[그림 21] '朋'과 '鳳'의 자형 혼합

즉, '朋'은 독자적인 기원을 가진 글자이며, 전국 시대에는 '鳳'을 가차하여 표기하는 용법이 있었던 것으로 보인다. 이러한 사용 때문에 자형도 서로 뒤섞이는 변화가 일어났고, 그 결과 『설문說文』에서는 이를 '古文 鳳'으로 인식하여 '봉이 날면 무리의 새들이 수만 마리 따라온다. 그러므로 붕당을 의미하는 글자가 되었다[원문].'와 같은 식으로 '鳳'과 '朋'의 의미 사이에 억지스러운 연관을 설정하게 된 것이다. 그러나 실제로 '朋'과 '鳳' 두 글자 사이의 통용 관계는 형태나 의미의 관련성 때문이 아니라, 음이 서로 유사했기 때문에 형성된 것이다. 따라서 '朋黨'에서의 '朋'은 '鳳'자가 전국 시대에 한때 표기했던 가차의假借義이지, 의미의 파생[引申義]이 아니다.

또 다른 '고문 鳳'인 '鵬'자는 사용 예가 너무 적기 때문에(선진先秦 문헌의 용례는 극히 드물며. 단지 『장자莊子·소요유逍遙遊』의 "이 붕새의 등 넓이는 몇천 리가 되는지 알 수 없다[鵬之背, 不知其幾千里也]."라고 하여 鵬은 큰 새라는 것만 알 수 있다), '鳳'과의 정확한 관계는 아직 더 많은 자료가 발견되어야 한다.

한자의 자원字源과 계통을 설명할 때, 어떤 글자의 상용 의미가 그 조자造字 당시의 본래 의미와 다를 경우 이를 흔히 의미의 파생[引申義]으로 간주하고, 가차假借의 가능성을 간과하는 일이 많다. 이러한 바람직하지 않은 경향은 오늘날의 미디어와 대중 서적은 물론, 전문적인 문사文史 연구 분야에서도 여전히 널리 퍼져 있다.

예컨대 제6장에서 언급했듯이 '我'자는 본래 한 종류의 병기兵器를 가리키는 것이 본의이며, 1인칭 대명사로 쓰이는 용법은 '가차'일 뿐, 단지 음을 빌려 쓴 데서 생긴 순수한 표음적 사용이다. 이 가차적 의미는 병기라는 본래 의미와 논리적인 관련이 전혀 없다. 그러나 우리는 종종 '손에 전거[戈]를 쥔 사람이 자기 자신이므로 자칭이 되었다', '위엄 있는 무기를 통해 자신을 나타냈다'와 같은 억지스러운 설명을 보게 되는데, 이는 모두 가차를 의미 파생으로 잘못 이해함으로써 생겨난 곡해이며, 이러한 해석은 철저히 배격되어야 한다.

【참고 문헌과 보충 자료】

'사방의 바람四方風'과 관련된 내용은 劉曉晗의 「甲骨四方風研究的新進展與反思」를 참고하라.

劉曉晗, 「甲骨四方風研究的新進展與反思」, 『中國史研究動態』第4期, 2021年.

'鳳', '皇'과 관련된 내용은 曾憲通의 「釋"鳳", "皇"及其相關諸字」를 참고하라.

曾憲通, 「釋"鳳", "皇"及其相關諸字」, 『古文字與出土文獻叢考』, 中山大學出版社, 2005年.

'朋'자와 관련된 내용은 黃文傑의 「說朋」을 참고하라.

黃文傑, 「說朋」, 『古文字研究』第22辑, 中華書局, 2000年.

제12장

'美'와 '好'

- 회의자의 정확한 이해에 관하여

한자 가운데 대부분의 표의문자는 상·주商·周 시대의 고문자까지 거슬러 올라갈 수 있으며, 그중 회의자는 각 구성 요소의 형태와 배치 관계를 통해 조자造字의 의도를 설명할 수 있다. 예를 들면, 한 발['止']이 구멍에서 내딛는 모습이 '出'이 되고, 두 발이 높은 산('阝', 즉 '阜')에서 아래로 내려오는 모습은 '降'이 된다[그림 1.1, 1.2, 자세한 내용은 제7장 참조]. 또 한 사람이 아기를 업고 있는 모습['子']은 '保', 여성의 몸 아래쪽으로부터 아기가 거꾸로 나오는 모습은 '毓(育)'이 된다[그림 1.3, 1.4, 제10장 참조].

[그림 1] 상대商代 문자 '출出', '강降', '보保', '육毓'

또한 아주 적은 수이지만 비교적 늦게 형성된 회의자들도 있는데, 이는 글자의 부수나 구성요소를 이어 읽어 하나의 짧은 구[短語]로 만들어 의미를 표현하는 방식이다. 예를 들면, '不正'은 '왜곡됨'이라는 뜻의 '歪', '不好'는 '나쁘다'의 '孬', '不用'은 '필요 없다'의 '甭', '小土'는 '먼지'를 뜻하는 '尘', '少力'은 '힘이 부족함'을 뜻하는 '劣', '永日'은 '昶(chǎng)', '更生'은 '甦'('蘇'의 이체자), '入水'는 '氽' 등이 있다.

이러한 늦은 시기에 만들어진 회의자는 더 이상 그림적 방식으로 의미를 표현하는 것이 아니라, 글자의 두 구성 요소를 그대로 이어 읽어 짧은 구로 만들고 그것을 통해 의미를 형성한다. 이 점은 상·주 시대 고문자의 조형 논리와는 매우 다르다. 따라서 고문자를 분석하면서 이러한 '연독 성어連讀成語'식 방식으로 해석하는 주장을 보게 되면 주의를 기울여야 한다. 그 가운데에는 종종 잘못된 이해가 포함되어 있기 때문이다.

예를 들어, 『설문해자說文解字』에서 '회의會意'의 인용된 예로 '武'와 '信'[그림 2] 두 글자가 있는데, '止와 戈가 武이다[止戈為武]', '人과 言이 信이다[人言為信]'라고 고문자를 해석하였지만, 사실 모두 신뢰할 수 없다.

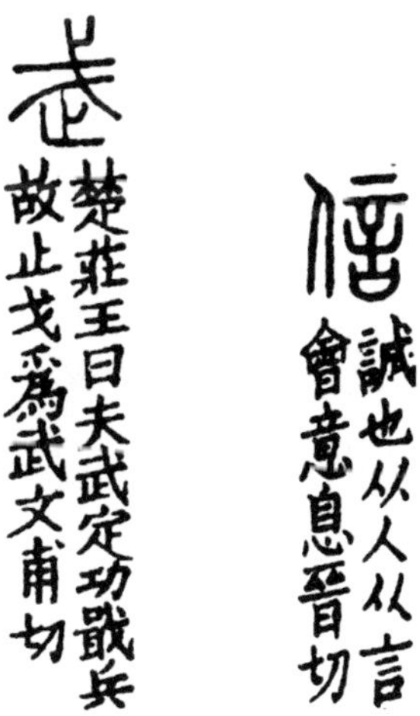

[그림 2] 『설문해자說文解字』의 '武', '信'

'止와 戈가 武이다[止戈為武]'는 '武'의 두 부분인 '止'와 '戈'를 연독해 동사+목적어 구조의 '止戈'로 구성되었고, 의미는 "무기를 내려놓고 전쟁을 멈추는 행위를 바로 '武'라고 칭할 수 있다"이다. 이 문장은 『춘추좌전春秋左傳·선공12년宣公十二年』(기원전597년)에서 볼 수 있는 매우 역사적인 문구로, 초장왕楚莊王의 입에서 나왔으며 그의 군사사상이 표현된 것이다. 문제는 '止'는 본래 사람의 발을 형상하였고, 고문자 형태 또한 보행, 행동을 나타내었으며([그림]1.1-3의 '出', '降', '保' 참고), 비교적 늦은 시기에 나타난 '정지停止'라는 인신의를 의미하지는 않았다. 고문자의 '武'자는 아래에 '止', 위에 '戈'를 둔 회의자임이 분명하다[그림 3]. 그러나 그 본래 의미는 군대가 행군하는 모습, 즉 무기를 들고 출정하여 군사행동을 개시한다는 뜻이어야 한다. 이는 '무력을 멈춘다'는 의미가 아니다. 춘추시대 초장왕楚庄王의 '창을 거두는 것이 무다[止戈為武].'라는 말은 후대에 큰 영향을 미쳤으나, 실제로는 '무武'자의 자형 구성과 본래 의미를 의식적 또는 무의식적으로 곡해한 설명일 뿐이다.

[그림 3] 갑골문 '武'

"사람의 말이 곧 믿음이다[人言为信]."이라는 해석은 '信'자의 두 구성 요소인 '人'과 '言'을 이어 읽어 '사람의 말[人言]'이라는 편정구[偏正短语]로 이해한 것이며, 아마도 "사람이 한 말은 신용이 있어야 한다."는 의미를 나타내고자 한 것일 것이다. 문제는, '信'자는 실제로는 형성자形声字이며, 그중 구성요소 '人'은 '千'·'身' 혹은 '仁'으로도 쓰이는 경우가 있다는 점이다[그림 4]. 이 구성 요소들은 고대음이 서로 가깝기 때문에 모두 음부音符로서 상호 대체가 가능했던 것이다. '信'자에서 의미를 나타내는 부분은

'言'뿐이며, 우리는 그 본래 의미가 '말[言]'과 관련되었다고만 말할 수 있을 뿐, 결코 '人言', 즉 '사람의 말'이라는 방식으로 이해해서는 안 된다.

1. 전국戰國 초간楚簡

2. 전국戰國 연燕 나라 새인[璽]

3. 진秦 나라 새인[印]

4. 진간秦簡

[그림 4] '千' '身' '仁' '人'이 표음으로 구성된 고문자 '信'

다음으로 흔히 잘못 풀이되는 두 개의 '연독된 글자', 즉 羊+大로 구성되어 아름답다는 의미를 지닌 '美'와 女+子로 구성되어 좋다는 의미를 지닌 '好'를 구체적으로 분석하여 회의자를 인식하는 방법과 오해를 살펴보도록 한다.

美

『설문해자說文解字』는 "美는 '달다'라는 뜻이다. 羊과 大로 구성되었다[美, 甘也, 从羊大]."라고 한다. 즉, '美'는 본래 맛이 좋다는 의미로, 羊과 大로 구성된 회의자로 이해할 수 있다. 『설문說文』의 후대 주석에서는 일반적으로 '羊大'를 연독해 '양羊은 크기[大] 때문에 美이다.', '양羊은 크기[大] 때문에 살찌고 기름지다[肥美].' 등으로 풀이했다. 어렵지 않게 확인할 수 있듯이 '羊大'를 주어-술어구인 '양의 크기가 크다[羊长得大].'로 이해하고 있다.

『설문說文』 소전체를 보면[그림 5], '美'는 확실히 위는 '羊' 아래는 '大'로 구성되었다. 이러한 '美'자는 적지 않은 전국문자에서도 발견된다[그림 6].

'양羊은 크기[大] 때문에 美이다.'라는 설명은 자형 측면에서는 상당히 근거가 있지만, 문제는 바로 '크다[大]'에 대한 이해와 '羊', '大'에 대한 위치 관계를 무시한 데에 있다.

[그림 5]『설문說文』 소전小篆 '羊'과 '美'

1. 금문金文

2. 초 나라 새인[璽]

[그림 6] 전국戰國 문자 '美'

앞서 말했듯이 '大'라는 글자는 본래 사람이 정면을 바라보는 모습과 같다. 고문자 형태를 보면, '大'는 그 대상을 형상한 것으로, 사람[人]으로 의미를 표현하였으며, 일반적으로 크기의 '大'를 나타내지 않는다. 예를 들어 '大'가 포함된 '立'[그림 7.2]자는 사람이 땅에 서 있는 모습으로 '서다[立]'를 나타낸 것으로, 결코 '大地'를 나타내지는 않는다.

1

2

[그림 7] 고문자 '大' '立'

따라서 위의 '羊'과 아래의 '大'의 위치 관계에 따르면, '美'자를 '사람의 머리 위에 양이 있다'라고 해석할 수 있으며, '양의 크기가 크다'로 말할 수 없으므로, '美의 본래 의미는 맛이 좋다'라는 결론을 내릴 수 없다. 그렇다면 '美'의 본래 의미는 무엇일까? '사람의 머리 위에 양이 있다'라는 것은 외모가 좋다는 뜻일까? 자형만으로는 판단하기 어렵다.

앞에서 제시한 '美'자의 예[그림 5, 6]는 연대가 전국戰國 또는 진·한秦·漢 시기로, 고문자 발전 단계로 보아 이미 매우 늦은 시기에 속한다. 이 시기의 한자들 가운데는 원래의 형체를 상당 부분 잃어버린 것들도 많아, 본래 의미를 분석하는 데 사용할 수 없다. 그렇다면 더 이른 시대의 '美'가 존재할까?

상대商代 말기, 서주西周 초기의 출토 고문자에는 '美'와 같은 모양의 문자가 있다[그림 8]. 글자 윗부분에 약간의 변화가 있지만, 동시대 문자 '羊'의 변화와 완전히 평행하게 대응한다[그림 9비교]. 따라서 모두 '美'일 가능성이 크다.

1. 갑골문甲骨文 2. 갑골문甲骨文 3. 금문金文

[그림 8] 상商 나라 말기 주周 나라 초기의 상부 '羊', 하부 '大' 문자

1 2 3

[그림 9] 상대商代 갑골문 '羊'

아쉽게도 이상 제시된 한자들이 명확히 '아름다움'을 나타내는 용례는 아직 발견되지 않았기 때문에, 이들이 '美'인지 아니면 후대의 '美'와 같은 형태의 다른 단어인지 확신할 수 없다(다른 세대의 같은 형태에 관하여 제8장 '安'자 참고).

어떤 사람들은 이 글자는 마치 사람이 머리에 양의 뿔이나 양의 머리를 쓴 모습과 같고, 아름다운 장신구를 표시한 것으로, '아름다움[美]'을 위해 만들어진 글자라고 하였다. 이러한 견해는 대략 하나의 추측으로 볼 수 있다. 글자가 만들어진 시대(상대商代 말기 이전), 이미 고도로 문명화된 중원 지역에 머리에 양 뿔을 쓴 모습이 '아름다움[美]'의 전형적인 이미지였는지 여전히 의심해 볼 필요가 있다.

또한 상대商代 문자 가운데에는 '美'자와 매우 비슷한 글자도 존재하는데[그림 10], 아래쪽 역시 '大'이지만, 위쪽은 '羊'이 아니라 두 겹으로 아래로 향한 활 모양의 획 또는 꺾인 획이다. 이 중 꺾인 획으로 쓰인 형태는 두 겹의 양의 뿔처럼 보이기도 한다[그림 10.3]. 이러한 이유로 널리 퍼진 한 가지 해석이 있는데, 이 글자 역시 '美'를 뜻하며, 오히려 '羊' 위에 '大'를 둔 일반적인 '美'보다 더 원초적인 형태라는 것이다. 즉, '美'자는 본래 머리 위에 겹겹의 깃털류 장식물을 단 사람의 모습을 상형한 것으로, 아름다움을 나타냈고, 이후 그 깃털이 와변訛變되거나(혹은 간화되어) '羊'으로 바뀌어, 위에 '羊'을 두고 아래에 '大'를 둔 지금의 자형이 형성되었다는 것이다(즉, [그림 10]에서 [그림 8]로 발전).

[그림 10] 상대商代 갑골문甲骨文 구성 요소 '大'로 형성된 '모髦'

그러나 이 글자는 알려진 용례가 모두 사람 이름에서만 나타나며, 독립된 계열을 이루고 있고, 위에 '羊' 아래에 '大'를 둔 '美'자와 혼용된 사례가 없다. 그러므로 현재로서는 이를 별개의 글자로 보아야 한다. 이 글자의 비교적 표준적인 자형[그림 10.1]은 '髦(máo)'의 초기 자형[그림 11]과 아래 부분이 '大'이냐 '人'이냐 하는 차이만 있을 뿐, 즉 정면 인물 형상이냐 측면 인물 형상이냐의 차이일 뿐이다. 두 글자는 모두 '髦'자로 파악될 가능성이 매우 크며, '髦'의 본래 의미인 '머리카락이 내려와 눈썹에 닿는 한 종류의 머리 모양'을 나타낸 것이지, '美'와는 관련이 없다.

[그림 11] 상대商代 금문金文 '髦'

이렇듯 현재로서 보건대, '美'자의 가장 가능성 높은 근원은 역시 상대商代에 나타난, 위에 '羊', 아래에 '大'를 둔 자형들[그림 8]이라 할 수 있다. 그러나 '美'는 의미가 매우 추상적인 단어이기 때문에, 이를 '그림으로' 형상화하기란 어렵다. 우리는 고대인이 반드시 표의문자를 사용해 이를 기록했으리라고 가정할 수 없으며, 동음 가차나 기타 방식으로 표기했을 가능성도 충분하다. 따라서 설령 위에 '羊', 아래에 '大'를 둔 글자가 본래부터 '美'를 나타냈다고 하더라도, 다음 두 가지 가능성을 생각해 볼 수 있다. 1. 이 글자가 '美'를 기록하기 위해 조자된 것일 수 있으나, 그것이 회의자인지, 어떻게 회의적인 의미구성을 지녔는지는 아직 분명하지 않다. 2. 이 글자는 본래 다른 단어를 위해 만들어진 것이며, 그 본래 의미는 알려져 있지 않지만, 같은 음[同音]이라는 이유로 '美'를 나타내는 데 가차假借하여 사용되었을 가능성도 있다.

好

'好'의 자형은 상당히 안정적이어서 늦어도 서주 시기에는 '女'와 '子'가 결합된 '好'자를 흔히 볼 수 있으며[그림 12], 꾸준히 한 종류로 발전해 왔

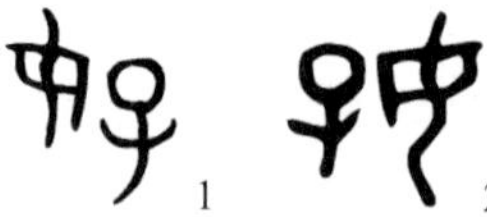

1 2

[그림 12] 서주西周 금문金文 '好'

1 2

[그림 13] 춘추春秋 금문金文 '好'

1. 초간楚簡 2. 진간秦簡

[그림 14] 전국戰國 문자 '好'

다[그림 13-14].

『설문해자說文解字』에서는 다음과 같이 말한다. "好, 美也, 从女子." 즉 "'好'의 본래 의미는 '아름답다'이며, '女'와 '子'를 결합한 회의자이다." 후대에 『설문』을 주석한 사람들 가운데에는 '女子'를 이어 읽어 "好는 본래 '여자'를 뜻하며, 거기에서 일반적인 '아름다움'이라는 뜻이 파생되었다"고 한 이들도 있다. 이는 '女子'를 '男子'와 대립하는 편정 구조로 이해하여, 단순히 '여자'를 의미한다고 해석한 것이다. 또 어떤 이들은 그 가운데의 '女'를 '여자', '子'를 '남자'로 나누어 설명하며 "子는 남자를 아름답게 이르는 말이다. 회의자다."라고 하여, '好'의 본래 의미가 남녀가 서로 사랑하고 친애하는 것이라고 해석하기도 한다.

위에서 언급한 이러한 견해들이 지니는 문제는 주로 '子'자형과 '女'·'子'의 관계를 오해하는 데서 비롯된다. 이미 말했듯이, '아이'를 뜻하는 '子'는 본래 영아의 모습을 본뜬 것이며, 고문자에서 '子'는 언제나 영아 또는 어린아이의 형상을 나타내는 요소로서 조자造字에 참여한다. 예컨대 '保', '毓'[그림 1.3－4], '棄', '智' 등이 모두 그러한 예이다(제3장 '冊' 및 제10장 참조).

그렇다면, 여자와 아이는 어떻게 '좋다[好]'는 의미를 나타낼까? 아내, 자녀의 이미지로 아름답고 원만한 가정을 나타낼까? 서주西周 이후 '好' 자의 자형, 용법이 모두 매우 안정적이거나 상대적으로 단순하여 더 많은 조자 정보를 제공받기 어렵다.

서주西周 이전, 상대적으로 원시적인 상대商代 문자에도 일반적으로 '好'로 해석되는 글자가 있다[그림 15]. 그러나 이 글자는 인명에만 사용되었고, 명확히 '좋다'로 쓰인 용례는 없다. 따라서 '좋다[好]'인지, 후대의 '좋다[好]'와 같은 모양의 다른 단어인지 말하기 어렵다.

1 2

[그림 15] 상대商代 갑골문 부호婦好[1]의 '好'

많은 사람이 알고 있듯이 상商 시기에는 유명한 왕비이자, 용감한 여장부이기도 했던 '부호婦好'가 있었다. 이른바 상대商代 문자 '호好'는 사실이 왕비의 칭호에서만 발견된다. 상왕商王의 배우자는 일반적으로 '부□婦□'로 불렸고, '부婦' 뒤의 글자에는 주로 '女'가 포함되어 '好' 외에도 '姘', '娘', '妊', '媚', '婞', '姼' 등이 있다. 이러한 문자는 '부婦'의 씨족명을 나타낼 수도 있으며, 때로는 '女'가 생략되기도 한다. 예를 들어 '婦姘'은 '婦井', '婦娘'은 '婦良' 등으로도 쓰였는데, 이는 각각 井씨와 良씨 가문의 여성을 나타내며, '女' 편방의 존재 여부에 관계없이 의미에는 차이가 없다.

---

1 [역자주] 상商나라 군주 무정武丁의 아내로 여성 군사가이자 정치가

이 법칙에 따르면 부호婦好의 '호好'는 아마도 子씨 가문의 여성을 의미하고, '子'로 읽어야 하며, 아름다움[美好]의 '好'가 아니다.

그러나 부호婦好의 '好'자 형태로 볼 때, 이 문자는 단순히 족씨명 '子'와 동일시하기는 어렵다. 갑골문 '好'를 자세히 살펴보면[그림 15], 두 구성 요소의 위치가 약간의 일정한 특징을 가지고 있음을 발견할 수 있다. '女'는 항상 '子'를 향하고, '子'는 항상 '女'보다 작으며 '女'의 가슴 앞에 위치한다.

회의자 구성의 일반적인 규칙에 따르면, 이러한 위치 관계는 조자의 의도를 설명할 수 있어야 한다.  이 문자는 엄마가 아기를 마주보고 가슴에 안아 올리거나 들어올리는 모습을 나타냈을 가능성이 높다. 아기를 등에 업고 있다는 뜻의 '保'()라는 단어와 비교하면 위치 관계가 더욱 분명해진다.

'好'자에서도 '女'는 항상 '子'를 정면으로 바라보는 특징은 사실 후대에도 그대로 이어졌다. 서주西周 시대의 '好'자를 되돌아보면[그림 12], '子'가 오른쪽에 있든 왼쪽에 있든 상관없이 '女'가 손을 뗀 방향, 즉 정면은 항상 '子'를 향하고 있음을 발견할 수 있다. 춘추春秋 시기 이후에야 점차 '女'가 왼쪽에 고정되어 '子'를 등지는 표기법으로 변화되었다[그림13.2, 그림14].

따라서 현재 '好'자의 가장 유력한 출처는 상대商代 부호婦好의 '好'일 것으로 보인다. 이 문자는 '여성'을 나타내는 것이 아니라, 아기를 가슴에 안고 있는 어머니를 나타낸다. 이 자형이 '좋다好'와 의미상 어떤 연관이 있는지는 더 연구해 볼 필요가 있다.

이상, 현재 확인되는 자료를 바탕으로 '美', '好'라는 두 단어의 기원과 흐름을 분석해 보았다. 그중 '기원'에 대한 정론이 없지만, 적어도 어떤 방법으로 고문자를 분석하면 문제가 발생하기 쉬운지 알 수 있었다. 각 구성 요소를 '연독'하는 것 외에 또 다른 오류를 살펴보면 다음과 같다.

1. 회의자의 일부 구성 요소의 인신의 또는 가차의로 초기 자형을 해석하는 경우(예: '武'자의 '止'를 중지로 해석하거나, '好'자의 '子'를 남자의 미칭으로 여김)
2. 회의자 구조에서 위치 관계의 핵심적인 역할을 무시하는 경우(예: '羊'이 '人' 위에 있고, '子'가 '女' 앞에 있는 이유를 고려하지 않음)
3. 용례를 무시하고, 동일하거나 유사한 형태의 문자를 동일한 단어로 간주하는 경우(예: '髦'을 '美'로 고석함)
4. 추상적 의미를 표현한 문자를 상형자, 회의자로 간주하고, 가차, 형성 등의 가능성을 배제하는 경우

고대 문자의 형, 음, 의는 모두 이미 발생한 역사적 사실이기 때문에 '진실은 오직 하나'이다. 만약 고문자를 분석하는 방법을 정확히 사용해 일부 '불가능'만 제거될 수 있어도 우리는 진실에 점점 너 가까워질 것이다.

제13장

'世'와 '易'

- 자형 잘라내기와 생략

고문자의 자형은 크게 세 종류의 기본 기호로 구성된다. 곧 의미를 나타내는 '의부意符', 소리를 나타내는 '음부音符', 그리고 특별한 근거 없이 사용된 '기호記號'이다. 이러한 기호들은 독립적으로 하나의 글자가 되기도 하고, 서로 배열·조합되어 회의자나 형성자 등을 이루기도 한다. 이러한 배열·조합 방식은 모두 '더하기'를 통해 글자를 만드는 것이지만, 그렇다면 '빼기'를 통해 만드는 경우는 없을까? 있다.

오늘날 간화자에서 '業'자의 윗부분을 떼어 만든 '业', '習'자의 한쪽 부분을 취한 '习', '飛'자의 일부를 취한 '飞' 등이 존재하듯이, 이미 상·주 시대에도 글자 일부를 떼어 내 간략하게 만든 소수의 고문자가 있었다. 이러한 간략화의 목적은 때로는 새로운 글자를 분화해 내기 위한 것이었고,

때로는 단순히 필획을 줄여 편의성을 추구한 것으로 보인다. 이 글에서 말하고자 하는 '世'와 '昜' 두 글자는 각각 '일부를 떼어 분화한 예'와 '일부를 떼어 간략화한 예'에 해당한다.

世

'世'의 본래 의미는 '세대世代'이며, 한 세대가 곧 한 '세世'이다. 이 뜻이 확장되어 '인간 세상[人間]'을 가리키는 의미도 생겨났다. 공자가 말한 "其或繼周者, 雖百世可知也"에서의 '世'는 세대를 뜻하고, 굴원이 "擧世皆濁我獨清"이라고 한 구절에서의 '世'는 인간세상을 가리킨다. 오늘날 흔히 쓰는 '세계世界'라는 단어는 위진魏晉 이후 불경을 번역하는 과정에서 형성된 어휘이며, '세기世紀'라는 말은 근대에 일본을 통해 들어온 외래어이다.

『설문해자說文解字』에서는 "세는 30년이 한 世이다. 삽을 따르고, 그 끝을 잡아 늘인 것이다[世, 三十年為一世, 从卅而曳長之]."라고 하였다. 즉, 30년이 한 세대이며, '卅'자 아래를 늘려 '世'가 되었다는 의미이다. 출토된 고문자를 보면, '世'와 '卅'는 확실히 유사해 보이지만 아무런 관련이 없으며, '世'는 사실 잎의 '叶{葉}'에서 잘라낸 글자이다. 어렵지 않게 알 수 있듯이 번체자 '葉'자 위아래의 '艸'와 '木'을 제거하면 남는 글자가 바로 '世'자이다.

'葉'은 본래 상형자로 나뭇잎 모양을 형상하였다[그림1.1]. 나뭇잎의 윤곽이 너무 단순해서 나뭇잎을 직접 그려서는 명확히 의미를 표현하기 어렵기 때문에 고대인들은 글자를 만들 때 나무를 나타내는 '木'을 함께 썼다[그림1.2]. 잎이 나무에 달려 있으면 오해가 생길 가능성이 줄어든다. 갑골문 '葉'자는 한때 '果'로 잘못 해석되었지만, 실제로 '果'자는 씨앗이 있는 큰 과일의 특징을 강조하고 있으며[그림2], '葉'과는 확연히 구별된다.

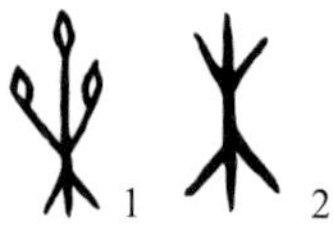

[그림 1] 상대商代 갑골문甲骨文 '葉' '木'

[그림 2] 서주西周 금문金文 '果'

잎사귀는 대부분 일 년에 한 번 시들고 다시 돋아나는 데, 이는 마치 사람의 한 세대[一世]와도 비슷하다. 이러한 이유로 '葉'자에는 매우 이른 시기부터 '세대世代'를 나타내는 파생 의미가 있었다. 예컨대 서주西周 金文에서는 "열 세대를 잊지 못함[十枻{葉}不忘]", 춘추春秋 金文에는 "만 세대를 영원히 보존[万枼{葉}永宝]", 진간秦簡에는 "세 세대 이후[三枼{葉}之后]" 등의 표현이 보이는데, 여기에서 '葉'은 모두 '세대'라는 뜻이다. '葉'과 '世'의 고대음은 매우 가까워, 본래 한 형태, 한 음, 한 의미에서 분화된 글자들이다. 따라서 '十葉', '萬葉', '三葉'에 쓰인 '葉'은 모두 곧바로 '世'로 읽을 수 있다.

'세대'를 나타내는 '葉'자는 고서에도 남아 있다. 예를 들어 『시경詩經·상송商頌·장발長發』에 '옛날 중세 한 때[昔在中葉]'의 '中葉' 또한 중세中世를 뜻한다. 오늘날까지 여전히 한 세기를 초엽初葉, 중엽中葉, 말엽末葉 또는 상엽上葉, 중엽中葉, 하엽下葉으로 구분하는데, 이는 고서의 '중엽中葉'과 같은 용법이 계승된 것이다. 관습에 따르면, 이 '葉'은 '世'로 읽을 필요가 없다.

'葉'으로 '世'를 나타내는 것 외에, 독자적으로 '世'를 나타낸 글자는 서주 초기에 이미 만들어졌다. 예를 들어, 두 편의 '宁簋'로 불리는 청동기 명문의 마지막 네 글자는 모두 '世孫子寶'[그림 3]로, 대대로 후손들이 이 청동 유물을 소중히 여겨야 한다는 의미이다. 이 가운데 '世'자는 더 이상 '葉'자의 완전한 자형을 쓰지 않고, 의 윗부분만을 떼어 내어 라는 독립된 글자로 분화한 것이다. 즉 이것이 우리가 말하는 '일부를 떼어 분화한 글자[截取分化]'라는 현상이다.

[그림 3] 宁簋 銘文

宁簋의 {世}자와 갑골문 의 윗부분을 비교하면, 잎의 편평한 곳을 메운 것과 윤곽선을 그린 것이 유일한 차이점이며, 이는 펜 글씨를 모방한 금문金文과 칼로 새긴 갑골문甲骨文 사이의 일반적인 차이점이다(6장 '丙' '丁' 참고). 그러나 이러한 '世'라는 글자는 동시대의 '卅'('三十'의 합문)과 확실히 어느 정도 유사점을 가지고 있다[그림 4]. '卅'의 형태와 격차를 벌리기 위해서인지, 나뭇가지와 잎의 모양을 강조하기 위해서인지, '世'자 가운데 세로획 아랫부분을 길게 비스듬히 쓴 경우가 많다[그림 5.1]. 선신先秦 시대 줄곧 글자 모양이 어떻게 변하든 하단의 비스듬한 획은 '世'자의 두드러진 특징 중 하나였다[그림 5.2-3]. 진한秦漢 이후 '世'자의 윗부분은 가로획으로 이어졌고 아랫부분은 비스듬한 획은 구부러졌으며, 가운데의 세로획은 끊어지면서 비로소 예서와 해서[楷書] 문자 '世'가 형성되었다[그림 6].

[그림 4] 서주西周 초기 金文 '世'와 '卅'

1. 서주西周 초기 金文 2. 서주西周 말기 金文 3. 전국戰國 초간楚簡

[그림 5] 선진先秦 시대 '世'자의 변천

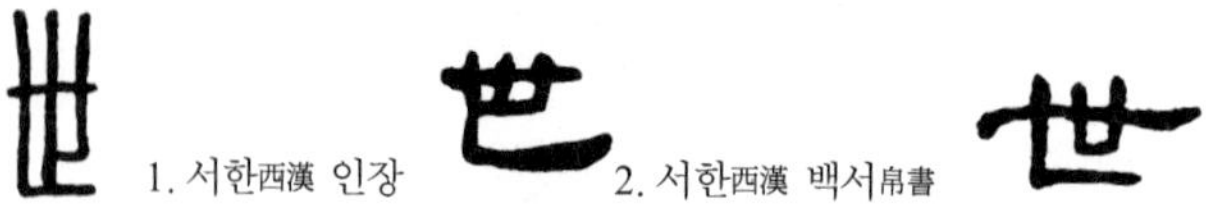

1. 서한西漢 인장 2. 서한西漢 백서帛書 3. 동한東漢 석각

[그림 6] 한대漢代 '世'자의 변천

'世'자의 특성이 안정화된 후, '葉'자의 윗부분 또한 거의 동시에 변화하여[그림 7], '나무 위의 잎'을 나타낸 상형자 에서 위에 '世'가 있고 아래에 '木'이 있는 구조의 '枼' 글자로 발전했다.

1. 춘추春秋 金文 2. 춘추春秋 金文 3. 진간秦簡

[그림 7] '枼(葉)'자의 변천

진·한 이후에는 '枼'자가 일반적으로 더는 사용되지 않고, 초두[艹]를 더하여 '葉'자로 쓰이게 되어 그 표의가 더욱 명확해졌다[그림 8]. 이로써 '葉'자와 그 일부를 떼어 분화한 '世'자는 자형상 분명한 역할 분담이 이루어졌고, 음가에서도 뚜렷한 차이를 보이게 되었다. 그 결과 각자 '나뭇잎'과 '세대'라는 의미를 맡게 되어 서로 혼용되지 않게 되었고, 이렇게 분화가 완전히 이루어졌다.

1. 서한西漢 백서帛書 2. 동한東漢 석각石刻

[그림 8] 한漢 나라 예서隸書 '葉'자

오늘날 '葉'을 대체하는 간화자 '叶'은 본래 다른 글자로, xié로 발음되며 소리와 멜로디의 조화를 의미하는 협조의 '協'의 이체자이다. '叶{協}'과 '葉'의 고대 발음은 동일하며 현대 오{吳} 방언에서도 여전히 같은 발음이다. 따라서 근대 이후, 강소江蘇 절강浙江 상해上海 사람들은 '葉' 대신 동음자 '叶'을 사용했는데, 이는 나중에 간화자 프로젝트에 의해 받아들여졌다. 이로써 '叶'의 자형과 의미는 전혀 관련이 없게 되었다.

易

'易'자의 본래 의미는 이천 년 넘게 계속된 큰 수수께끼이다. 『주역周易』이 '易'에서 이름을 얻은 까닭에, 역사상 '易'자에 대한 해석은 매우 많고 또 심오하기까지 하여, 이미 문자학의 범위를 훨씬 벗어난 지 오래다. 『설문해자說文解字』는 진·한秦·漢대의 전서篆書 '易'자를 분석하면서 세 가지 해석을 제시하였다. 첫째, "석영, 언정, 수궁(도마뱀의 일종)이다. 상형이다[蜥易, 蝘yǎn蜓tíng, 守宮也. 象形]." 둘째, "비서에 따르면 일월자를 가지고 易을 만들었다고 하였다. 음양을 상형하였다[『秘書』說: 日月為易, 象陰陽也]." 셋째, "勿로 구성되었다고도 한다[·日从勿]."

[그림 9] 『설문說文』 소전小篆 '역易'

첫 번째, '易'자는 석척蜥蜴과 닮은 상형자라는 것이다. 소전체 '易'[그림 9]을 윗부분은 도마뱀의 머리를 아랫부분은 몸과 발톱으로 간주하였다. 언정蝘蜓과 수궁守宮은 모두 도마뱀을 가리키며 석척의 일종이기도 하다. 두 번째, '易'자는 상형자가 아니라는 것이다. 자형의 윗부분은 '일日'을 아랫부분은 '월月'로 일월의 음양을 상징한다고 하였다. 음양을 언급한 것은 『주역周易』과 연관 지은 듯하다. 세 번째, '일월자를 가지고 易을 만들었다고 하였다[日月為易].'라는 견해가 틀렸다고 간주한 것으로, '易'자의 아랫부분이 분명히 '月'이 아니라 '勿'이기 때문이다.

한 글자 아래에 세 가지 해석을 나열한 것은 『설문說文』의 저자 또한 어느 것이 옳은지 확신할 수 없어 검토를 위해 나란히 나열할 수밖에 없음을 말한다. 지금 보자면, 세 가지 해석 모두 믿을 수 없다. 핵심적인 문제점은 『설문說文』에 있는 소전 '易'으로, '易'의 초기 형태와 이미 큰 차이가 있다.

송대宋代 이래로 상·주商·周 시대의 청동기가 잇달아 세상에 드러났고, 1899년 이후에는 갑골문이 대량으로 출토되었다. 이 두 종류의 출토 문헌에서 '易'자는 모두 매우 흔하게 나타난다. 이 가운데 시대적으로 더 이른, 즉 상대와 주 초에 속하는 자형들은 대부분 가운데 긴 삐침이나 길게 휘어진 획이 있고, 한쪽에는 반원형, 다른 쪽에는 세 점 또는 세 개의 짧은 삐침이 쓰인 형태를 취하고 있다[그림 10].

1. 갑골문 2. 갑골문 3. 갑골문(모방 필서본) 4. 금문

[그림 10] 상대商代 문자 '易'

서주西周 이후, 반원은 점차 위쪽을 향해 쓰여졌고[그림11.1], 어떤 경우에는 반원 가운데에 점을 추가해[그림11.2] 마치 새나 짐승의 머리를 닮은 형태도 있었다. 『說文』에서 '易'이 석척蜥蜴을 닮았다고 했는데, 아마도 이

런 글자 모양에서 영향을 받은 것 같다.

[그림 11] 서주西周 金文 '易'

춘추春秋 시대부터 진한秦漢 시대까지 '易'자의 변형은 더욱 심해져 아랫부분은 '勿'와 같은 모양으로 쓰여졌고[그림 12], 윗부분은 '日'과 구별할 수 없게 된 동시에 분리되기까지 하였다[그림 13]. 따라서 "勿로 구성되었다[易从勿].", "일월자를 가지고 易을 만들었다[日月為易]." 등의 설명이 생겨났다.

[그림 12] 춘추春秋 금문金文 '易'과 '勿'

[그림 13] '日'로 구성된 '易'의 진한秦漢 시기 문자

이로써 '易'자의 변천 과정은 매우 분명해졌지만, 그 기원은 여전히 설명하기 어렵다. 왜냐하면 우리가 알고 있는 가장 이른 상商대의 자형[그림 10]조차 이미 극도로 추상화되어 있어, 그 조형 근거를 판단하기가 매우 어렵기 때문이다.

1957년, 곽말약郭沫若 선생은 상하이시 문물보관위원회에서 서주 초기의 청동기인 소형 방정方鼎인 덕방정德方鼎을 보았고, 이어 상하이 박물관에서 같은 제작자가 만든 대형 원정圓鼎인 덕정德鼎을 관람하였다. 그는

1. 덕방정德方鼎

2. 덕정德鼎

[그림 14] 덕방정, 덕정 명문

두 점의 금문金文에 쓰인 '易'자[그림 14]를 비교하던 중 문득 깨달음을 얻었고, 그 순간 '易'자의 기원을 꿰뚫는 통찰, 혹은 비교적 합리적인 하나의 해석을 제시하게 되었다.

덕정德鼎과 덕방정德方鼎의 명문에는 '王易(賜)德貝二十(朋), 用作寶尊彝'라는 말이 있는데, 이는 주周 나라 왕이 '德'이라는 사람에게 20 붕의 패화를 하사하였고, '德'이 이를 사용해 귀중한 제기를 만들었다는 뜻이다(제11장 '朋'자 항목 참조). 청동기 제작은 대부분 제왕과 제후의 하사품과 관련이 있었기 때문에, 금문 '易'자는 대부분 '賜'를 나타낸다.

같은 문장, 같은 '易'자가 두 편의 德 청동기에는 매우 다르게 쓰여 있다. 덕방정德方鼎에는 흔히 쓰이는 간체[그림 15.1]이고, 덕정德鼎에는 흔하지 않은 번체[그림 15.2]이다. 이와 유사한 번체는 '德'이 만든 다른 두 점의 簋에서도 나타난다[그림 15.3-4].

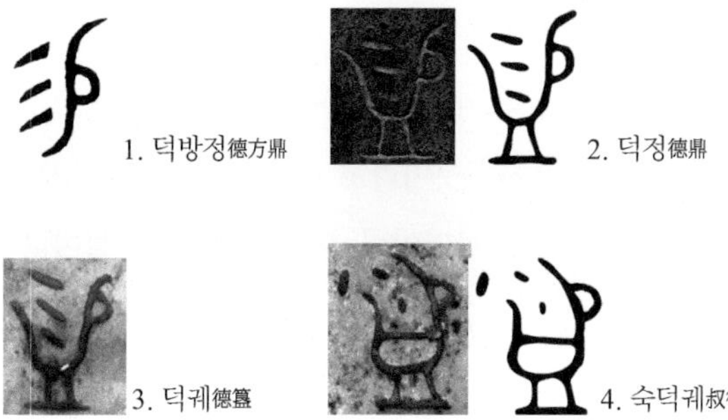

1. 덕방정德方鼎 2. 덕정德鼎

3. 덕궤德簋 4. 숙덕궤叔德簋

[그림 15] 德 청동기 명문 '昜'

덕기德器에 새겨진 간·번 두 종류의 '昜'자를 비교해 본 결과, 곽말약郭沫若 선생은 "그 간략화의 흔적이 훤히 보인다"고 보았고, 이를 근거로 "은殷 사람들은 이미 한자의 간화를 진행하고 있었다"고 판단하였다. 다시 말해, 흔히 보이는 간체 '昜'자[그림 10]는 덕정德鼎에 보이는 이러한 유형의 번체 '昜'자에서 일부를 떼어 낸 형태로, 글자의 절반 정도만 남아 있으니, 우리가 그 글자의 본래 표의 근거를 알아보기 어려운 것도 무리가 아니다.

덕정德鼎과 덕궤德簋의 명문에 보이는 '昜'자는 비록 가장 초기의 자형은 아니지만, 자형이 매우 완전하게 보존되어 있어 오히려 특별히 보수적이고, 나아가 다소 복고적인 '번체자繁體字'라고 볼 수 있다. 이처럼 흔치 않은 이러한 '번체' 자형을 통해, '昜'자가 본래 손잡이 달린 물그릇으로 물을 따라 붓는 모습을 나타낸 것임을 알 수 있다. 즉, 그 본래 의미는 어떤 사물을 한 곳에서 다른 곳으로 옮기거나 바꾸는 것, 곧 변화變化, 변역變易을 뜻하는 '昜'이다. 『주역周易』의 '昜'이 바로 이 본래 의미를 사용한 것이며, '거래[交易]'나 '하사[賞賜]' 등은 그로부터 파생된 의미이다.

위에서 살펴본 내용은 1950년대 이후 학계에서 '昜'자의 기원에 대해 제시해 온 주류 견해로, 이제 더 이상 새로운 지식이라고 하기는 어렵다. 그런데 최근에는 이에 다른 견해를 제시하는 학자들도 있는데, 그에 따르면 간체 '昜'자는 번체 '昜'에서 일부가 잘려 나와 형성된 것이 아니며, 시대적으로 더 이른 자형들[그림 16.2]을 보면 '易'은 본래 세워 둔 쟁반 모양(즉 '凡')[1] 역자주는 필요합니다. 과 몇 개의 물방울을 상형한 것으로서, '쟁반을 기울여 물을 따르는 뜻'을 나타낸 것이라고 한다. 오히려 덕정德鼎의 자형이 뒤에 생겨난 가필된 번체라는 설명이다. 이러한 새로운 설이 사실에 더 가까운 것인지 여부는, 앞으로 더 많은 출토 자료가 밝혀 줄 것이라고 믿는다.

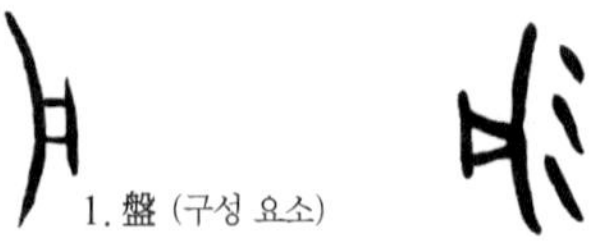

1. 盤 (구성 요소)　2. 易

[그림 16] 상대 갑골문의 수직 형태의 접시 (즉, '凡'자)와 형태가 유사한 '易'

'世'와 '易' 두 글자의 변천을 분석해 보면, 출토 사례라는 분명한 증거가 눈앞에 놓여 있지 않았다면, 어떤 한자는 자형 변화가 얼마나 크고 간략화가 얼마나 급격한지, 거의 믿기 어려울 정도라는 느낌을 받게 될 것이다. 이러한 간략화 과정에서 한자의 조자造字 본의는 어쩌면 그다지 중요한 요소가 아니게 되었을지도 모른다. 우리가 오늘날 이어받아 사용하는 자형 속에는 '만세토록 변치 않아야 할 구성 근거'나 '심오한 사상' 같은 것이 반드시 들어 있을 필요가 없다. 사회적 합의 속에서 통용되기만 한다면, 한자는 얼마든지 생명력을 지니고 전승될 수 있는 것이다.

【참고 문헌과 보충 자료】

'易'자에 대한 자료는 아래 문헌을 참고하라.

郭沫若, 「由周初四德器的考釋談到殷代已在進行文字簡化」, 『文物』第7期, 1959年.
謝明文, 「甲骨文舊釋"益"之字新釋---兼"易"字新探」, 『中國國家博物館館刊』第12期, 2019年.

1 [역자주] 槃, 盤 등의 접시를 나타내는 상형 초문이다.

제14장

'烏'와 '于'

- 글자 해석 과정에서 종합적으로 생각해보기

문자는 언어의 매개이고, 언어는 인간 사유의 반영이다. 따라서 우리가 고문자를 해독할 때에는, 문자 자체의 형태를 살피는 것뿐 아니라 그 문자가 기록하고 있는 언어를 중시해야 하며, 나아가 그 언어 이면의 역사와 문화까지도 이해해야 한다. 고문자의 자형이 무엇을 나타내는가, 출토문헌의 내용이 무엇을 기록하고 있는가. 고문자학자는 바로 이러한 점들을 연구하는 것이다. 이른바 "고문자학의 공력은 고문자 그 자체에만 있지 않다"는 말이 바로 그 뜻이다.

이번 강의에서는 까마귀를 뜻하는 '烏'와 그와 관련된 '於', '于' 두 글자를 사례로 삼아, 고문자를 해독할 때 어떻게 여러 요소를 함께 고려하여 종합적으로 분석해 나가는지를 살펴보고자 한다.

烏

'오烏'의 자형은 '조鳥'와 매우 유사하다. 간체자 '乌' 또한 '鸟'보다 작은 점이 하나 없을 뿐이고, 번체자 '烏'와 『설문해자說文解字』의 소전체 '烏'[그림 1] 또한 대응되는 '鳥'보다 가로획 하나가 없을 뿐이다. 따라서 '烏'는 특정 종류의 새를 위해 만들어진 글자로, 본래의 의미는 까마귀일 것이다. 이 점에 대해서는 예나 지금이나 이견이 없다. 문제는 왜 '鳥'보다 한 점을 없애 '烏'를 표시했냐는 것이다.

[그림 1]『說文』소전체와 해서 번체자 '烏', '鳥'

청清 나라 학자들은 이렇게 해석하였다. "새는 눈을 찍고 까마귀는 찍지 않는다. 순흑색으로 눈이 보이지 않는다[鳥字點睛, 烏則不, 以純黑, 故不見其]." (단옥재段玉裁 『술문해자주說文解字注』) 즉, 『설문해자說文解字』의 소전체 '烏'와 '鳥'의 차이는 머리 위의 짧은 획에 있으며, 이 짧은 가로획은 눈동자를 상징한다는 것이다. 까마귀는 몸 전체가 순수한 검은색이고 보통 눈동자가 보이지 않기 때문에 '烏'라는 글자에 특별히 점안 획을 쓰지 않았고 '鳥'와 구별했다는 의미이다. 이러한 견해는 매우 기발하고 까마귀에 대한 사람들의 일반적인 인상과도 일치하여 한때 널리 받아들여졌으며, 지금까지도 많은 사람들이 여전히 믿고 있다.

그러나 출토된 고문자의 실제 상황을 보면, 이러한 '교묘한' 해석은 믿기 어렵다. 『설문說文』의 소전小篆 '烏' 자형은 반드시 신뢰할 수 있는 것이 아니며, 고문자에서 '烏'와 '鳥'의 구별이 '눈동자를 그렸는가 여부'에 있지도 않다. '烏'를 나타내는 글자들은 본래 눈동자를 생략하는 경우가 매우 흔하고[그림 2 참조], '烏'자가 이 점에서 특별한 것도 없다.

1. 상대商代 甲骨文

2. 서주西周 金文

[그림 2] 눈동자가 없는 고문자 '烏' 형태

가장 잘 알려진 명확한 '烏'자는 서주 초기에서 발견되며, '烏'와의 가장 큰 차이점은 '烏'는 항상 머리를 들고 입을 벌리고 있는 반면 '烏'는 입을 다물고 앞을 향하고 있다는 것이다. 서주西周 초기의 '烏'자는 머리를 비스듬히 위를 향해 입을 벌린 형태[그림 3.a1-a2]와 머리를 하늘로 향하고 입을 벌린 형태[그림 3.b1-b2]의 두 종류가 있었고, 서주 중후기에는 점차 일반적인 '烏' 형태에 {口}가 추가된 자형으로 변화되었다[그림 4.1-4].

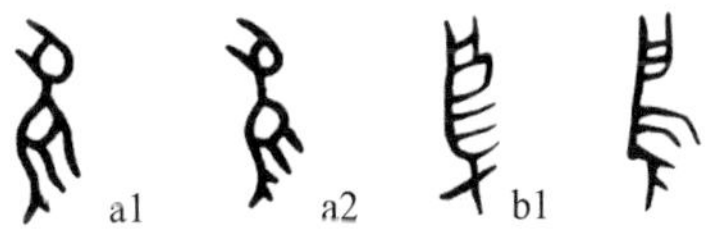
a1 a2 b1 b2

[그림 3] 서주 초기 금문 '烏'

1 2 3 4

[그림 4] 서주 중•말기 금문 '烏'

이미 1905년 이전에 손이양孫詒讓 선생은, 서주西周 金文의 '鳥'자 머리 위에 '口'를 더한 자형[그림 4]을 근거로 삼아, '烏'자의 조형 근거에 대해 『설문해자說文解字』와는 다른 견해를 제시한 바 있다. 그는 "烏는 위로 입을 벌리고 부르는 형태이며, 소전에서는 본래의 뜻이 완전히 사라졌다[(烏)上為開口籲呼形, 小篆殊失其本意也](『名原』卷上)."라고 하였다. 즉, '烏'자의 특징은 윗부분에 '口'가 있어 까마귀가 입을 벌려 우는 모습을 나타낸 것이지, 눈동자가 보이지 않는다는 점에 있는 것이 아니다.

그렇다면 서주 시대의, 고개를 들고 입을 벌린 새 형상의 글자를 왜 반드시 '烏'라고 단정할 수 있는 것일까? 왜 다른 어떤 새를 나타낸다고 보아서는 안 되는가? 그 근거는 이러한 '烏'자형 자체의 모습에 있는 것이 아니라, 그것들이 기록하고 있는 어구語句에 있다.

앞서 제시한 고문자 '烏'자들은 모두 서주西周 金文에서 나온 것이다. 주周 사람들은 엄숙한 청동기 명문에서 실제로 까마귀를 언급하지 않았고(어쩌면 까마귀를 언급할 이유도 없었을 것이다), 이들 자형이 기록하고 있는 것은 모두 감탄사 '오호嗚呼'의 '嗚'이다. 이 글자들은 모두 감탄사 '嗚呼'의 '嗚'를 기록한 것이다. '우호嗚呼'라는 표현은 고서에서 매우 흔하며, 옛사람들이 어떤 감회를 느낄 때에는 자주 이렇게 외쳤다. 그 표기 방식은 다양하여, '烏虖', '烏乎', '烏呼', '烏嘑' 등 여러 형태가 있고, 이때 '烏'를 '嗚'로 바꾸어 쓸 수도 있다. 그중 가장 이른 표기는 '乌虖'로, 서주西周 金文에서 보이며, 바로 앞에서 살펴본 '烏'자들이 출현하는 용례이다[그림 5]. 이러한 명확한 용례가 한정적 기준으로 제시되고 나면, 그 안에 있는 고개를 들고 입을 벌린 새 형상의 글자는 의심할 여지 없이 바로 '烏'임을 알 수 있다.

[그림 3.a1] 출처

[그림 4.2] 출처

[그림 5] 서주西周 金文 '烏虖'(즉, '烏呼')

옛사람들은 왜 '烏'자를 고개를 젖혀 들고 입을 벌린 새의 형상으로 기록했을까? 손이양孫詒讓 선생은 그것이 까마귀가 '입을 벌려 우는 모습'을 본뜬 것이라고 보았고, 현대의 고문자 연구서들도 대부분 이 견해를 따르며, 조자자造字者가 글자 형태를 통해 까마귀 울음소리가 크고 맑게 들린다는 특징을 드러내고자 했다고 설명한다. 그러나 성체成體 까마귀는 실제로 울 때 보통 단지 입만 벌릴 뿐이며, 고개를 젖히거나, 심지어 하늘을 향해 머리를 들고 울지는 않는다[그림 6]. 이렇게 보면 고문자 '烏'의 자형은 까마귀가 우는 실제 자세와 정확히 대응한다고 보기 어렵다.

큰부리까마귀

송장까마귀

[그림 6] 성체 까마귀의 우는 자태

한 가지 견해에 따르면, 머리를 비스듬히 위쪽으로 향하게 하고 입을 벌린 형태로 보이는 금문金文 '烏'자[그림 3.a1 – a2]가 비교적 원형에 가깝고, 그 자형의 요점은 단지 '입을 벌려 우는 모습'을 부각시키는 데 있었던 것이라고 한다. 이후에 고개를 뒤로 젖혀 하늘을 향해 있는 형태나, 머리 위에 '口'를 올려 쓴 형태들[그림 3.b1 – b2, 그림 4]은 문자 서사書寫의 편의를 위해 생겨난 변화이며, 까마귀가 실제로 어떻게 우는지와는 이미 무관하다고 본다.

이러한 견해를 출발점으로 삼으면, 상商대 갑골문에 보이는 입을 벌린 새 형상의 글자들[그림 7]까지 거슬러 올라가 볼 수 있다. 이 글자들 또한 '烏'일 가능성이 크지만, 그 용례가 분명하지 않아 까마귀도 아니고, 감탄사 '烏乎'도 아니므로 아직은 이를 완전히 입증할 수 없다.

[그림 7] 상대 갑골문의 입 벌린 새 모양 글자

또 다른 견해도 있다. '烏'자가 고개를 젖혀 하늘을 향한 자형에서 출발하여, 그 조자造字 본의가 까마귀 새끼가 먹이를 받는 자세와 연관되어 있을 것이라는 것이다. 『설문해자說文解字』는 '烏'를 '효조孝鳥'라고 설명하는데, 이는 '오아반포烏鴉反哺'의 전설이 이미 그 이전에 형성되었음을 보여 준다. 현대의 이해에 따르면, 이른바 '반포'란 사실 까마귀가 깃털이 복슬복슬하고 회백색을 띠는 새끼에게 먹이를 주는 모습을, 옛사람들이 잘못 보아 늙은 어미에게 먹이를 주는 것으로 오해한 데서 비롯된 것이다. 새끼에게 먹이를 주는 것이든, 늙은 어미에게 먹이는 것으로 오해된 것이든, 이러한 전설의 성립은 까마귀의 급식給食 자세가 고대인에게 매우 강한 인상을 남겼음을 증명한다.

새끼 까마귀가 먹이를 받을 때의 자세는 바로 고개를 치켜들고 하늘을 향한 채 입을 크게 벌리고[그림 8], 'ɑ—ɑ—ɑ—'와 같은 울음을 내는 모습이다. 많은 종류의 어린 새가 이런 자세를 취하긴 하지만, 반포 전설과 결부해 보면, 고대인은 이러한 '고개를 들고 입을 벌린' 자형을 의도적으로 '烏'에 부여해, 까마귀에 대한 인상을 문자 형태로 기록하려 했을 가능성이 크다.

[그림 8] 까마귀 새끼에게 먹이를 수는 모습

위의 추론들이 모두 정확하든 그렇지 않든, 윗부분에 '口'가 있다는 점이 서주 이후 고문자 '烏'의 주요 특징이라는 사실은 분명하다. 그렇다면 다시 『설문해자說文解字』에서 '鳥'자에서 짧은 가로획 하나를 뺀 소전小篆 '烏'[그림 1]를 살펴보면, 이 자형은 매우 의심스럽다. 전국戰國 시대, 진한秦漢 시대의 청동기, 인장, 봉니에서는 '원본에 가까운' 전서篆書 '烏'자가 다수 발견되는데, 그 자형은 크게 두 계통으로 나뉜다. 하나는 윗부분에 여전히 '口' 형태가 뚜렷이 보이는 계통[그림 9.1-3], 다른 하나는 그 부분이 하나의 꺾은 획으로 변한 계통[9.4-6]으로, 이는 후대 예서, 해서의 '烏'[그림 10]로 발전한다.

그렇다면 '鳥'에서 눈동자 하나를 뺀 형태의 '烏' 자형은 어디에 있는가? 지금까지 어떠한 출토 자료에서도 확인된 적이 없으며, 신뢰하기 어렵다고 보아야 한다.

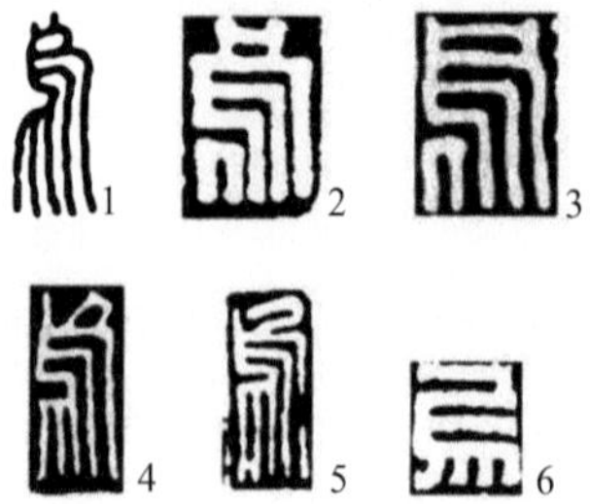

[그림 9] 출토된 전국戰國 시대 진 나라 전서 (1), 진한秦漢 시대의 전서 (2-6) '烏'

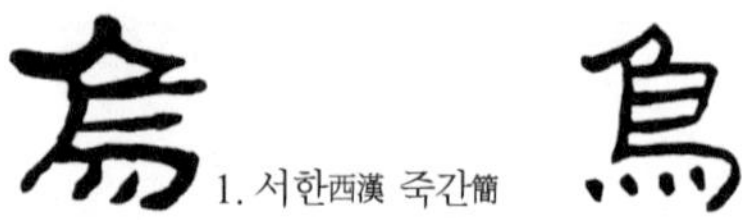

[그림 10] 한漢 나라 예서 '烏'

앞에서는 '烏'의 자원字源에 대해 이야기했으니, 이제는 '烏'의 어원词源, 즉 까마귀를 왜 '烏'라고 부르게 되었는지를 살펴보자. 현대 학자들의 상고 한어 음운 연구에 따르면, '烏'자는 상고 시대에 대략 ɑ로 발음되었는데, 이는 까마귀의 울음소리와 매우 가깝다. 까마귀를 'ɑ'라고 부르게 된 것은 바로 이러한 울음소리를 모방한 데에서 비롯된 것으로 보인다. 고대인은 동물, 특히 새의 울음소리를 따서 이름을 짓는 경우가 많았는데, '雞'(ge), '鴨'(ga) 역시 이러한 방식에 속한다. 까마귀가 내는 ɑ 소리를 듣고 자연스럽게 그것을 'ɑ'라고 부르게 된 것은 매우 당연한 일이다.

앞서 언급한 감탄사 '烏乎'는 오늘날 wūhū로 발음된다. 듣기에 매우 예스럽고 우아하지만, 곰곰이 생각해 보면 말이 안 되는 발음이다. wūhū를 읽을 때는 입을 크게 벌리지 말고 입술을 뾰족이 내밀어야 하며 소리는 둔탁해 사람의 감탄사처럼 들리지 않는다. 사실, 상고 시대에는 소위 '烏乎'가 아마도 aha로 발음되었을 것인데, 이는 현재의 '아하啊哈'에 해당한다. 사람들은 경탄하거나 탄식할 때, 큰 소리로 '아!', '하!'를 외치는 것을 좋아하며, 이는 고대와 현대 사이의 큰 차이가 없다.

여러분은 "두세 천 년 전의 한자 발음을 우리가 어떻게 알 수 있는가? 그때는 녹음기가 있을 리도 없는데!"라고 묻고 싶을지 모른다. 그러나 이를 밝히는 방법은 매우 많다. 고대의 자서字書, 훈고[注音] 자료, 가차자假借字, 시가詩歌의 압운[韻脚] 등을 정리하고, 현대 중국어 방언들, 한, 일, 베트남의 한자음, 티베트-미얀마어 등 중국어의 친족 언어들과 비교함으로써, 시대별 고대 한어漢語 음운의 기본적인 모습을 대체로 분석해 낼 수 있다.

'烏'의 고대음과 관련하여 또 하나 흥미로운 증거가 있다. 『한서漢書』와 『후한서後漢書』의 「서역전西域傳」에는 모두 '오익산리乌弋山離'라는 나라가 기록되어 있으며[그림 11.1], 간쑤甘肅성 둔황敦煌 현천懸泉에서 출토된 한나라 죽간에서도 '乌弋山離 사자使者'가 언급된다[그림 11.2]. 이른바 '乌弋山離'는 한대漢代 사람들이 Alexandria를 음역한 것이다(오늘날의 '아렉산드리아亞歷山大'에 해당한다. 다만 여기의 Alexandria는 '알렉산더 제국'이 아니라, 헬레니즘 시대의 한 지명으로 지금의 아프가니스탄 지역에 속한다). '烏'를 ɑ 소리의 표기로 사용한 것은, 한대漢代에 이르기까지도 '烏'자가 여전히 ɑ로 읽혔음을 잘 보여준다.

[그림 11] 『한서漢書』(1)과 한간漢簡(2)의 '오익산리烏弋山離'

이로써 '烏'의 어원[词源]과 자원字源을 다음과 같이 정리할 수 있다. 선사 시대의 옛사람들은 까마귀의 울음소리를 바탕으로 그것을 a라고 명명하였고, 뒤에 문자를 만들 때에는 고개를 들어 울부짖는 새의 형상으로 '烏'자를 만들어냈다. 까마귀가 검은색이라는 이유로 '烏'에는 다시 '검다'라는 파생 의미가 생겼다. 한편 '烏乎'의 '烏'는 순전히 음을 표시하기 위한 가차假借일 뿐이며, '烏'자의 본래 의미와는 아무 관련이 없다.

於

'於'와 '烏'는 예서, 해서의 자형만 보면 전혀 비슷한 점이 없지만, 근원을 더듬어 올라가면 본래는 동일한 글자였다. '烏乎'의 '烏'는 처음에는 고개를 들고 입을 벌린 새의 형상으로 쓰였는데, 서주 말기 이후 그 자형이 점차 변이를 일으켰다. 어떤 자형들은 왼쪽에 희미하나마 새의 모습이 남아 있고, 오른쪽 위 부분은 떨어져 나가 분리된 선처럼 보이게 되었다[그림 12]. 다행히도 이 글자들의 용례는 비교적 분명하여, 여전히 감탄사 '烏乎'의 '烏'를 나타내고 있음을 알 수 있다.

1. 서주西周 金文　2. 춘추春秋 金文　3. 춘추春秋 金文

[그림 12] 서주西周 말기, 춘추春秋 시대의 '烏'자

전국戰國 시대 이후, 이러한 간체 '烏'자는 점점 추상화되고, 점점 근거 없는 형태로 변화되었다. 본래 왼쪽 아래 모서리에 있던 '새 발톱' 부분은 심지어 떨어져 나와 오른쪽에 두 개의 가로획이 되었으며[그림 13], 이는 더 이상 이후의 '於'자와 큰 차이가 없다.

1. 진계晉系 화폐 2. 초간楚簡 3. 진간秦簡

[그림 13] 전국戰國 문자 '於'

그렇다면 왜 '烏'자는 본래의 형태를 잃고 '於'로 변하게 되었을까? 이는 단순한 자형 변화의 문제가 아니라, '烏'가 나타내던 어휘와도 관련이 있다. 대략 춘추 이후가 되면, '烏'자에는 또 하나의 가차假借 용법이 생겨, 감탄사 '烏乎'를 적는 데뿐 아니라, 음이 유사한 개사 '于'를 나타내는 데에도 흔히 쓰이게 되었다. 이러한 용법은 완전히 표음적이며 본래의 의미와는 분리되었으므로, 자형이 까마귀와 닮았는지 여부는 더 이상 중요하지 않게 되었고, 자연히 글자는 크게 간략화되었다.

전국 시대 동방 제국의 출토 문헌에서는 거의 모두 이와 같은 '於' 계열의 자형만 보인다. 이 글자들은 개사 '于'를 나타내기도 하고, 까마귀 또는 감탄사 '烏乎'의 '烏'를 나타내기도 한다. 반면 진秦 나라 문자는 비교적 보수적이어서, '於'를 사용하면서도 일정 부분 본래의 '烏' 자형을 함께 유지한 것으로 보인다.

진한秦漢 시기에 이르면 '烏'와 '於'는 마침내 두 개의 독립된 글자로 완전히 분화하고, 기능도 비교적 명확하게 나뉘게 된다. '於'는 주로 개사 '于'를 나타내고, 그 밖의 의미는 일반적으로 '烏'로 표기한다. 이 시기의 '於'자[그림 14]는 상당 부분이 이미 '旗', '旌', '旅' 등의 글자에 쓰이는 '㫃 yǎn'과 동일한 형태가 되었고('㫃'은 본래 깃발을 형상함), 이때에는 까마귀의 흔적이 자형에서 완전히 사라지게 된다.

[그림 14] 동한東漢 석각石刻 예서隸書 '於'字

전해오는 고서古書에서는 '於'와 '烏'의 자형이 전혀 닿는 바가 없지만, 일부 어구에서는 두 글자가 본래 하나였다는 흔적을 여전히 찾아볼 수 있다. 예를 들어, 『목천자전穆天子傳』에는 "호랑이와 표범은 무리 지어 살고, 까마귀와 까치는 함께 생활한다[虎豹為群, 於鵲與處]."라는 구절이 있는데, 까마귀와 까치[於鵲], 호랑이와 표범[虎豹]은 상대를 이루며, 여기서 '於'는 까마귀의 '烏'를 뜻한다. 이 책은 서진西晉 시대에 발견된 전국戰國 시대 위魏 나라 죽간에서 유래한 것으로, 전국戰國 시대에 '於'로 '烏'를 표기한 특징을 그대로 간직하고 있다.

'於'와 '烏'는 본래 같은 글자였으므로, 상고음은 자연스럽게 a에 가깝다. 예를 들어, 앞서 거듭 인용한 감탄사 '烏乎'는 고서에서는 '於乎', '於虖', '於戲', '於熙' 등으로도 쓰였으며, 사실 모두 a ha啊哈의 다른 표기 방식일 뿐이다. '於'는 단독으로 감탄사로도 쓰는데, 예를 들어 『상서尚書·요전堯典』의 '於! 鯀哉'는 '啊! 鯀啊!'라는 뜻이고, 『사기史記·하본기夏本紀』의 "於! 몸을 삼가 스스로 수양한다[於! 慎其身修]."는 "啊! 몸을 삼가 스스로 수양한다[啊! 謹慎地修身]."라는 뜻이다.

'於'가 본래 ɑ로 발음되었다는 사실은 호랑이의 한 별칭에서도 확인된다. 『좌전左傳·선공宣公 4년』에는 "초 나라 사람들은 호랑이를 '오도於菟'라 한다[(楚人)謂虎於菟]"고 기록되어 있는데, 초楚 방언에서는 호랑이를 '오도於菟'라 불렀던 것이다. 오늘날 '於菟'는 일반적으로 wūtú로 읽혀 호랑이와의 관련성이 분명하지 않지만, 그 상고음은 ɑ lɑ에 가까워 호랑이의 울음소리를 본뜬 의성어였을 가능성이 있다. 루쉰魯迅의 「답객초答客誚」 시에 "무정하다고 반드시 진정한 호걸이 아닌 것은 아니요, 자식을 아낀다고 어찌 장부가 아니리오? 바람을 일으키며 광포하게 울부짖는 자가 누구인지 아는가, 돌아보면 어린 '於菟'를 보게 되리라"라고 한 대목에서, 아들 저우하이잉周海嬰을 '작은 於菟'에 비유한 것도 바로 이 고사를 활용한 것이다.

于

이천여 년 전, '烏'는 '烏'와 '於' 두 글자로 분화되었고, 그중 '於'는 주로 개사 '于'를 나타내는 데 사용되었다. 그렇다면 오늘날 우리가 거의 '於'를 쓰지 않고 '于'만을 사용하게 된 것은, '于'가 후대에 생겨난 간체이거나 현대에 등장한 간화자이기 때문일까? 사정은 그렇게 단순하지 않다.

'于'자가 개사를 표시하는 역사는 '於'보다 훨씬 오래되었다. 상商, 서주西周 시대에는 '於'가 아니라 '于'를 사용했으며, 그 시기의 흔한 '于'자의 간체 형태는 후대 자형과 크게 다르지 않았다[그림 15]. 춘추 이후가 되어서야 비로소 '于'와 '於'의 두 자형이 병용되기 시작한다. 따라서 현대에 '於' 대신 '于'를 쓰는 것은 사실상 '복고復古'에 가깝다.

[그림 15] 상대商代 갑골문甲骨文에 보이는 간체 '于'

고대 한어에서 허사虛詞는 대부분 가차假借로 기록되었고, 고대인들은 개사 '于'를 위해 따로 새로운 표의문자를 만들지 않았다. '於'를 사용하는 것은 사실 '烏'자를 빌린 것이고, 그렇다면 '于'는 어떤 글자를 빌린 것일까? 아마도 악기 이름인 '竽'를 가차한 것일 가능성이 있다.

갑골문과 금문에서 개사 '于'의 초창기 공식 표기법은 앞서 든 간체[그림 15]보다 반쪽짜리 테두리가 더 붙어 있는 형태이다[그림 16]. 이 번체 '亐'는 마치 간략한 자형 바깥에 반원형의 외곽선을 덧그린 듯한 모습인데, 한 견해에 따르면 이는 보다 온전한 자형을 가진 '竽'자의 초기 형태가 간략화된 것이라고 한다.

[그림 16] 상대商代 갑골문 번체 '亐'字

'竽'자의 초기 형태는 상대商代 갑골문에서 보이며, 악기 '竽'의 모습을 그대로 본뜬 것이다[그림 17]. '竽'는 유기물로 만들어졌기 때문에 오래 보존되기 어렵다. 상대商代의 '竽'는 물론이고, 제선왕齊宣王 시기의 남곽선생南郭先生이 '남우충수濫竽充數'로 이름을 남긴 바로 그 '竽'조차 오늘날까지 실물을 확인할 수 없다. 현재 알려진 초기 실물은 장사長沙 마왕퇴馬王堆 한묘漢墓에서 출토된 서한西漢 시대의 '竽'이다[그림 18]. 양자를 비교해 보면, 갑골문 '竽'자에는 바깥으로 약간 치켜 올라간 취구吹口와, 가로로 엮은 끈으로 묶은 여러 개의 죽관竹管이 나타나며, 상단은 좁아지는 형태이다. 이러한 특징은 출토된 실물 악기 '竽'와 매우 유사하다.

[그림 17] 상대 갑골문 '竽'

[그림 18] 마왕퇴한묘에서 출토된 '竽'

고대인들은 처음에는 '竽'를 가차해 전치사 '亐'를 나타냈을 가능성이 매우 높지만, 이 글자는 너무 흔히 쓰이고 완전한 를 쓰기에는 너무 번거로워서 일부 자형을 잘라 번체 로 단순화했나. 또한 윤곽을 완전히 제거한 후, 간체 [그림 17→그림 16→그림 15]가 되었으므로 '亐'자는 에서 분리된 것이다. 바로 이것이 앞에서 말한 바 있는 '일부를 떼어 분화시키는[截取分化]' 현상이다.

출토 문헌을 바탕으로 '亐'와 '於' 두 글자의 관계를 정리해 보면, 대략 다음과 같다. 상商·서주西周 시대에는 개사 '亐'를 표기할 때 '亐'만을 사용하였고, 춘추春秋 이후에는 '於'도 함께 사용되어 두 자형이 병행하였다. 이후 점차 '於'가 주류로 자리 잡았다. 현대의 문자 개혁에 이르러서야, 개사를 나타내는 '於'는 '亐'의 이체자로 폐지되었다(단, wū로 읽는 경우는 여전히 '於'로 쓴다).

[표 1] '烏', '於', '于' 관계표

단어		wu (鴉)	wu (乎)	전치사 yu
字	商, 西周	烏		于
	春秋 戰國	烏 = 於		于, 於
	秦漢 이후	烏	烏, 於, 嗚	於
	현재	烏	嗚	于

'烏', '於', '于' 세 글자는 분리와 결합의 역사를 거쳤으며, '烏', '於', '于'로 표현되는 단어와 자형의 관계도 시간에 따라 끊임없이 변화되었다(위 표 참조). 우리가 관련 자료를 정리하는 과정에서는 전적 문헌, 한자의 고음古音, 역외域外 지명, 출토 문물, 나아가 자연 관찰에 이르기까지 여러 방면의 내용을 다루게 되며, 이러한 요소들을 종합하여 비로소 하나의 글자에 대한 자원字源, 그리고 그 글자가 기록한 단어의 어원詞源을 완전하고 투명하게 이해할 수 있다.

【참고 문헌과 보충 자료】

'烏'자에 대한 자료는 아래 문헌을 참고하라.

張惟捷, 「從西周金文看商代卜辭中的"烏"與"鳴"字」, 『"鼎甲"杯甲骨文有獎辨識大賽論文集』, 中州古籍出版社, 2015年.

2. '于'자에 대한 자료는 아래 문헌을 참고하라.

裘錫圭, 「甲骨文中的幾種樂器名稱」, 『裘錫圭學術文集1·甲骨文卷』, 復旦大學出版社, 2012年, 46-47쪽.

3. '於菟'에 대한 자료는 아래 문헌을 참고하라.

鄭偉, 「虎丘何以得名」, 『讀書』第9期, 2023年.

제15장

'无'와 '亡'

- 한 단어가 여러 글자를 차용하는 현상

'无'는 아마도 고대 중국어에서 '그리기' 가장 어려운 단어일 것이다. 눈에 보이지도 만질 수도 없으며 어떠한 형태도 없어서 상형, 회의 등의 방식으로 표현힐 수 없다. '无'의 상고 시대 독음은 ma에 가깝다. 만약 우리가 한자가 탄생하기 직전에 살았고, 흔히 쓰이는 부정사 'ma'에게 급히 형태를 부여해 글자를 만들어야 한다면 어떻게 해야 할까? 고대인들이 사용한 방법은 매우 간단했다. 글자를 빌려 음을 나타내는 것으로 이미 만들어진 글자 즉, ma로 발음되는 기존 한자를 찾아 그것을 나타내는 것이다.

그렇다면 옛사람들은 부정사 ma를 나타내기 위해 어떤 글자를 빌려 썼을까? '无'를 썼을까, 아니면 그 번체자인 '無'를 썼을까? 그 답은 단 하나가 아니며, 시대에 따라 일정하지도 않다.

일반적인 인식으로 본다면, 전래된 고서에는 모두 '無'자를 사용했지만,

사실 '无'를 사용한 경우도 몇몇 있다. 예를 들어, 『주역周易』은 한漢, 당唐, 송宋, 원元 등 각 시대의 판본을 막론하고 '无'만 있고, '無'는 찾아볼 수 없다[그림 1]. 오늘날 '无'를 표준자로 삼은 것은, 사실 예로부터 존재하던 '소수파少數派'의 글자를 '공식[公認] 형태'로 격상시킨 것에 지나지 않는다.

1. 서한西漢 마왕퇴백서馬王堆帛書 2. 동한東漢 희평熹平 석경石經 3. 당唐 개성開成 석경石經 4. 남송南宋 각본刻本

[그림 1] 각 시대 『주역周易』의 '无咎'

'無'와 '无' 외에도, 고서古書에는 부정사 ma를 나타내기 위해 '亡'을 사용한 예도 있으며, 이는 곧바로 '无'로 읽을 수 있다. 예컨대 『논어論語』에는 '亡'이 '有'와 대구[对言]를 이루는 문장이 적지 않다.

人皆有兄弟, 我獨亡{无}.
焉能為有? 焉能為亡{无}?
夷狄之有君, 不如諸夏之亡{无}也.
有顏回者好學, 不幸短命死矣. 今也則亡{无}.

여기서 '亡'은 사실 부정사 ma의 또 다른 가차자이다(일부 학자는 '亡'의 상고시대 독음이 mang과 가까워 '罔'으로 읽어야 한다고 주장한다).

이로써 알 수 있듯이, 전해지는 고서古書에 보이는 '無'자, '无'자, 그리고 일부 '亡'자는 모두 오늘날 '无'로 적는 바로 그 부정사否定詞를 나타낸 것이다.

선진先秦·진한秦漢 시대의 출토 문헌을 살펴보아도, 부정사 ma를 표시하는 주요 글자는 역시 이 세 글자이다. 이들 각각의 유래는 현재 명확하게 밝혀진 편이며, 차용된 시기의 선후에 따라 배열하면 다음과 같다.

1. 칼끝을 나타내는 '芒'의 초문 '亡'
2. 춤을 나타내는 '舞'를 나타내었으며, 후대에 '舞', '無' 두 글자로 구분
3. 남편을 나타내는 '夫'를 나타내었으며, 후대에 '夫', '无' 두 글자로 구분

이를 통해 우리는 '無'와 '无' 두 글자의 출처를 발견할 수 있으며, 초기 가차자의 상황이 후대에 비해 훨씬 복잡했다는 것을 알 수 있다. 아래에서 하나씩 분석해 보도록 한다.

亡

현재까지 알려진 바에 따르면, 부정사 ma를 표기하기 위해 가장 먼저 차용된 글자는 '亡'이다. '亡'은 상고 시대에 대략 mang 정도로 발음되었는데, ma에 비해 운미韻尾만 하나 더 있을 뿐이어서 음이 유사하여 통용될 수 있었다.

'亡'자의 가장 원초적인 자형은 상商대의 족명 명문에서 보인다. 이른바 족명 명문이란, 장중한 청동기에 새겨 넣은 씨족 명칭을 말하며, 그 자형은 보수적이거나 복고적일 때가 많고, 상형象形 정도도 매우 높다. 예를 들어 족명 금문의 '刀'[그림 2.1]를 보면 거의 청동검을 그대로 그린 '사진'과 같다. 이를 기준으로 비교해 보면, '亡'자의 가장 초기 구성 원리는 '刀'의 칼날 부분에 작은 원을 하나 더한 형태였음을 알 수 있다[그림 2.2].

[그림 2] 상대商代 씨족 金文 '刀'와 '亡'

상商 시기부터 속체자가 시작되어 갑골문을 보면 '刀' 자형의 경우 급격히 간소화되며 칼면이 전체적으로 사라졌고 칼등, 칼손잡이, 칼날의 하단 가장자리만 남게 되었다[그림 3.1, 예서 해서 문자 '刀'는 여기에서 유래함]. 따라서 '亡'자도 이에 상응하는 형태로 발전하여 간소화된 '刀'에 원형이 추가되었다[그림 3.2].

[그림 3] 상대商代 갑골문甲骨文 '刀'와 '亡'

원시 형태 한자는 이러한 작은 원은 종종 위치를 나타내는 역할을 한다. 예를 들어, 2장에서 언급한 예처럼 '弓'자의 활시위 위치에 원을 추가하면 '弦'자이고, '人'자의 허벅지 위치에 원을 추가하면 '股', '臂'자이다[그림 4]. 그렇다면 '亡'자가 '刀'의 칼날 부분에 작은 원을 덧붙인 형태라는 점을 고려할 때, 그 본래 의미는 칼날과 관련되었을 가능성이 크다. 만약 '亡'의 자형과 음가를 함께 살펴본다면, 이 글자는 아마도 '칼끝·예리함'을 뜻하는 '芒망'을 기록하기 위해 만들어진 것이라고 볼 수 있다.

[그림 4] 상대商代 갑골문甲骨文 '弓-弦', '人-股'

그렇다면 '亡'은 왜 '刄[칼날]'을 나타내기 위해 만들어진 글자가 아닌 것일까? 핵심적인 이유는 음가가 맞지 않는다는 점 외에도, 자형상 분명한 차이가 있기 때문이다. '刄'자는 본래 칼[刀]의 날 부분에, 그 형태를 따라 굽은 긴 획을 하나 덧그어[그림 5], 칼날 전체를 표시한 것으로, 칼날의 특징을 훨씬 더 잘 드러내는 자형이다.

[그림 5] 상대商代 갑골문甲骨文 '刄'

상대商代 문자는 일반적으로 '亡'으로 부정사 ma를 나타냈다. 예를 들어, 상 나라 왕이 갑골을 이용해 점을 칠 때, 자주 '旬亡憂'라고 물었는데, 이는 '旬無憂'으로 앞으로 열흘 동안 재앙이나 근심이 없을 것인지를 의미한다[그림 6]. 또한 자주 '往來亡災'라고 물었는데, 이는 '往來無災'으로 출행이 순조로울 것인지를 의미이다.

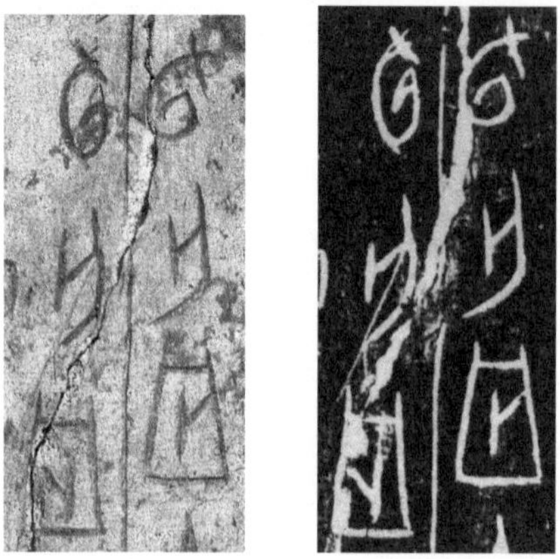

[그림 6] 갑골문甲骨文 '旬亡{無}𡆥{憂}'

이 가운데 흔히 보이는 '亡'자는, 앞서 살펴본 '칼[刀]에 작은 원을 더한 형태'와는 달리 더욱 간략화되어, 칼날을 나타내는 비스듬한 선의 앞쪽에 짧은 획을 하나 덧붙인 모습으로 변하였다[그림 7]. 아마도 부정사 ma를 나타내기 위해 '亡'이 지나치게 자주 사용되다 보니, 상대商代 사람들 역시 쓰기 편한 쪽을 택하여 조자造字 본의를 더 이상 따지지 않았던 것으로 보인다. 어차피 음을 빌려 쓰는 가차자假借字에 불과하므로, 하나의 기호처럼 사용하면 되었던 것이다.

[그림 7] 갑골문甲骨文에 흔히 보이는 간화된 '亡'자

'亡'자의 이러한 가차 용법은 대략 진秦 통일 이전까지 계속되었다. 예를 들어 서주西周 이후의 금문에는 '萬年無疆'과 같은 말이 자주 나오는데, '無疆'은 전국시대 말기까지도 '亡疆'으로 쓰였다[그림 8]. 또 다른 예로

『주역周易』의 '無咎'라는 단어[그림 1]는 상해박물관이 소장한 전국 초 나라 죽간본에는 '亡咎'[그림 9]로 쓰여 있다. 앞서 말한 『논어論語』에서 '无'로 바로 읽을 수 있는 여러 '亡' 글자들도 바로 이러한 용법이 남은 흔적이다.

간체 형태의 '亡'은 예서·해서 시기에 이르러 '점', '횡', '절' 세 획으로 발전했으며[그림 10], 이 단계에 이르면 본래 '刀'와의 관련성을 전혀 알아볼 수 없게 된다.

1. 서주 중기 辛鼎　　2. 전국 말기 中山王方壺

[그림 8] 금문 '亡[无]彊'

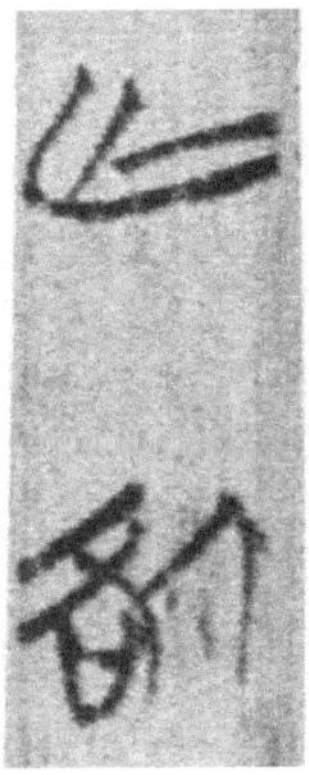

상해박물관 소장 『주역』

[그림 9] 전국 초간 '亡[无]咎'

1. 서주西周 금문金文　　2. 진간秦簡　　3. 동한東漢 석각

[그림 10] 서주 이후 '亡'자의 변천

늦어도 서주西周 시대부터 고대인들은 '亡' 외에도 '無'라는 한자를 사용하여 부정사 ma를 표현했다. 진秦 나라 사람들은 '無'를 사용하는 데 익숙했기 때문에 진秦 나라 이후 '亡'으로 ma를 나타내는 용법은 점차 사라졌

고, '亡'자는 도망, 멸망, 사망 등의 인신의로만 사용되었다(실제는 無의 가차의 '无'의 인신의이다).

'亡'의 본래 의미는 '날카로운 끝[鋒芒]'이다. 칼날뿐 아니라 식물의 뾰족한 까락에도 '芒'이 있으니, 벼나 보리는 모두 '망芒'을 가진다(형상이 비슷한 빛줄기를 가리켜 '광망光芒'이라 하는 것도 이러한 연장선이다). '亡'자가 부정사를 표시하기 위해 광범위하게 빌려 쓰이게 되자, 고인들은 다시 초두[艹]를 더해 형성자形声字 '芒'을 만들어 '亡'의 본래 의미를 표시하였다. 한편 '망고[芒果]'라는 말은 타밀어와 말레이어를 거쳐 들어온 외래어 mango의 음역으로, 여기에서의 '芒'은 순수히 표음적 용법이며, 일종의 가차로 볼 수 있다.

無{舞}

부정사 mɑ를 나타내기 위해 차용된 두 번째 글자는 '춤추다'의 '舞'이며, 상고음은 대략 mɑ로 읽혔다. '舞'자의 역사는 상대商代 말기까지 거슬러 올라간다. 당시의 '舞'는 정면 인물의 모습을 본뜬 '大'자를 바탕으로, 사람의 양손 위치에 각각 아래로 늘어진 갈래 모양의 요소를 더한 형태였다[그림 11]. 그 길이나 갈래의 수는 일정하지 않았다. 이러한 자형들은 소꼬리나 새의 깃털 같은 장식물을 손에 들고 경쾌하게 춤추는 모습을 묘사한 것으로, 바로 '춤[舞蹈]'이라는 본래 의미를 나타내기 위해 만든 글자이다.

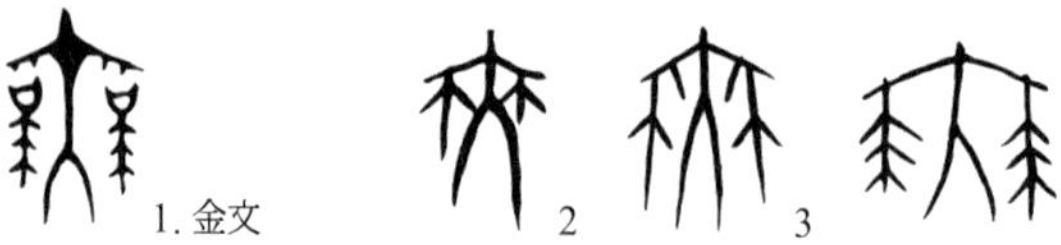
1. 金文 2 3 4. 甲骨文

[그림 11] 상대商代 문자 '舞'

'舞'자는 상대商代에는 주로 본래 의미 그대로 사용되었으나, 대략 서주西周 이후에는 부정사 ma를 나타내기 위해 널리 차용되었고, 점차 '亡'을 대신하여 주류 용법이 되었다. 앞서 서주西周 이후 금문金文에서 '무강无疆'이 '亡疆'으로 쓰인 예를 제시한 바 있지만[그림 8], 당시 더 흔한 표기 방식은 사실 '舞疆'이었다[그림 12].

史頌簋蓋

[그림 12] 서주西周 금문金文 '萬年舞{无}疆'

특히 주의해야 할 점은, 앞서 언급한 것은 모두 '舞'의 초기 자형이라는 것이다. 이 글자는 이후 예서·해서의 '舞'로 발전한 것이 아니라, '無' 자형으로 변하여 부정사 ma를 전담하여 표기하는 글자가 되었다. 자형의 변천을 살펴보면[그림 13], 서주西周에서 진한秦漢에 이르는 동안 춤추는 사람이 손에 들던 장식물은 매우 이른 시기부터 두 개의 '某'와 비슷한 형태로 변하였으며[그림 13.1, '某'는 아마도 음부로 사용되었을 것이다], 춤추는 인물 자체를 나타내는 '大' 형상도 점차 사라졌다[그림 13.2-3]. 한대漢代의 예서에 이르면 가로획·세로획·점으로 이루어진 조합, 즉 오늘날의 '無' 자형으로 완전히 굳어지게 된다.

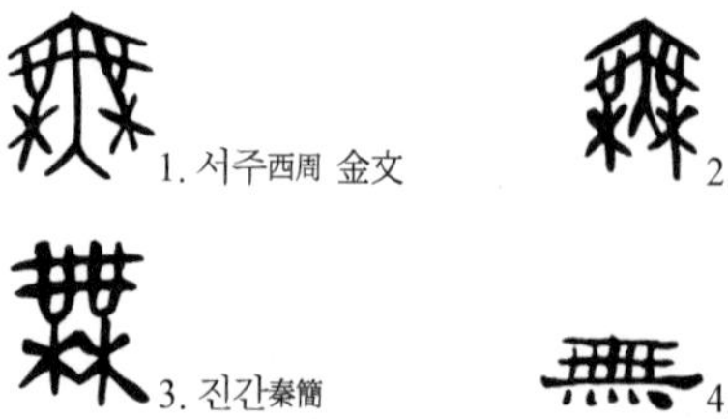

1. 서주西周 金文 2. 진간秦簡 3. 진간秦簡 4. 서한간西漢簡

[그림 13] '無'자의 변천

아마도 '舞'자의 본래 의미와 가차假借 의미가 서로 혼동되는 것을 막기 위해, 순전히 '춤'을 뜻하는 '舞'자는 뒤에 하단에 좌우 두 개의 발을 더하게 되었는데[그림 14.1], 이는 바깥쪽을 향한 두 개의 '止' 형상이다['止'는 발을 형상하였다. 제7장 참조]. 이렇게 하여 춤이 발을 사용한다는 특징을 부각시키는 동시에, 부정사 mɑ를 나타내는 '無'와의 구별도 가능해졌다. 이로써 '無'보다 아래 부분의 필획이 더 많은 새로운 분화자, 곧 지금의 '舞'가 형성되었다. 이후 두 글자의 기능적 분업은 더욱 명확해져, 아래에 두 발이 없는 '無'는 부정사 mɑ를 나타내고, 두 발이 있는 글자는 '춤[舞]'을 뜻하게 되어, 서로 혼용되지 않게 되었다.

1. 서주西周 金文 2.『說文』小篆 3. 동한東漢 石刻

[그림 14] '舞'자의 변천

종합하면, '舞'의 초기 자형 은 대체로 가차 의미(즉, 부정사 mɑ)를 나타내었기 때문에, 그에 대응하는 예서·해서의 자형 '無' 역시 가차 의미만을 표시하게 되었다. 반면, 그 아래에 두 발[二足]을 덧붙여 만들어진 후

대의 '舞'자는, '無'가 담당할 수 없게 된 본래의 의미, 즉 '춤[舞蹈]'을 다시 떠맡게 된 것이다.

无

부정사 ma를 나타내기 위해 사용된 세 번째 글자는 '无'이다. 아마도 '無'자의 필획이 지나치게 많았기 때문에, 늦어도 전국 말기에는 '無'와 동일한 용법을 지니면서도 몇 획만으로 이루어진 대체 자형이 나타난 것으로 보인다[그림 15.1]. 자형의 변천을 살펴보면, 이 글자가 바로 '无'의 전신前身이며, 원래는 윗부분이 삐져나온 형태였으나, 동한東漢 이후에야 일반적으로 윗부분이 나오지 않는 지금의 자형으로 쓰이게 되었다[그림 15.3].

1. 진간秦簡

2. 서한西漢 백서帛書

3. 동한東漢 석각石刻

[그림 15] '无'자의 변천

이 윗부분이 삐져나온 형태였다가 후대에 '无'로 변한 이 글자는 어디에서 비롯된 것일까? 안타깝게도, 현재 우리가 아는 것은 이 글자가 진대秦代와 서한西漢 시기에 집중적으로 나타난다는 사실뿐이며, 그것이 상주商周 고문자에서 어떻게 발전해 왔는지는 확인할 수 있는 자료가 없다. 이 글자의 기원에 대해서는 주로 두 가지 견해가 있는데, 그중 하나는 고문자 '無'의 가운데 부분에서 네 획을 잘라낸 간체简体로 형성되었다는 것으로[그림 16], 이는 우리가 13장에서 소개한 '일부 절취에 의한 간화[截取简化]'에 해당한다. 그러나 이러한 설명은 아직 결정적인 증거가 부족하며, 예컨대 같은 시대에 간체와 번체가 병존하는 사례 등이 확인되지 않았기 때문에, 어디까지나 하나의 가설로 남아 있다.

[그림 16] '无'자의 절취간화 가설

또 다른 견해에 따르면, 윗부분이 돌출된 형태의 '无'는 실제로는 '夫'자(상고음은 대략 ba로 읽힘)이며, 부정사 ma를 나타내기 위해 가차된 세 번째 글자라는 것이다. '夫'자는 본래 정면 인물 형상을 나타내는 '大'자의 윗부분에 가로획 하나를 더한 자형으로[그림 17], 일반적으로 비녀를 꽂은 모습으로 장성한 남성을 표시한 것으로 이해된다.

1. 서주西周 금문金文

2. 진간秦簡

[그림 17] 고문자 '夫'

진秦 나라와 한漢 나라 초기의 죽간, 백서 문자를 보면, '夫'와 '无'를 나타내는 두 문자는 확실히 매우 유사하다. 장사長沙 마왕퇴한묘馬王堆漢墓 백서의 예로 보면[그림 18], 좌측의 세 줄은 '夫'자이고 우측의 세 줄은 문장의 용례를 보아도 명확히 '无'를 나타내는 글자이다[표에 삽입된 주석 참고]. 두 문자 모두 윗부분이 튀어나와 있고, 일부 글자는 전체적으로도 매우 비슷하다. 그러나 대부분의 '无'자는 일정하게 차별성 있는 특징을 가지고 있다. 오른쪽 아래의 획이 '夫'에 비해 길고 구부러져 있으며, 가운데 가로획은 '夫'가 아닌 가로로 획일화되어 있다. 이러한 특징은 무엇을 의미할까? '夫'와 '无'는 본래 한 글자가 아니며, 각각 출처가 다른 것일까? 아니면 둘 다 원래 모두 '夫'자이지만, 가차되어 부정사 ma로 된 것들을 관습적으로 필순을 변경하고 한 획을 길게 해서 구별한 것일까? 이 문제는 추가 연구가 필요해 보인다.

[그림 18] 서한西漢 마왕퇴백서馬王堆帛書 '夫'(좌)와 '无'(우)의 비교

(출처: 陳松長 『마왕퇴백서문자편馬王堆帛書文字編』)

이상에서 우리는 전래문헌과 출토문헌에서 부정사 ma를 나타내는 '亡', '舞/無', '无' 및 그에 관련된 여러 글자를 분석해 보았다. 이를 통해 하나의 단어가 여러 글자로 표기될 수도 있고, 하나의 글자가 여러 서로 다른 단어를 기록할 수도 있음을 알 수 있다. 중국어에서 의미가 모호한 어휘는 대부분 가차假借로 표기되며, 가차된 글자는 그 단어와 음이 같거나 비슷하기만 하면 된다. 어떤 자형을 빌릴지, 하나의 자형으로 고정하여 빌릴 것인지 여부는 사실 그리 중요하지 않으며, 사회적 합의 속에서 모두가 읽어 이해할 수 있기만 하면 충분하다.

따라서 오늘날 우리가 전래문헌과 출토문헌을 읽을 때에도, 변화무쌍한 자형에만 얽매일 것이 아니라, 그 '형形'의 겉모습 너머에 있는, 문자가 실제로 기록하고 있는 '말[詞]'을 찾아내어 그 뒤에 놓인 진정한 언어를 이해해야 한다.

【참고 문헌과 보충 자료】

1. '亡'자에 대한 자료는 아래 문헌을 참고하라.
裘錫圭, 「釋"無終"」, 『裘錫圭學術文集3·金文及其他古文字卷』, 復旦大學出版社, 2012年.

2. '无'자와 '夫'자에 대한 자료는 아래 문헌을 참고하라.
趙平安, 「秦至漢初簡帛文字與假借改造字字源考證」, 『新出簡帛與古文字古文獻研究』, 商務印書館, 2009年, 163-165쪽.

제16장

'夏'와 '雅'

- 문자를 기반으로 한 역사 고증의 한계

중국 최초의 두 왕조인 하夏, 상商의 역사는 본래 주대周代 이후의 고서에서만 볼 수 있었고, 출토문물, 출토문헌의 실증적 증거는 부족했다. 100여 년 전 왕국유王國維는 새로 발굴된 갑골문을 활용해 상商 나라 왕들의 가계를 성공적으로 복원하였고, 『사기史記·은본기殷本紀』의 기록을 확인하며 상商 나라의 존재 또한 확인하였다. 그렇다면, 『사기史記』에도 기록되어 있는 하夏 나라의 계보는 어떠할까? 왕국유王國維의 유명한 추측의 말이 있다. "은殷, 주周 계보의 확실성을 통해 하우夏禹 계보의 확실성을 유추할 수 있는 것은 당연한 일이다."

100여 년이 흐른 지금, 상대 이전의 고고학적 유물은 이미 대량으로 발견되었지만, '하夏' 왕조 또는 '夏' 부족에 명확히 속하는 문자 자료는 아직 출토되지 않았다. '하대夏代'가 실존했는지 여부, 그리고 어떤 방식으로 존재했는지는 여전히 널리 주목받는 뜨거운 이슈이며 역사, 고고학, 문헌학 등 여러 학술 분야에 걸친 큰 문제이기도 하다.

다양한 의견 중에서 상商과 하夏 시기는 매우 가깝다는 말이 널리 알려져 있지만, 지금까지 발굴된 10여만 편의 상대 갑골문에 '夏'가 전혀 없어 하夏 나라의 존재에 불리한 증거이다. 고문자 연구의 관점에서 볼 때, 이 문제를 어떻게 바라봐야 할까?

대략 두 부분으로 나눌 수 있다. 만약 상商 나라 갑골문에 '夏'라는 글자가 있는지 묻는다면 답은 '매우 가능성이 높다'이다. 만약 상商 나라 갑골문에 '하 나라[夏代]'가 있는지 묻는다면 명확한 기록은 없으며, 있다고 하더라도 반드시 '夏'라고 불리지 않았을 수도 있다고 답할 수 있다. 아래에서 자세히 살펴보도록 한다.

갑골문 '夏'자의 유무

갑골문에 '하夏'자의 존재 여부를 말할 때, 실제로는 갑골문에 후대의 '夏'자와 연결할 수 있는 자형이 있는지를 말하는 것이다. 형, 음, 의 세 가지 측면의 연결을 확립하는 과정이 바로 '고문자 고석'이다. 다시 말해, '문자를 인식한다.'라고 말할 수 있다.

고문자를 해석하는 방법에는 주로 두 가지가 있다. 하나는 자형 비교이고, 다른 하나는 사례辭例 대조이다. '자형 비교'는 이해하기 쉽다. 바로 알지 못하는 글자를 아는 글자와 견주어 보는 것이다. 이른바 '사례辭例'란 한 글자가 어떤 문장이나 문맥 속에 놓여 있는가를 뜻하며, 그 문장을 동시대 혹은 후대의 유사한 문장과 비교하는 것이 바로 '사례 대조[対勘]'이다. 고문자 '夏'를 이해하기 위해서는 이 두 방법 중 어느 하나도 빠뜨려서는 안 된다.

먼저 자형을 살펴보도록 한다. 예서, 해서 문자 '夏'는 일반적으로 위

'百shǒu' 아래 '夊suī'의 형태로 쓰여진다. 이 두 가지 이상해 보이는 구성 요소는 사실 각각 머리를 나타내는 '首'와 발을 나타내는 '止'의 이체자로, 제7장 '憂'자에서 자세히 설명하였으므로, 여기서는 반복하지 않는다.

머리 하나에 발 하나, 이러한 '夏'자가 하夏 왕조 또는 여름[夏季]과 무슨 관계가 있을까? 단지 예서, 해서 문자에는 어떠한 단서도 볼 수 없다.

『설문해자說文解字』에는 소전小篆 '夏'의 자형이 수록되어 있다[그림 1]. 주요 형태는 예서·해서의 '夏'와 동일하지만, 몇 가지 요소가 더해져 있다. 상부에 있는 것은 '頁{页}'로, '百'에 아래 두 획이 더해진 형태이다. '頁'자는 본래 돌출된 머리를 형상화한 인물의 모습이며, '首'나 '百' 아래에 사람의 몸을 나타내는 부분을 덧붙이면 곧 '頁'이 된다[그림 2]. '頁'을 의미부로 사용하는 글자들, 예컨대 頭{头}, 領, 頸, 須, 頰, 顏 등은 모두 머리 부위와 관련된 뜻을 가진다. 한편 책의 '쪽[書頁]'을 뜻하는 용법은 '葉{叶}'과의 동음가차假借에서 유래한 것으로, '頁'자의 본래 의미와는 전혀 관련이 없다.

[그림 1]『설문說文』 소전小篆 '夏'

[그림 2] '頁'자의 변천

소전小篆 '夏'의 아래에도 있는 '夊'는 로 쓰며, 좌우에 서로 마주보는 두 손은 으로 쓴다. 머리, 몸통, 손, 발이 모두 갖추어져 있어 마치 완전한 인간의 형상을 나타낸 것 같다. 그러나 아무리 완전한 인물 형상이라고 해도, 그것이 하夏 왕조나 여름철[夏季]과 직접적으로 연결되는 것 같지는 않다.

『설문해자』에서 소전 '夏'의 분석은 다음과 같다. "夏는 중국 출신의 사람이다. 夊, 頁, 臼jū로 구성되었다. 臼는 두 손을 의미한다. 夊은 두 발을 의미한다." 이러한 자형이 왜 '중국 출신의 사람(여기서 '중국'이란, 중원 지역을 말한다. 제9장 '國' 참고)'을 나타내었는지 설명하지는 않았다.

소전小篆 '夏'자에서 더 거슬러 올라가 보면, 기본 구조가 동일한 몇몇 '夏' 자형을 더 찾아볼 수 있다. 이 가운데 가장 이른 예는 춘추 중기 청동기 '진공궤秦公簋'에 새겨진 금문[그림 3]이다. 그보다 더 빠른 시대는 자형의 연속성이 끊어진 듯하다. 그렇다면 이러한 계열의 자형을 가지고 상대商代 갑골문에서 대응되는 글자를 찾아보아도 실제로 일치하는 형태가 발견되지 않으며, 결국 "갑골문에는 '夏'가 존재하지 않는다"는 결론에 이를 수밖에 없다.

[그림 3] 춘추春秋 시대 진공궤秦公簋 금문金文 '夏'

문제는 지금 우리가 볼 때, '손, 발을 모두 구비'한 특징의 '夏'자는 모두 춘추 이후의 진秦 계열 문자에 속한다는 점이다. 동주東周 시기의 다른 각국의 문자는 물론, 상대商代와 서주西周 문자에는 이러한 '夏'를 볼 수 없다. 이는 상식에 맞지 않다. 왜냐하면 설령 하대夏代의 夏는 없더라도 하계夏季의 夏는 흔히 사용되는 단어이기 때문이다. '夏'자의 다른 구성이 있는 것은 아닐까?

전래문헌에는 실제로 두 가지 유형의 고문자가 보존되어 있다. 하나는 『설문해자說文解字』의 소전체[그림 3]이고, 다른 하나는 '전초고문傳抄古文'이라 불리는 것으로, 주로 한대 이후 여러 차례 필사되며 전해 내려온 전국 시대의 문자이다. 송대宋代 사람들이 정리한 전초고문자 저서인 『한간漢簡』을 예로 들면, 그 안의 '夏'자는 두 가지 형태로 나타난다. 하나는 소전 '夏'와 동일한 구조를 이룬 것이고[그림 4.1], 다른 하나는 '日', '止', '頁'으로 구성된 형태이다[그림 4.2]. 이는 '頣'으로 표기할 수 있다. '頣'와 소전 '夏'의 주요 부분은 모두 '頁'이고, '止'와 '夂'은 단지 정반의 차이만 있으며, 두 팔이 생략되어 있지만, 대신 태양을 나타내는 '日'이 하나 더 들어 있다.

[그림 4] 『한간漢簡』에 보이는 전사[傳抄]된 古文 '夏'

'頣' 자형은 이전에도 서주西周 金文이나 전국 시대의 새인璽印 등에서 보이지만, 대부분 인명人名에 사용된 것이어서 그것이 과연 '夏'를 뜻하는지 확증하기 어렵다. 전국 시대의 초楚 간백簡帛이 대량으로 출토되고 나서야, 그 안에서 의미가 분명한 '夏'자의 용례가 많이 확인되었는데, 그 대부분은 바로 '頣'의 형태로 쓰여 있다[그림 5].

[그림 5] 전형적인 초楚 나라 문자 '夏'

예를 들어 1942년 湖南省 장사長沙의 자탄고子彈庫라는 지역에서 한 폭

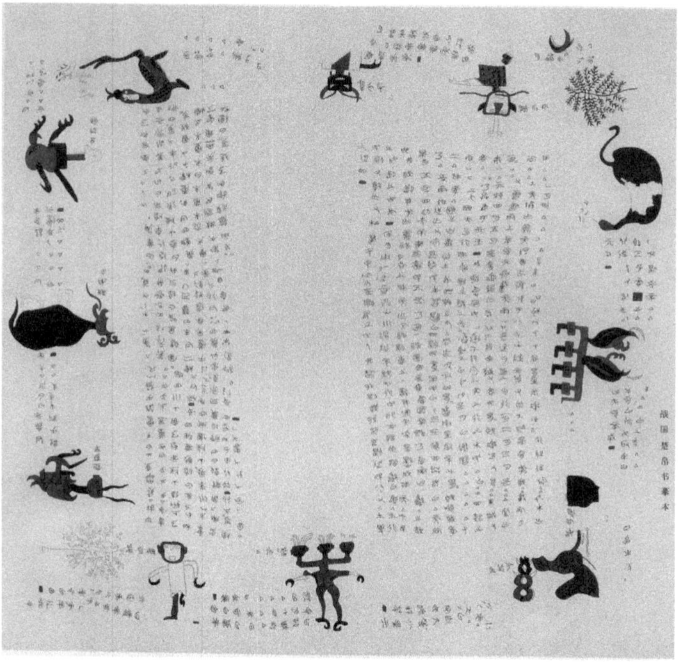

[그림 6] 전국戰國 시대 초백서 원본

[그림 7] 전국戰國 시대 초楚 나라 백서 '춘하추동'

의 전국戰國 시대 초楚 나라 백서帛書가 출토되었다[그림 6]. 이 백서의 사방에는 초楚 나라 사람들이 상상한 '십이월신十二月神'의 형상이 그려져 있고, 문자 내용은 사시四时와 십이월의 금기·길흉에 관한 내용이 대부분을 이루고 있다. 따라서 그 가운데 '춘하추동春夏秋冬'의 네 글자가 등장하는 것은 매우 자연스러운 일이다[그림 7]. 여기서 '여름[夏]'을 '顕'자로 적고 있으니, 이것이 '夏'를 가리킨다는 점은 의심의 여지가 없다.

'䪿' 자형을 출발점으로 삼아 더 거슬러 올라가 보면, 그동안 확정하기 어려웠던 일련의 '夏' 자형들을 서로 대조하여 식별할 수 있게 된다[그림 8]. 이로써 우리는 더 이상 춘추春秋 시기나 진秦 나라 문자에 한정되지 않고, '夏'의 자형을 서주西周 문자까지 소급해 올라갈 수 있다. 이러한 '夏' 자형들은 발을 상형한 부분이 여전히 인물의 아래쪽에 남아 있으며 분리되어 있지 않다. 시대가 조금 지나면 두 손을 그려 넣은 것[그림 8.1]이 보이고, 좀 더 이른 시기의 자형은 한 손만 그려져 있다[그림 8.2-3]. 왜 손을 표시했는지는 아직 분명히 설명할 수 없으나, 자형을 연결해 주는 실마리는 분명히 이어진다.

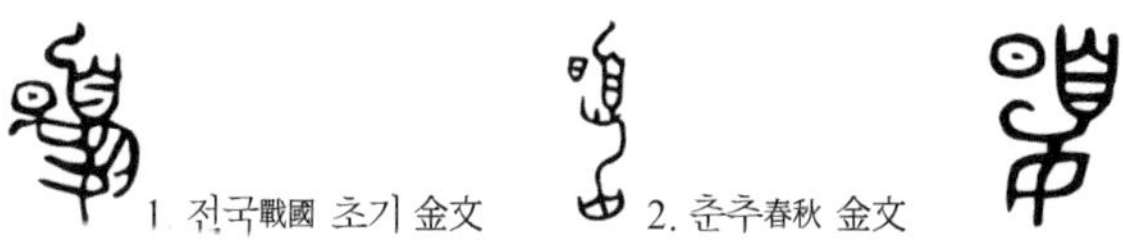

1. 전국戰國 초기 金文　2. 춘추春秋 金文　3. 서주西周 金文

[그림 8] 주대周代 金文 '夏'

따라서 '夏'의 조자 본의에 대해 그나마 합리적인 추측을 할 수 있다. '夏'자는 본래 태양 아래 사람이 있는 모습으로 햇볕에 그을리는 머리를 강조하며 강한 햇살과 더운 날씨의 이미지를 사용하여 여름을 나타내었다. 그중 사람 형상은 손과 발이 함께 쓰여질 수도 있으며, 손이 생략되면 전국戰國 문자 '䪿'[그림 5]이 되고 '日'이 생략하면 소전 '夏'가 된다[그림 1].

이러한 이해를 바탕으로 상대商代 문자에서 '夏'를 다시 찾아보면, 정말로 하나의 자형을 찾을 수 있을 것 같다[그림 9]. 이 글자는 위에 '日'이 있고 아래에는 '頁'[그림 2.2 참고]이 있으며, '𩑋'으로 표기할 수 있다. 기본 구성 요소와 위치 관계는 '夏'와 동일하고, 마치 태양 아래에 있는 사람을 나타내며, 햇볕에 그을리는 머리를 강조하는 것처럼 보인다. 그렇다면 우리는 이를 통해 갑골문 '𩑋'를 '夏'자로 인정할 수 있을까? 여전히 약간의 문제가 있다.

1. 金文　2　3. 甲骨文

[그림 9] 상대商代 문자 '頁(夏?)'

자형 면에서 보면, 상대商代의 '頁' 자형은 서주西周 이후 분명한 '夏'자에 비해 손과 발이 빠져 있다. 서주西周 이후의 '夏'자는 손발이 없는 '頁' 자형에 다시 세부 요소가 더해져 성립했을 수도 있고, 전혀 다른 계통에서 비롯되었을 가능성도 있다.

용례[辭例] 측면에서 보면, 이러한 '頁' 자형들은 모두 인명人名 혹은 족명族名으로만 쓰였고, 지금까지 여름[夏季]을 뜻하는 예는 발견되지 않았다(일부 학자들은 춘추 시대 이후에야 사계四季 개념이 성립하였고, 그 이전에는 춘·추 두 계절만 있었다고 본다). 더구나 이것이 '하夏 왕조'를 가리킨다고 해석할 만한 용례도 없다. 상대商代 사람이 어떤 이름을 가졌는지, 그것이 '夏'였는지는 누구도 단정할 수 없다.

따라서 상대의 갑골문에 '夏'자가 존재하는가에 대한 문제는, 우리가 다음과 같이 말할 수밖에 없다.

'아마도 존재했을 가능성은 크다.'

갑골문 '頁'을 '夏'로 해석하는 것은 자형상 큰 문제가 없으나, 용례가 충분히 뒷받침되지 않아, 한쪽 다리는 길고 한쪽 다리는 짧은 셈이어서 결국 어딘가 아쉬움이 남는다.

갑골문 '하대夏代'의 유무

갑골문에 '하대夏代'가 있는지 묻는 것은 실제로는 고서에 기록된 '夏'로 칭하는 그 왕조나 국가에 대한 기록이 상대商代 갑골문에 있었는지 묻는 것이다. 만약 있었다면, '夏'로 기록되었을 수 있고, '夏'와 동음의 글자로 기록되었을 수도 있으며, '夏'로 불리지 않고 다른 칭호를 사용했을 가능성도 있다.

현재 우리는 갑골문 '𦣻'이 '夏'자일 가능성이 높다고 판단하지만, 이 글자는 인명으로만 쓰였고, 하대 존재 여부로 말하자면 조금의 도움도 되지 않는다. 이는 마치 갑골문에 '明'이라는 단어가 있다고 해서 상대商代 이전에 '明代'가 존재했다는 것을 의미하지 않는 것과 같다. 따라서 갑골문 '夏'자를 통해 하대夏代를 찾는 것은 현재 불가능하다.

왕조나 민족의 이름을 표기하는 데 반드시 한 가지 방법만 있는 것은 아니다. 전국戰國 시대 연燕 나라 사람들은 대체로 '郾'라는 글자로 국가 명칭을 기록했지만, 진秦 나라 사람들은 동음자 '燕'을 사용했기 때문에 후세 사람들은 燕 나라라는 사실만 알았을 뿐, 郾 나라는 알지 못했다. 현재 '夏'자로 하대夏代를 나타내는 문헌은 모두 서주西周 이후의 것이며, 상대商代 사람들은 다른 동음자를 사용했을 가능성이 매우 높다. 안타깝게도 이러한 글자는 지금까지 발견되지 않았다.

게다가 왕조나 국가는 반드시 하나의 명칭만 있는 것은 아니다. 예를 들어 상商 나라 사람들은 스스로를 '商'이라고 불렀지만, 후대 사람들은 상商나라 말기의 도읍지 '殷'(지금의 하남성河南省 안양安陽)의 위치를 근거로 상대商代를 '은대殷代' 혹은 '은상殷商'으로 불렀다. 예를 들어, 『사기史記』에는 「은본기殷本紀」만 있고 「상본기商本紀」는 없다. 商 나라 사람들 인식에 夏 나라가 있었다면, 夏 수도의 지명 등 다른 별칭으로 사용되었을 가능성이 있다.

최근 일부 학자들은 상대商代 갑골문에 보이는 '西邑'은[그림 10] 마치 지명처럼 보이지만, 사실은 상商 나라 왕의 제사 대상이었다고 주장하고 있다. 대대로 전해 내려오는 전국戰國 시대의 고문서와 청화清華 대학이 소장한 전국戰國 시대 초간楚簡에도 하대夏代 또는 하夏 나라가 통치하던 지역을 '서읍하西邑夏'라고 부른 사례가 있다. 상商 나라의 탕왕湯王을 도와 하夏를 멸망시킨 명신名臣 이윤伊尹을 누구나 알고 있을 것이다. '서읍하西邑夏'는 이윤伊尹에 관한 여러 기록에 등장한다. 예를 들어, 고문헌 『예기禮記·치의緇衣』에 '尹이 몸소 전에 서읍하를 살펴보니[惟尹躬天見于西邑夏]'[그림 11, '天'은 '先'의 오자]라는 구절이 있는데, 이는 이윤伊尹이 직접 '서읍하西邑夏'의 상황을 목격했다는 뜻이다. 또한 청화淸華대학교 소장 초楚 나라 죽간 『윤고尹誥』에 '尹은 天이 西邑夏를 멸망시키려는 것을 생각했다[尹念天之敗西邑頣{夏}].'라는 구절이 있는데, 이는 이윤伊尹이 上天이 '西邑夏'를 괴멸하려 한다고 생각했다는 것을 말한다. 『윤지尹至』에는 '서쪽으로부터

[그림 10] 상대商代 갑골문 '서읍西邑'

'惟尹躬天見于西邑夏'

[그림 11] 『禮記·緇衣』

'尹念天之敗西邑頣{夏}' '自西捷西邑, 戡其有頣{夏}'

[그림 12] 청화대학 초간 『尹誥』(좌) 『尹至』(우)

서읍을 정복하고, 夏를 평정했다[自西捷西邑, 戬其有顯(夏)].'라는 구절이 있는데, 이는 상商 나라 탕왕湯王이 서쪽에서 '서읍西邑'을 공격하여 점령하고, '夏'를 무찔렀다는 것을 말한다[그림 12].

비교해 보면, 갑골문에 나오는 '서읍西邑'은 상商 나라 사람들이 하夏 나라를 지칭한 표현일 가능성이 있으며, 하夏 왕조 선왕들의 영혼을 상징하여 제사의 대상으로 받아들여졌던 것으로 보인다. 다시 말해, 상대商代 갑골문에는 하夏가 등장하지만, '하夏'라고 부르지 않고 '서읍西邑'이라고 표현했을 가능성이 있다. 물론, 이러한 견해는 더욱 많은 자료를 통해 검증되어야 할 필요가 있다.

한편, 이른바 '갑골문'이란 주로 상商·주周 시대에 점을 치기 위해 거북껍질이나 짐승 뼈에 새긴 문자를 말하며, 그 내용은 기본적으로 '복사卜辭', 즉 점괘에 대한 기록이지 일반적인 서적이 아니다. 점복은 미래를 묻는 행위로 과거를 묻는 것은 아니다. 예를 들어, 갑골문의 복사에는 "내일 비가 올 것이다.", "전쟁을 해야 할 것인가."와 같은 질문이 등장하지만, 어제의 날씨는 어땠는지, 지난번 전쟁은 승리하였는지에 대한 질문은 절대로 등장하지 않는다. 미래의 일을 점치는 데 이전 왕조를 언급할 필요가 있을까? 절대로 그렇지 않다. 마치 오늘 날씨 예보에서 당송원명청唐宋元明清과 같은 과거 왕조를 굳이 언급하지 않는 것과 같은 이치이다. 따라서 갑골문에 하夏 나라가 등장하지 않는다고 해서 역사상 하대夏代가 존재하지 않았다고 단정할 수 없다.

다른 한편으로, 갑골문, 금문 등과 같은 명문[銘刻]은 쉽게 부식되지 않는 매체에 의존해 우연히 보존되었다가 마침 발굴된 '생존자'들에 불과하며, 당시 사회 전체의 실제 문자 사용에서 차지하는 비중은 극히 미미했을 가능성이 크다. 상대商代의 대다수 서적, 문서 등 일상적 성격의 문헌은 모두 죽간竹簡에 쓰였을 것이며, 그 안에 하夏 왕조에 관한 기록이 있었을 가능성 역시 충분하다. 다만 그것들은 보존되지 못했고, 적어도 현재까지는 발견되지 않았다(이상은 제3장 참고).

'아雅'로 '하夏'를 표현

상대商代에 쓰인 '夒'는, 비록 '夏'를 나타낸다고 하더라도 현재까지는 주로 인명人名을 나타내는 데에만 사용된 사례가 확인된다. 그러나 서주西周 이후에는 '夏'자의 용례가 점차 다양해져, 하계夏季, 하대夏代, 인명人名, 지명地名 등 여러 의미로 쓰이게 되었다. 특히 춘추전국시대에는 '夏'자가 후대의 '雅'와 유사한 의미로 자주 사용되었다. 출토문헌에 따르면, 후대에 '雅'로 기록되는 표현들이 당시에는 거의 모두 '夏'로 쓰였다.

'雅'는 본래 '까마귀'를 뜻하는 '鴉'의 이체자異體字이며, 두 글자에서 보이는 의미부[意符]인 '隹zhuī'와 '鳥'는 아마도 하나의 글자가 분화한 것으로, 모두 '새'를 나타낸다. '鷄[닭]'에 '雞'라는 이체자가 있는 것을 비교하면 그 구조를 짐작할 수 있다. '雅'가 '모범적, 고상함' 등을 뜻하게 된 것은 후대의 가차假借 용법일 뿐이며, 본래는 다른 단어의 음을 기록하기 위해 사용된 것이다. 그 원래 단어가 바로 '夏'이며, 대략 진秦 이후에 대량으로 '雅'자를 써서 표시하게 되면서 오늘날 우리에게 익숙한 모습이 되었다.

예를 들어, 모두가 알고 있는 『시경詩經』은 『풍風』『아雅』『송頌』으로 나뉘는데, 이 가운데 『아雅』는 『대아大雅』와 『소아小雅』로 구성되며, 이는 주대周代의 아음雅音과 정음正音을 대표한다. 여기서 말하는 『아雅』는 본래 『하夏』라고 불렸다. 호북湖北성 형문荊門 곽점촌郭店村에서 출토된 전국戰國 시대 초간楚簡과 상해박물관에 소장된 전국戰國 시대 초간楚簡 속에는, 전해 내려오는 『예기禮記·치의緇衣』 편과 유사한 내용의 글이 수록되어 있다. 그 가운데 『대아大雅』와 『소아小雅』를 언급하는 부분에는 '大頣'와 '少頣'[그림 13], 즉 '大夏'와 '小夏'로 기록되어 있어, 『夏』의 본래 형태가 보존되어 있다.

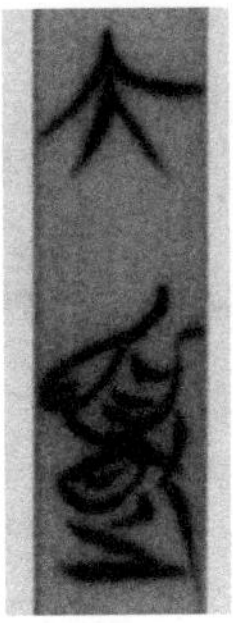
1. 곽점郭店 출토

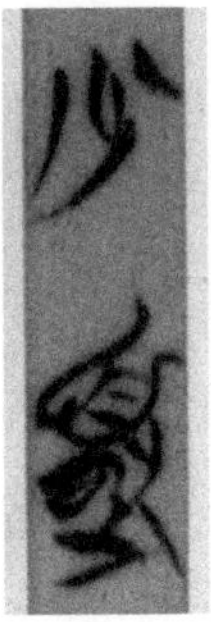
2. 곽점郭店 출토

3. 상해박물관 소장

[그림 13] 초간楚簡 '大夏{雅}', '少{小}夏{雅}'

또한 강소江蘇성 단도丹徒에서 출토된 춘추春秋 시대 편종編鐘 세트, 즉 '심육종甚六鐘'이라 불리는 악기가 있다. 악기의 주인은 종을 만든 뒤 '以夏以南' 즉, 『대아大雅』와 『소아小雅』 등의 아악雅樂, 그리고 『주남周南』과 『소남召南』 등의 남악南樂을 연주하려 한다고 기록하였다. 이 표현은 『시경詩經·소아小雅·고종鼓鐘』 편에도 등장하는데, 이때는 '以雅以南'으로 기록되어 있다.

전해지는 고서에서도 이와 유사한 현상을 가끔 찾아볼 수 있다. 예를 들어, 『묵자墨子·천지天志』에서는 『대아大雅』를 인용하면서 여전히 『대하大夏』로 표기하고 있는데, 이는 진한秦漢 이후 이 둘을 바꾸는 과정이 완전히 이루어지지 않았음을 보여주는 흔적으로 보인다. 또한 『순자荀子·영욕榮辱』에는 '越 나라 사람은 越 나라에 안주하고 楚 나라 사람은 楚 나라에 안주하며 군자는 夏 지역에 안주하는 것과 같으니[越人安越, 楚人安楚, 君子安雅]'라는 구절이 있는데, 여기서 지명으로 쓰인 '雅'는 원래 '夏'로 적는 것이 마땅하다. 이에 반해 『순자荀子·유효儒效』에는 '楚 나라에 거주하면 楚 나라 사람의 습속을 갖추고 越 나라에 거주하면 越 나라 사람의 습속을 갖추며 夏 나라에 거주하면 夏 나라 사람의 습속을 갖추는 것이니[居楚而楚, 居越而越, 居夏而夏]'라는 구절이 있어, 여기서는 '夏'를 '雅'로 고치지 않은 예를 볼 수 있다.

'夏'는 본래 글자이고, '雅'는 차용 글자이므로, 후자는 소리만 빌릴 뿐 의미를 나타내지 않는다. 따라서 고대인들이 생각한 '雅'가 무엇인지, 아악雅樂의 『아雅』, 아언雅言의 '아雅'는 무엇인지를 고찰할 때는 '雅'에서 원인을 찾을 것이 아니라, 본래 글자인 '夏'에서 찾아야 한다. 만약 '아雅'를 곧 '까마귀[鴉]'의 본뜻에서 출발하여 아악雅樂을 '까마귀 우는 소리[烏烏之聲]' 등으로 해석한다면, 이는 가차의를 인신의로 잘못 본 것이라고 할 수 있다(제11장 참조).

'아雅'가 본래 '하夏'에서 왔다는 점에 착안하면, 우리는 어휘 의미의 확장 과정을 다음과 같이 추정해 볼 수 있다.

1. 태양이 사람 머리 위를 비추는 모습을 '하夏'라고 했다(상대商代 글자 외형의 표면적 의미로, 반드시 '하夏'의 본의가 아닐 수 있다).
2. 햇빛이 내리쬐는 지역을 '하夏'라고 하고, 햇빛이 강한 시기 또한 '하夏'라고 했다(후자는 또 다른 맥락으로 나뉜다).
3. 자신들이 태양 아래, 즉 중앙에 거주한다고 생각한 민족이 자신들의 지역을 '하夏'라고 불렀다(나중에는 이 민족 자체 또한 '하夏'라고 불리게 되었다).
4. 하夏 지역의 예악禮樂 풍습에 부합하는 특징(즉, 모범적인 여러 풍습)을 '하夏'라고 불렀으며, 예를 들어 하언夏言, 하악夏樂, 시경詩經의 『하夏』 등이 이에 속한다.

진한秦漢 이후, 1-3번째 의미에는 지속적으로 '하夏'자를 사용하는 습관이 유지되었고, 4번째 의미에는 가차자인 '雅'로 바뀌 표기하게 되었다[그림 14].

[그림 14] 최초로 보이는 진秦 나라 문자 '雅'

위 제시한 이 논증이 타당하다면, 상商 나라 이전에 스스로를 '하夏'라고 칭한 민족이 존재했다는 점과 상商 나라 탕왕湯王이 패배시킨 정권이 '하夏'라고 불렸다는 사실에 대하여 유력한 증거가 될 수 있다. 물론 이는 역사적으로 대우大禹의 아들이 세웠다는 하왕조夏王朝의 존재 여부나 『사기史記』 등 고전에 기록된 하夏 나라 왕위 계보의 신빙성과는 별개의 문제이다.

현대인들이 역사를 이야기할 때, 특정 국가나 부속의 명칭, 고대 인물의 이름 유래, 지명의 기원 등을 논할 경우, 흔히 고문자 자형의 증거를 즐겨 활용한다. 그러나 이는 종종 지나치게 깊이 파고들거나, 잘못된 연관성을 설정하는 오류로 이어지기도 한다.

'하夏'를 예로 들자면, 만약 상대商代 갑골문 '하夏' 자형을 통해 하夏 역사를 논하려면 대략 네 단계를 거쳐야 한다.

1. 갑골문 '하夏'의 존재 여부.
2. 만약 존재한다면 갑골문 '하夏'가 왕조나 국가를 지칭하는지 검토.
3. 만약 왕조나 국가로 사용되었다면, '하夏'자는 의미를 표기한 것인지 음을 빌린 것인지 판별.
4. 만약 명확한 표의문자라면, 갑골문 '하夏'의 구성과 왕조/국가 명칭과의 연관성 분석.

위 단계 중 어느 하나라도 지장이 생기면(예를 들어, 학자들이 국가, 부족 명칭 '夏'를 천하天下 '하下'의 가차자로 보고, 독음만을 나타내었다는 주장), '夏'자로 夏代를 논하는 것은 불가능하게 된다. 만약 상商 나라 사람들이 '하夏'라는 글자나 단어를 사용하지 않았다면(예를 들어, 단지 '서읍西邑'으로 명칭), 이 또한 논의 자체가 성립되지 않는다.

역사는 문헌 기록으로 이어지며, 문헌은 문자로 작성된다. 문자는 형태·소리·의미를 포함하며, 자형은 그중 가장 작은 단위 중 하나일 뿐이다. 문자 본래 형태가 역사를 증명하는 역할은 틀림없이 존재하며 때로는 매우 결정적이지만, 역사를 기록하는 역할은 상대적으로 간접적인 편이므로 이를 과도하게 과장하거나 신비화해서는 안 된다. 게다가 고문자 자형과 그것이 기록한 대상 사이에는 단순히 音의 관계만 존재할 가능성도 있어, 이러한 경우를 쉽게 배제할 수 없다.

【참고 문헌과 보충 자료】

1. '西邑夏'에 대한 자료는 아래 문헌을 참고하라.
蔡哲茂, 「夏王朝存在新證--說殷卜辭的“西邑”」, 『中國文化』第44期, 2016年 10月 秋季號.

2. '雅'와 '夏'에 대한 자료는 아래 문헌을 참고하라.
馬銀琴, 「“雅”“夏”關係與周代雅樂正統地位的確立」, 『北方論叢』第3期, 2021年.

3. '夏'와 '下'에 대한 자료는 아래 문헌을 참고하라.
楊寬, 「說夏」, 『中國上古史導論』, 上海人民出版社, 2016年.

제17장

'月'과 '肉'

- 한 가지 형태가 여러 글자와 대응하는 현상[一形多用]

한자가 처음 만들어질 당시 사용 가능한 자형은 상대적으로 적었기 때문에, 하나의 글자가 때로는 의미상 유사하지만 음운상으로 무관한 여러 단어를 표시하였고, 이를 '일형다용一形多用'(한 글자가 음운적으로 관련된 여러 단어를 표기하는 경우는 '가차假借'라고 한다.)이라고 부른다. 또한 필사 활동이 빈번해지면서, 원래는 서로 달랐던 글자들이 점차 비슷해지고, 나아가 동일한 글자로 혼용되기까지 하는데, 이를 '유화일치[類化趨同]'라고 부른다.

긴 역사적 과정에서 한자 자형은 동일한 형태에서 분화되기도 하고, 서로 다른 형태에서 동일한 형태로 변하기도 했다. '일형다용一形多用'의 글자는 후기에 대부분 분화되었으나, '유화일치[類化趨同]'의 경우 글자의 기원을 추적하기 어려운 경우가 많다. 현재 우리는 출토자료를 충분히 활용하고 역사적 시각으로 세밀히 분석해야만 이러한 현상 즉, 유사점·차이점

·분화·결합 과정을 명확히 규명할 수 있다.

이전 내용에서 적지 않은 한자들의 '유화일치[類化趨同]' 사례, 예를 들면 愛, 憂, 慶 등을 다룬 바 있으므로 이곳에서는 중복해서 설명하지 않는다. 초기 '일형다용一形多用' 사례는 비교적 드물지만, 일부 언급된 바 있다. 예를 들어 '自'자는 본래 사람의 코를 본떴다[그림 1]. 상대商代 시기에 이 자형은 '코[鼻]'와 '자신[自]'을 모두 나타내었으므로(아마도 고대인들도 손으로 코를 가리키며 자신을 표현한 것으로 추정), 한 가지 형태로 두 가지 용도를[一形二用] 나타낸 것이다. 이 글자가 어떤 의미를 표시했는지 파악하려면 앞뒤 문맥을 봐야 한다. 이후 '코[鼻]'를 나타내는 경우에는 소리 부호 '畀bì'[그림 2]를 추가하였고, 비로소 '自'와 '鼻' 두 글자로 분화되었다. (제5장 '四'자 항목 참고)

[그림 1] 상대商代 갑골문甲骨文 '自=鼻'

[그림 2] '自'에서 분화된 '鼻'자

또 다른 예로 '女'를 제시할 수 있다. 이 글자는 본래 땅에 무릎을 꿇고 앉아 두 손을 몸 앞에 모은 여자의 모습을 형상했다[그림 3]. 이 자형은 본래 '女'와 '母'를 모두 나타냈다. 이후 '母'를 나타내는 경우 두 점을 추가하였고[그림 4], '女'와 '母' 두 글자로 분화되었다.

[그림 3] 상대商代 갑골문甲骨文 '女=母'

[그림 4] '女'에서 분화된 '母'

'禾'는 본래 수수 이삭이 늘어진 모습을 본떴고[그림 5], 본래 '禾'와 '年'을 모두 나타냈으며, 일 년 수확한 곡식을 압축적으로 표현하였다. 이후 '年'을 표기할 때에는 아래에 소리 부호 '人'을 추가하며, '禾'와 '年' 두 글자로 분화되었다.

[그림 5] 상대商代 갑골문甲骨文 '禾=年'

[그림 6] '禾'에서 분화된 '年'

본편에서 다룰 '月', '夕' 및 관련된 '肉' 등의 글자는 초기의 '일형다용一形多用' 현상과 후대에 발생한 '유화일치[類化趨同]'가 공존하며, 현재는 서로의 요소가 혼재된 상태이다. '自', '女', '禾' 등의 사례와 서로 비교해 보면, 고대와 현대 한자의 복잡다단한 발달 과정을 더욱 명확히 보여준다고 할 수 있다.

고문자 '月', '夕'의 일형다용一形多用

고문자 '月'은 원래 최초 초승달 모양을 본뜬 글자로[그림 7], 이 점은 널리 알려진 사실이다. 그러나 반대로 초승달 형태의  문자가 반드시 '月'을 나타내는 것은 아니다.

상대商代 갑골문에서 가장 이른 시기의  형태는 '月' 뿐만 아니라 달이 뜨는 시간인 '夕'도 나타냈다. 즉, 한 글자가 두 가지 용도[一形二用]로 쓰인 것이다. 당시 '月'과 '夕'의 자형은 차이가 없었기 때문에, 이 어떤 의미로 사용되었는지 용례를 통해 판단해야 한다. '六'은 '六月'을 의미하고 '六夕'은 아니며, '今'은 '今夕'을 의미하지만 '今月'은 아니다.

[그림 7] 상대商代 초기 갑골문甲骨文의 '月=夕'

이와 같은 방식은 결국 판독에 불편함이 있었기에, 고대인들도 일찍이 이 문제를 인식했다. 후기 상商 나라 갑골문에서의 '月'과 '夕'은 이미 명확히 구분된다. 즉, 의 형태는 '月'을 전용으로 표기하고, 형태 중앙에 점을 추가해 '夕'을 나타냈다. 이로써 두 글자가 분화되어, 한 획 적은 것은 '月'이 되고[그림 8.1], 한 획 더 많은 것은 '夕'[그림 8.2]이 되었다.

1 2

[그림 8] 상대商代 중기 갑골문甲骨文의 '月', '夕'

그러나 이러한 분업 방식은 오래 지속되지 못하고, 상대 말기에 이르러 '月'과 '夕'의 자형이 역전되는 현상이 발생한다. 이제는 한 획 더 많은 것이 '月'[그림 9.1]이 되었고, 한 획 적은 것이 도리어 '夕'이 되었다[그림 9.2].

1 2

[그림 9] 상대商代 말기 갑골문甲骨文의 '月', '夕'

이러한 역전은 어떤 의미를 지닐까? 아마도 '日'과 '月'의 관계를 조정하기 위한 조치였을 것이다. '日'자는 태양을 형상한 것으로, 원래는 단순히 'O'으로 표기할 수 있었지만, 고문자 '圓', '丁' 등 또한 'O'으로 썼다.

'日'의 중앙에 점을 추가한 것은 다른 원형 문자와 구별하기 위한 조치였을 것이다(고대인이 태양의 흑점을 발견했기 때문은 아니다). '日'자에 점을 추가했으니, 이에 대응되는 '月' 역시 서사자의 일치된 심리로 인해 결국 점이 있는 자형을 채택하였다[그림 10].

[그림 10] 상대商代 말기 금문金文 '日', '月'

이로써 한 획 더 많은 것은 '月'이 되고, 한 획 적은 것은 '夕'이 되었으며, 두 글자의 관계는 이때부터 안정화되었다. 상商 나라 말기를 시작으로 주周, 진秦, 한漢, 당唐을 거쳐 오늘날까지 그 형태가 단 한 번도 바뀌지 않았다[그림 11-13].

[그림 11] 서주西周 금문金文의 '月', '夕'

[그림 12] 전국戰國 초간楚簡의 '月', '夕'

[그림 13] 진간秦簡의 '月', '夕'

고문자 '肉', '月'의 유화일치[類化趨同]

'肉'자 또한 상대商代 갑골문에서 볼 수 있다[그림 14]. 일반적으로 고기 덩어리를 본뜻 것으로 여겨지며, 그 자형은 서주西周 이후의 '夕'자와 다소 유사하다. 상商 나라 말기에서 주周 나라 초기로 넘어가는 시기에 '肉' 자형에 한 획이 추가되어 형태가 약간 변형되었지만[그림 15.1], 동 시기의 '夕'이나 '月'[그림 11]과는 혼동되지 않는다.

[그림 14] 상대商代 갑골문甲骨文 '肉'

1. 서주西周 금문金文

2. 춘추春秋 금문金文

[그림 15] 서주西周, 춘추春秋 시기의 '肉' 형태

전국戰國 시대 무렵, '月'의 자형[그림 12.1, 13.1]은 '肉'과 점점 유사해졌다. 두 글자의 구조는 일치되는 과정을 거치고 있었으나, 획의 쓰임새 중 일부는 그 차이를 고수하고 있었다. 예를 들어 초楚 나라 사람들은 '月'자를 세 획으로 썼는데[그림 16.1=12.1], 첫 번째 획은 외곽을 감싸며 위로 올렸다가 내려긋는 방식이었다. 반면 '肉'자는 네 획으로 썼는데[그림 16.2-3], 첫 번째 획을 좌상단에서 직선으로 내려그어, 상대商代로부터 이어온 '肉'자의 특징을 유지했다.

[그림 16] 전국戰國 초간楚簡 '月'(1), '肉'(2-3)

진秦 나라 사람들의 관습은 또 달랐다. 그들은 '月'과 '肉'을 모두 네 획으로 썼는데, '月'의 첫 번째 획은 약간 휘어져 있었고[그림 17.1=13.1], '肉'의 첫 번째 획은 곧거나 약간 끊어져 있다[그림 17.2-3]. 그러나 이러한 미세한 획의 차이는 사실 쉽게 무시될 수 있어, 진秦 나라 문자에서 '肉'과 '月'이 완전히 동일한 형태로 쓰인 사례도 적지 않다.

예를 들어 『설문해자說文解字』의 소전小篆[그림 18]은 기본적으로 진한秦漢 시대 전서篆書의 모습을 반영하고 있는데, 여기서 '肉'과 '月'은 완전히 동일한 구조를 가지고 있어 직접적으로 구분할 수 없다(적어도 현재 확인 가능한 대부분의 판본이 그러하다). 서한西漢 시대에 이르러서야 예서隸書 '肉'은 중앙의 두 획을 꺾는 형태[그림 19.1]로 개조되면서, 독립된 글자로서의 '肉'과 '月'은 형태상 완전히 분리되었다. 다만 편방으로 사용될 때에는 여전히 적지 않게 혼용되었다.

[그림 17] 진간秦簡 '月'(1), '肉'(2-3)

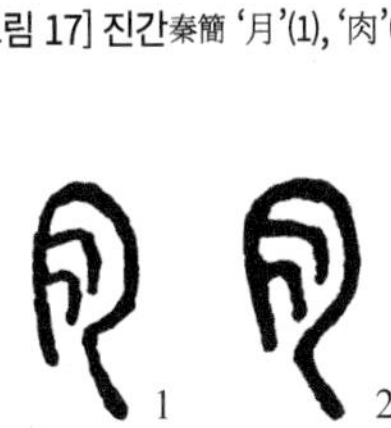

[그림 18] 구별이 어려운『說文』소전小篆 '肉', '月'

[그림 19] 서한西漢 죽간竹簡 '肉', '月', '夕'

이로써 우리는 대략적으로 '月', '夕', '肉' 세 글자의 역사적 변천을 정리해 보았다. 이를 통해 '이자동형异字同形' 또는 '동자이형同字異形'의 복잡한 관계가 존재하는 것을 알 수 있다. 아래, 관련 자형을 먼저 도표[표 1]로 정리한 후, 이를 기반으로 예서隸書와 해서楷書에서 나타나는 '月'의 자형에 혼재하는 다양한 기원을 분석해보고자 한다.

[표 1] '月', '夕', '肉' 자형 대조표

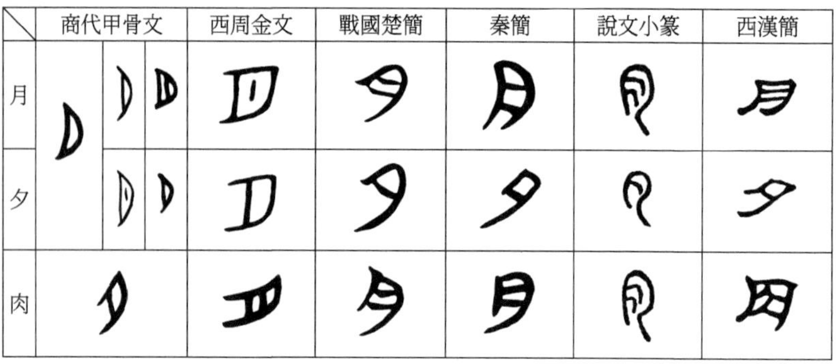

예서·해서 문자 '월형月形'의 다양한 기원

예서隸書와 해서楷書에서 '月'은 존재감이 매우 강한 부수로, '月' 형태를 포함한 글자는 수백 개에 이른다. 그러나 이들 중 진정으로 '月'에서 비롯한 글자는 손꼽아 헤아릴 수 있을 정도로 소수이며, 대부분은 다른 구성 요소가 '유화일치[類化趨同]' 현상을 통해 형성된 것이다. 아래에서 대표적인 상용자 몇 가지를 선별해 그 기원을 간략히 분석한다.

1. '月'에서 비롯한 글자

우 편방: 明, 朗, 朝, 期, 朔, 望, 霸

하 편방: 肖

조자造字 본의가 달과 관련된 합체자의 '月'은 대부분 오른쪽에 위치하는데, '明', '朗', '朝zhāo' 등이 대표적인 예이다('朝'에 대해서는 다음 장 참고). '期'는 시간의 단위을 의미하며, 역시 시기를 의미하는 '月'과 관련이 있다. '朔', '望', '霸'는 모두 월상月相을 나타내는 글자로, 음력 초하루에 달빛이 보이지 않는 것을 '朔', 음력 보름에 보름달이 뜨는 것을 '望'이라고 한다. '霸'의 본래 의미 또한 패권이 아니라 달빛의 상태이며, 아마도 '밝은 달빛'을 의미했을 가능성이 있다. 주周 나라 시대의 금문에서는 '既生霸', '既死霸'와 같은 월상을 나타내는 표현을 자주 볼 수 있고, 전래문헌은 이들이 주로 '既生魄', '既死魄' 등으로 기록되어 있는데, 이는 '霸'자가 후대에 주로 빌려 쓰여 '패권'의 의미로 사용되었기 때문으로 보인다. 위에 언급한 글자들의 고문자 형태[그림 20]를 보면, 모두 분명하게 '月'의 형태를 확인할 수 있다([표 1] '月'의 형태와 비교 가능).

[그림 20] 서주西周 금문金文 '朢{望}', '霸'

자형 하단의 '月'(첫 획이 주로 세로로 쓰임)은 일반적으로 '肉'에서 유래했으나, '肖'자는 예외이다. 『설문해자說文解字』에서는 "肖는 외모가 닮았다는 뜻이다. 肉을 의미요소로 小를 소리요소로 한다. 그 선조를 닮지 않으면 '불초'라고 한다[肖, 骨肉相似也. 从肉小聲. 不似其先, 故曰'不肖'也]."라고 설명하였다. 즉, '肖'의 하단을 의미 부호 '肉'으로 보고, '초상肖像'이나 '불초자손不肖子孫'의 '肖'를 본래 의미였다고 여겼으며, 이 본의는 '혈연(즉, 뼈와 살)이 서로 닮는다'에서 비롯된 것이라고 해석하였다. 이렇게 자형과 자의를 연결하는 해석은 사실 매우 억지스럽고 사실과도 맞지 않다. 출토된 고문자를 보면, '肖'의 '月'은 의미를, '小'는 소리를 나타낸 형성자로, 아마도 밤을 뜻하는 '宵'자를 표시하기 위해 만들어진 글자이다. 고문자 '肖'의 하단은 원래 명확히 '月'이었으며[그림 21.1-3], 아마도 진한秦漢 시대에 이르러서야 '肉'과 혼동되기 시작해[그림 21.4] 후대에 오해가 생긴 것으로 보인다.

1. 서주西周 금문金文 (구성요소)

2. 전국戰國 진晉 계열 금문

3. 진간秦簡

4.『說文』小篆

[그림 21] '肖'자의 변천

2. '肉'에서 비롯한 글자

좌 편방: 胞, 膊, 腸, 膽, 肚, 肺, 膚, 腹, 肝, 肛, 胳, 股, 胱, 肌, 胛, 腳, 肋, 腦, 脾, 脯, 胎, 腿, 胸, 胰, 臟, 肢, 肘, 腫, 脹, 肥, 胖, 腴, 腥, 臊, 膻, 腌, 豚 ……

우 편방: 胡

하 편방: 背, 脊, 肩, 臂, 胃, 腎, 脣{唇}, 膏, 肓, 育, 肴, 有, 龍{龙} ……

이상 제시한 글자들은 신체, (신체)기관, 육류 또는 관련된 개념을 의미하며, 이들의 의미 부호는 원래 모두 '肉'이었다가 진한秦漢 이후로 모두 '月'과 혼동되었다. '肉'이 편방으로 쓰일 때 肉의 형태로 쓰이는 경우는 오히려 드물고, 자주 쓰이는 예로는 '腐', '瘸' 정도뿐이다.

'고기'를 의미하는 '月'은 대부분 글자의 왼쪽이나 아래쪽에 위치하지만, 드물게 오른쪽에 있는 경우도 있는데, '胡'가 그러하다. 이른바 '古月=胡'는 사실 '古肉=胡'('古'는 소리부호)이다. '胡'의 본래 의미는 턱 부위에 늘어진 살을 가리키며, 이에 이 위치의 털도 '胡[수염]'라고 부르게 되었다. '胡人'을 '胡'라고 부른 것도, 아마 이들의 수염이 풍성한 특징과 관련이 있을 것이다.

'肉'이 아래 편방에 위치한 글자는 많지 않으며, 그중 일부는 특수한 사례이나. 예를 들어 '育'은 '毓'의 생략된 형태이고[제 10장 참조], 좋은 요리[佳餚]를 의미하는 '餚'는 겉보기에 상단이 '乂'이고 하단이 '有'로 보이지만, 실제로는 상단이 '爻'이고 하단이 '肉'('爻'는 소리부호)으로 구성되었다.

'有'자는 본래 손으로 고기 조각을 쥔 모양으로 소유, 점유를 나타냈지만, '肉' 부분이 '月'로 오인되는 경우가 많았다. 『설문해자說文解字』에서는 "有는 있어서는 안 된다는 뜻이다. 『춘추전』에서 '해가 달에 먹히는 때가 있다'라고 하였다. 月은 의미요소 又는 소리요소이다[有, 不宜有也. 『春秋傳』曰: '日月有食之'. 从月又聲]."라고 해석하였다. 이 구절의 의미는 매우 이상하다. 마치 '有'는 '있어서는 안 된다'라는 의미로, 일식, 월식은 불길한 징조이므로 '일식, 월식'의 '有'는 있어서는 안 된다는 것을 나타낸다. 이러한 이해는 사실 '有'자의 하단을 '月'로 잘못 판단한 뒤 역추론한 결과이다. 고문자에서 '有'는 서주西周 시기부터 등장하며[그림 22.1], 손을 나타내는 '又'와 손에 쥔 '肉'으로 구성되었고('又'가 표음 역할도 함), 여기서 '肉'의 형태는 명확히 구분된다([표 1] '肉'의 형태와 비교 가능). 그러나 진秦 나라 문자에 이르러 일부 '肉' 형태가 '月'과 혼동되었고[그림 22.3-4, 후자는 '月'에 근접합, [표 1]의 '秦簡' 항목 참고], 이로 인해 『說文』에서 월식과 연관시킨 오류가 발생했다.

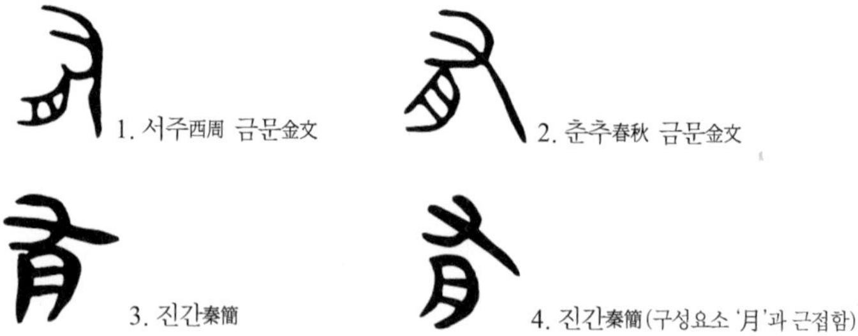

1. 서주西周 금문金文 2. 춘추春秋 금문金文

3. 진간秦簡 4. 진간秦簡(구성요소 '月'과 근접함)

[그림 22] '有'자의 변천

'龍{龙}'자는 상대 문자에서 높은 관[高冠], 큰 입, 김 몸통, 말린 꼬리의 형태로 표현되었으며, 당시 사람들이 생각하던 전형적인 용의 이미지를 반영했다[그림 23.1-2]. 그중 아래로 벌린 용의 입은 서주西周 이후 점차 일반적인 고기[肉]의 형태로 유사하게 변화하였고[그림 23.3-4], 진한秦漢 이후 다시 유사화를 거쳐 '月'로 변화하였다.

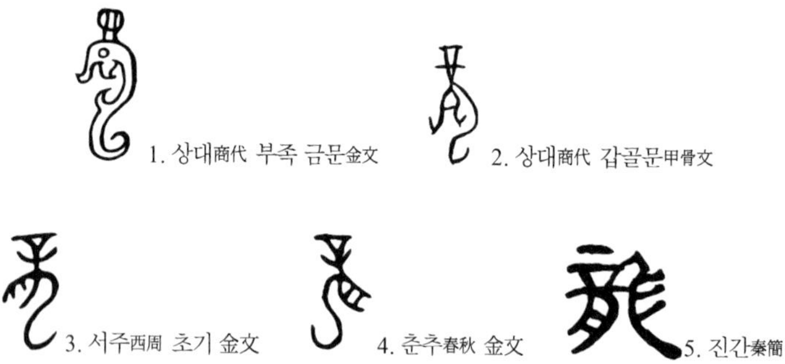

1. 상대商代 부족 금문金文 2. 상대商代 갑골문甲骨文

3. 서주西周 초기 金文 4. 춘추春秋 金文 5. 진간秦簡

[그림 23] '龍'자의 변천

3. '舟'에서 비롯한 글자

朕, 前, 俞

'舟'자는 본래 작은 배의 모양을 본뜬 상형자로, 상대商代 족명族名 金文의 '舟'는 상형 정도가 가장 높았으며[그림 24.1], 이후에는 일반적으로 가로 막대가 하나 추가된 동시에 세로로 쓰여졌다[그림 24.2-3]. 동주東周 이후에는 세로로 쓰인 '舟'는 '肉'과 점점 비슷해졌지만, 고대 사람들은 이를 구분하려고 노력했다. 예를 들어, 진秦 나라 사람들은 윗부분을 약간 구부려 썼고[그림 24.4], 초楚 나라 사람들은 삐침을 더하기도 하였다[그림 24.5, [표 1] '肉' 항목과 대조 가능]. 그러나 한대漢代 이후에는 '船', '舷' 등 '舟'와 의미적으로 밀접하게 연관된 글자에서만 이러한 차이가 남아있었고, 그 외에 배와 관련 없는 글자에서는 편방 '舟' 또한 점차 '月'로 혼동되어 사용되었다.

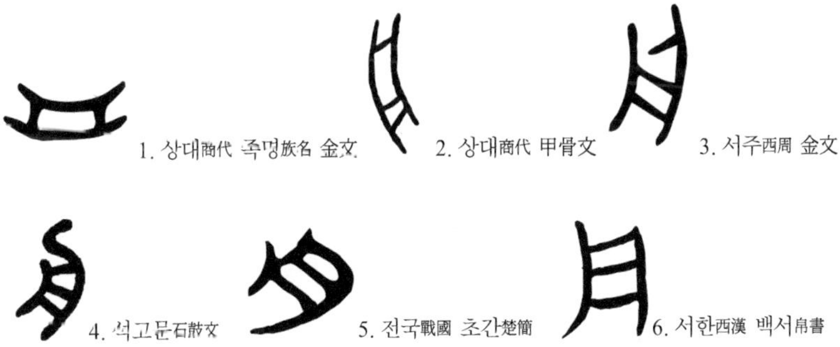

[그림 24] '舟'자의 변천

'前'자는 본래 물통[用{水桶}] 안에 발[止{腳}]이 있는 모양을 본떠 만들었고, 경우에 따라 물방울을 표시하기도 했으며[그림 25.1], 이는 '씻다'를 의미하는 '湔 jiān'을 나타내기 위해 고안된 글자였다. 서주西周 이후 물통을 나타내던 '用'은 형태상 유사한 '舟' 모양으로 변화하면서[그림 25.2] 위쪽은 '止', 아래쪽은 '舟'로 구성되었고, 그 조형 원리를 설명하기 어려워졌다. 이후 '刀'를 추가한 '前'[그림 25.3]은 사실 형성자로 자르다는 의미인 '剪'의 초문이다. 이러한 '湔'과 '剪'을 위해 만들어진 글자들이 후대에 앞뒤를 나타내는 '前'으로 가차 되었다. 서한西漢 이후에는 '舟' 부위가 이미 기호화를 이루며, '月'로 변형되어 기록되었다[그림 25.4].

1. 상대商代 갑골문甲骨文

2. 서주西周 금문金文

3. 진간秦簡

4. 서한간西漢簡

[그림 25] '前'자의 변천

'服'자는 원래 '𠬝'으로 표기되었으며, 손으로 무릎 꿇은 사람을 누르는 모양으로 사람을 복종시키는 형태를 나타내었다[그림 26.1]. 서주西周 문자에서는 '舟' 형태가 추가되었으나[그림 26.2], 이 구성의 논리적 근거는 아직 연구가 필요한 상태이다. 진한秦漢 이후에는 '舟'가 다시 '月'로 유화되면서 완전히 의미적 근거가 없는 기호로 변형되었다[그림 26.3].

1. 상대商代 갑골문甲骨文의 𠬝

2. 서주西周 금문金文

3. 진간秦簡

[그림 26] '服'자의 변천

4. ‘井’에서 비롯한 글자

青 (靜, 情……)

‘井’자는 본래 고대 우물의 우물틀을 위에서 내려다본 모양을 본뜬 것이다[그림 27]. ‘青’자는 ‘生’은 의미, ‘井’은 소리를 나타낸 형성자로, 본래 의미는 풀이나 나무가 처음 돋아날 때의 색, 즉 푸른색을 의미한다. 진秦나라 문자에서 어떤 경우에는 ‘青’자의 하단에 여전히 ‘井’의 위아래가 튀어나온 특징이 남아 있기도 하고[그림 28.2], 일부는 ‘月’이나 ‘肉’의 형태와 일치되기도 했다[그림 28.3]. 양한兩漢 이후에는 ‘青’의 윗부분은 세 개의 가로획으로 바뀌고, 아랫부분도 완전히 유사화되어 ‘月’로 변화되었다.

[그림 27] 상대商代 도문陶文 ‘井’과 상대商代 목조 우물틀 복원도

[그림 28] ‘青’자의 변천

5. 분리되어 내려온 글자

朋

제11장에서 소개했듯이, 친구를 뜻하는 '朋'자는 원래 두 개의 '月'도, 두 덩이의 '肉'도 아니었다. 이 글자는 '人'은 의미를 나타내고, 조개껍데기를 꿴 모양인 은 소리요소로 구성된 형성자이다. 서주西周에서 진한秦漢에 이르기까지 필획이 점차 연결되고 재구성되면서 두 개의 '月'로 쪼개졌으며 원형의 모습과는 완전히 무관한 글자가 되었다.

이상 제시한 예시들을 통해 우리는 같은 기원의 한자가 반드시 동형同形을 의미하지 않고, 동형同形 또한 반드시 기원이 같지 않음을 알 수 있으며, 이는 고금 모두 마찬가지이다. 고문자에 보이는 은 '月'일 수도 있고, '夕'일 수도 있다. 예를 들어 예서와 해서에 보이는 '月'은 '月', '肉', '舟', '井' 등 서로 다른 기원에서 온 것일 수 있다.

이처럼 '혼란'한 상황에서 우리는 고대 자형이 어떤 글자를 표시하는지, 또는 어디에서 유래했는지를 명확히 밝히려면, 그 글자가 구체적인 문맥에서의 용법, 그리고 전체 문자 계열에서 어떤 위치에 있는지를 살펴보는 것이 핵심이다. 하나의 자형은 단지 특정 시대, 지역, 또는 서사된 도구 상의 서사 습관을 반영할 뿐, 오히려 상대적으로 부차적인 요소이다.

제18장

'朝'와 '暮'

- 한자 구조의 근거

한자 창제 초기에는 글자마다 분명한 조자 근거가 있었다. 한 글자에는 그 글자의 형태 구조를 통해 어떻게 소리와 뜻을 나타내었는지, 처음에는 반드시 근거로 설명할 수 있었고, 논리적 체계가 존재했다. 조자 근거의 본질은 일종의 약속으로, 고대 사람들이 생각해낸 것이며 당시의 어떤 지식에 부합하는 약속이었다. 약속이 굳어져 모두가 그렇게 쓰고 읽으며, 하나의 글자가 성공적으로 만들어진 것이다.

그러나 약속에는 임의적 성질이 있기 마련이다. 한 글자와 그것이 나타내는 소리, 의미 사이에는 필연적이고 절대적인 연관성이 없는 경우도 많다. 이 점은 간과하기 쉽다.

예를 들어 '日'자는 본래 태양을 본뜬 글자이며, 고문자 자형[그림 1]을 보면 '한눈에 안다'고 여겨질 수 있다. 하지만 반대로 와 같은 글자 모양만 본다면, 그것이 왜 반드시 '日'이어야 할까? 왜 '目'자, '環'자, '球'자, '餠'자가 될 수 없을까? 그 이유는 고대 사람들이  모양을 '日'자로 나타내기로 약속했기 때문이며,  모양이 반드시 태양을 나타내거나 태양만을 나타낼 수 있기 때문은 아니다.

[그림 1] 상대商代 금문金文 '日'

그렇다면, 고문자 을 '日'로 인정하고, '目', '環', '球', '餠'으로 보지 않는 이유는 무엇인가? 하나는, 후대 예서隸書, 해서楷書 문자 '日'과 구조가 일치하며, 글자 형태가 서로 대응하기 때문이다. 다른 하나는, 갑골문과 금문의 용법이 '시대, 시기'를 지칭하고 하루를 의미하며 문맥 또한 일치하기 때문이다. 적어도 이 두 가지 조건(때로는 독음 증거까지 추가)이 있어야만 해당 글자를 식별할 수 있다. 그렇지 않으면, 어떤 글자 형태라도 여러 의미를 나타낼 수 있고, 다양한 글자로 해석될 수 있어 결국 그림을 보고 만든 이야기가 되므로 정확성이 떨어진다.

'日'과 관련하여, '시기'를 지칭하는 한 쌍의 단어 또한 한자의 표의적인 임의성과 한정성을 잘 설명하는데, 바로 '朝 zhāo'와 '暮'이다.

아침저녁으로[朝朝暮暮], 아침에 세 개 저녁에 네 개[朝三暮四], 늘 아침저녁으로 생각함[朝思暮想], 아침에는 진나라, 저녁에는 초나라[朝秦暮楚] 등에서 보듯, 아침을 '朝', 저녁을 '暮'로 부르는 것은 고대와 현대를 막론하고 통용된다. 갑골문이 발견된 후 학자들은 그 안의 '朝'와 '暮' 두 글자(후자는 '莫'로 표기, '莫'는 '暮'의 초기 형태)를 식별했다. 이 중 '朝'[그림 2]는 日과 '月'이 초목 사이에 있는 모양으로, 해가 막 떠오르면서 달이 아직 지지 않은 모습을 통해 아침을 표시하였다. 이와 대조적으로 '莫'[그림 3]자는 해가 초목 사이에 있는 모양으로, 해가 지지만 아직 지평선 아래로 완전히 사라지지 않은 모습을 통해 저녁 무렵을 표시하였다.

[그림 2] 상대商代 갑골문甲骨文 '朝'자의 한 형태

[그림 3] 상대商代 갑골문甲骨文 '莫'자의 한 형태

만약 천문 현상에 익숙하다면, 이러한 설명이 다소 의심스럽다는 것을 알 수 있다. 왜냐하면 이른바 '해와 달이 함께 빛나는' 현상은 선보름과 후보름에 따라 발생 시간이 반대이기 때문이다. 선보름 저녁 무렵에는 해가 질 때 달이 뜨는 모습을 볼 수 있지만, 아침에는 볼 수 없다. 반면 후보름 아침 무렵에는 해가 뜰 때 달이 아직 지지 않은 모습을 볼 수 있지만, 저녁에는 볼 수 없다.

즉, 단순히 글자 형태만 본다면 이 나타내는 것은, 선보름의 '暮'일 수도 있고 후보름의 '朝'일 수도 있다. 마찬가지로  이 나타내는 것은, 선보름의 '朝'일 수도 있고 후보름의 '暮'일 수도 있다. 만약 '해가 초목 사이에 있는' 모양만 고려한다면, 는 어떤 날의 '朝'나 '暮' 모두를 나타낼 수 있다. 그러나 후대의 글자 형태와 대조한다면, 을 '莫'로 해석하는 것은 매우 신빙성이 있으나, 을 '朝'로 해석하는 것에는 여전히 재고가 필요하다.

곽말약郭沫若 선생은 이 문제를 예리하게 지적하며 다음과 같이 주장했다. "'日이 이미 초목 사이에서 떠올랐으나 月이 여전히 하늘에 있는 것'은 하현 시기의 현상이다. 만약 상현이라면 '月이 이미 하늘에 떠 있고 日이 아직 초목 사이에 남아 있는' 상황이니 이 글자가() 어찌 暮가 되지 않겠는가['日已出茻中而月猶在天'乃下弦時現象, 若在上弦則'月已出天而日猶在茻中', 此字(指 )不將為莫{暮}耶]." 또한 그는 서주西周 금문金文과 진秦 소전小篆의 '朝' 우 편방은 모두 '月'이 아니라, 예서, 해서 문자에 이르러서야 '月'로 잘못 변형되었음을 지적하였다. 즉, 후대에 와전된 자형을 근거로 周, 秦 시대를 넘어 상대商代 갑골문  를 '朝'로 판독하는 것은 신뢰할 수 없다고 하였다. (『卜辭通纂』第797片考釋, 科學出版社, 1983年, 556쪽)

다시 말하면, 그는  을 '朝'로 해석하는 것은 구조적 논리성이 충분하지 못할 뿐만 아니라, 자형 변천의 연속성 또한 결여되었다고 보았다.

다행히 후대 학자들은 갑골복사甲骨卜辭에서 '朝'와 '莫{暮}'가 대비되거나, '朝'와 '夕'이 상대되는 사례를 찾아냈으며, '朝'자의 변천 과정 중간 단계도 발견했다. 마침내 갑골문 '朝'와 '莫' 해독이 정확하였음을 실증하였다. 그렇다면 다시 이 둘의 구조적 근거를 살펴보면, 모두 후보름의 천문 현상에서 취했음을 알 수 있다. 즉, 해와 달이 함께 빛나는 형태로 아침을, 해가 숲속에서 지는 모습으로 저녁을 표현한 것이다. 그렇다면 왜 선보름 현상을 취하지 않았을까? 아마도 논리와는 거리가 먼 단순한 약속이었을 것이다.

문자 창제자의 약속은 스스로 체계를 갖추고 논리적으로 일관되지만, 후대의 실제 사용자는 종종 조자 본래의 의미를 고려하지 못한다. 혼동되기 쉬운 문자에 대해 사용자들은 자기도 모르게 개조했고, 일부 제한적 조건을 통해 문자를 구별할 수 있도록 그 정도를 확보했다. 고대인은 '朝'와 '莫' 두 문자를 어떻게 개조했을까? 아래에서 각각 살펴보도록 한다.

朝

'日'과 '月'이 네 개의 초목(↓) 형태 속에 있는 '朝'[그림 2]는 상대商代 갑골문에서 가장 완전한 번체 형태로, 실제로는 드물게 발견된다. 갑골문 '朝'는 대부분 위아래 두 개의 초목([그림 4.1], '月'이 弧 모양의 필획으로 생략된 형태) 또는 두 개의 나무로 표현되었으며, 이는 예서와 해서 문자 '朝'의 자형과 구조적으로 일치한다(단, 직접적으로 변천된 것은 아니며, 아래에서 상세히 언급하도록 한다).

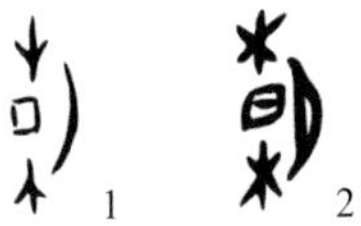

[그림 4] 상대商代 갑골문甲骨文 '朝'

사례의 문맥을 살펴보면, 앞 문장은 '에 비가 있다[有雨].'으로, '오늘 저녁 비를 만나지 않는다[今昏不遘雨].' (遘는 '만나다'를 의미)와 대응되며, 뒷 문장은 ' 酒'으로, '暮酒'(酒는 제사 명칭)와 대응된다. 이 두 문장에서 각각 '昏', '暮'가 서로 상대되므로, 의심의 여지없이 시기를 칭하는 '朝'를 의미한다.

갑골문 '朝'에는 '𠦝'[그림 5.1]이라는 간체자가 있는데, '日'이 초목 사이에 있는 모습만을 썼다. '𠦝'가 '莫'와 혼동되지 않았을까? 사실 혼동되지 않았는데, 그 이유는 '莫' 글자에서 두 개의 초목을 생략한 경우, 모두 '日이 초목 아래 위치'[그림 5.2] 하여 태양이 지평선 아래로 지고 있는 의미를 더욱 명확히 표현했기 때문이다. 구성 요소의 위치 관계에서 갑골문 간체인 '朝'와 '莫'는 명확하게 대립하였다.

[그림 5] 상대商代 갑골문甲骨文 간체 '朝'(1), '莫'(2)

그러나 이러한 차이가 미세한 간체자는 식별하기 쉽지 않아서 계속 사용하지 않은 듯 하다. 서주西周 이후, 고대인들은 완전히 다른 글자로 대체해 '朝'를 나타냈다. 일부 초기 자형을 보존하여 우측에 '月'[그림 6]을 구성한 사례를 제외하고는 대부분 '月'을 '水' 또는 '川'으로 변경했다[그림 7]. '水'와 '川'은 본래 모두 강을 의미하고, 자형 또한 모두 강의 흐름을 나타내었으며[그림 8], 고문자 구성 형태로 보면 이 둘을 구분하기 어려운 경우가 있다.

[그림 6] 서주西周 금문金文의 초기 형태 '朝'廟자의 중앙)

[그림 7] 서주西周 금문金文 '朝'를 '淖{潮}'으로 나타낸 문자

[그림 8] 고문자 '水' 또는 '川'

달을 제거하고 그 자리에 물을 첨가한 이러한 자형은[그림 7], '朝'(간체자 '朝')와 '水'로 구성된 회의자로 분석할 수 있고, 아침의 물을 뜻하는 것으로 즉, 조수潮水이다(아침에 물이 불어나는 것을 '潮', 저녁에 물이 불어나는 것을 '汐'이라고 한다). 이 글자는 주대에는 주로 '朝, zhāo'를 의미했지만, 사실은 '朝'가 아닌 조석潮汐의 '潮'의 초기 문자로 '淖'로 표기할 수도 있다.

즉, 주周 나라 사람들은 이미 존재하던 '朝'자를 사용하지 않고, 오랜 기간 '淖(潮)'이라는 글자로 가차해 아침과 저녁을 나타내는 '朝, zhāo'를 표기하였다[그림 9]. 그들이 왜 이런 우회적인 방법을 택했는지는 지금으로서는 명확히 예측할 수 없다. 다만 이러한 선택으로 인해 '朝'와 '莫'은 완전히 분리되었다는 점은 확실하다.

1. 大盂鼎

2. 仲殷父簋

[그림 9] 서주西周 금문金文 '朝夕'

전국戰國 시대에 이르면, '淖'자의 구성에서 '朝' 이외의 나머지 부분은 여전히 '水' 또는 '川'으로 명확하게 식별할 수 있었으나[그림 10.1-2], 일부 이미 어떤 구성 요소인지 더 이상 알아보기 어려웠다[그림 10.3].

1. 제齊 나라 金文

2. 초간楚簡

3. 초간楚簡

[그림 10] 戰國 문자 '淖{潮}'

이미 더 이상 알아볼 수 없게 되자, 자형은 더욱 쉽게 변형되었다. 秦 나라 문자 '淖'의 오른쪽이 무엇인지 분명하지 않은 구성 요소에서, 그와 비슷한 형태의 '舟'[그림 11.1]로 바뀌었을 뿐만 아니라, 게다가 한대漢代 이후의 전서篆書로도 계승되었다[그림 11.2]. '舟'와 '朝'의 발음이 비슷하여 '朝'자의 독음을 제시하는 역할을 하기 시작했고, 이때 '朝'는 '𠦝'가 의미를 나타내고 '舟'가 발음을 나타내는 형성자로 새롭게 개조되어 새로운 생명을 얻게 되었다.

1. 진秦 나라 인장[印]

2. 한漢 나라 인장[印]

[그림 11] '舟'를 구성 요소로 한 진한 전서의 '朝'

우리는 위 서술에서 한대漢代 이후로 편방 '舟'는 대부분 '月'과 혼동되어 쓰였다고 언급하였다. '朝'자도 예외가 아니어서 전서와 예서 모두에서 그 오른쪽 부분이 결과적으로 '月'과 구별되지 않는 형태로 변화하였다[그림 12]. 이때부터 후대에 널리 쓰이는 '朝'자의 형태가 확정되었다.

1. 한漢 나라 인장[印]

2. 한간漢簡

[그림 12] '月'을 구성 요소로 한 한대漢代 문자 '朝'

돌고 돌아서 한대漢代 이후의 '朝'는 결국 상대商代 문자 '朝'와 형태가 같아졌다. 이는 직접적인 자형의 변천도 아니고, 한대漢代 사람들이 갑골문을 본 것도 아닌 우연한 고금古今 간의 동형同形 현상이다. 이렇게 우연히 일치한 것은 마치 한자 발전의 일반적인 규칙을 깨버린 듯하다. 자료가 부족했던 이전 시대에 곽말약郭沫若 선생조차도 믿지 못했던 것은 당연한 일이다.

莫{暮}

'莫'자의 초기 형태는 해가 초목草木 사이로 지는 모습을 형상하였다([그림 3], [그림 13.1]). 네 개의 풀(⽊)이나 네 개의 나무(木)는 의미상 어떠한 차이가 없다. 갑골문 '莫' 또한 두 개의 풀이나 두 개의 나무([그림 5.2], [그림 13.2])로 표기되었지만, '日'은 반드시 초목 아래에 위치한다. 앞서 언급하였듯이 이러한 위치 관계는 '朝'의 자형과 뚜렷한 대조를 이룬다.

[그림 13] '木'을 구성 요소로 한 상대商代 갑골문 '莫'

상대商代 갑골문에는 '莫{暮}'을 나타내는 또 다른 글자가 있는데, 이는 '莫' 아래에 새[鳥] 모양을 더한 형태이다[그림 14.1]. '莫'자에 새[鳥]가 더해진 것은 아마도 '해질 무렵 새가 숲으로 돌아간다'라는 의미를 취한 것으로, '莫'의 이체자 중 하나이다. 이 이체자는 심지어 '日'을 생략하고 숲속의 새만 남기기도 하는데[그림 14.2], 마치 '권조귀림[倦鳥歸林, 지친 새가 둥지로 돌아가다]'으로 저녁을 표현한 듯하다.

 1  2

[그림 14] 상대商代 갑골문甲骨文의 '鳥'를 추가한 '莫'

앞서 갑골복사甲骨卜辭의 '조주朝酒'와 '모주暮酒'가 대비되는 사례를 들었는데, 여기서 '暮'는 바로  로 표기되었다. 자는 '숙사록[夙射鹿, 이른 아침에 사슴을 쏨]'과 대비되는 ' 사록射鹿[저녁에 사슴을 쏨]'이라는 복사卜辭도 있다(점괘로 이른 아침에 사슴을 사냥할지, 저녁에 사냥할지 묻는 내용). 만약 이러한 명확한 사례가 없었다면, '莫'자가 '萑'으로 쓰일 수도 있었다는 것은 아마 상상도 못 했을 것이다.

이상 언급한 상대商代 문자 '莫'의 이체자는 '朝'와의 차이가 매우 뚜렷하여, 서로를 잘 구별할 수 있도록 작용했다. 그러나 서주西周 이후, 사람들은 일반적으로 '네 개의 草 사이에 日'형태로 '莫' 자형만을 사용하게 되었다[그림 15]. 이는 아마도 '朝'가 전부 '淖{潮}'자로 바뀌어 표기되면서 '莫'에서 더 이상 구별을 위한 변형이 필요 없어졌기 때문일 것이다. 진秦 나라 예서에 이르러서는 '莫'자 아래 두 개의 풀[草]이 연결되어 '大' 형태로 쓰이게 되었고[그림 16], 이후 예서隸書와 해서楷書에서의 '莫'자는 이 형태로 정착되었다.

 1. 서주西周 금문金文  2. 전국戰國 초간楚簡

[그림 15] 서주西周 이후의 고문자 '莫'

[그림 16] 진간秦簡 '莫'자의 변화

선진先秦과 진한秦漢 시대에는 '莫' 자형이 주로 두 가지 다른 단어를 나타냈는데, 하나는 '暮'이고, 다른 하나는 부정사로 '不', '不能', '没有'에 해당하는 말이다. 후자의 경우는 비록 '莫'으로 가차의를 나타낸 것이지만, 본의보다 더욱 자주 쓰였다. 그래서 오래 섞어 쓰이다가 결국 분화가 일어나 전국戰國 시대 무렵에는 '莫'자에 '夕'을 추가해 '㱮'[그림 17.1]으로 분화되었고, '㱮'으로 '夕'과 의미가 가까운 '暮'을 나타내었으며, '莫'는 오로지 가차된 의미로만 쓰이게 되었다. 그러나 나중에 일반적으로 통용된 것은 '日'을 더한 '暮'자[그림 17.2]이고, 위아래 두 개의 '日'은 불필요한 중복처럼 보이지만, 하나의 약속이 되어 지금까지도 그 형태가 유지되고 있다. 이 밖에 위魏 나라 비석에서는 '莫' 아래에 '月'을 추가한 자형도 나타난 적이 있으나[그림 17.3], 안타깝게도 잠깐 나타났다가 사라졌을 뿐 전승되지는 않았다.

1. 전국戰國 초간楚簡

2. 三國 吳 나라 팽노彭盧의 매지권買地券

3. 북위北魏 원탄업元誕業 묘지

[그림 17] 하단에 '夕', '日', '月'을 더한 '暮'

선진先秦과 진한秦漢 시대의 출토문헌에는 '暮'자를 찾아볼 수 없지만, 동시대 전래문헌은 '暮'자를 흔히 볼 수 있어 아마도 후대에 고쳐 쓴 결과일 수 있다. 전래문헌은 '莫'자가 본래 의미로 쓰인 사례도 일부 남아 있는데, 예를 들어, 『시경詩經·제풍齊風·동방미명東方未明』의 "새벽과 밤을 구분 못하니 너무 이르거나 늦다네[不能辰夜, 不夙則莫].", 『주역周易·쾌괘夬卦』의 "늦은 밤에 적병의 침공이 있다[莫夜有戎].", 『예기禮記·빙의聘義』의 "해가 저물고 사람이 피로했어도[日莫人倦]" 등이 있다. 여기서 '莫'은 모두 '暮'를 뜻하며, '莫'으로 쓰인 것은 아마도 '暮'자로 고쳐 쓰는 작업이 완전히 이뤄지지 않은 흔적으로 보인다.

'朝'와 '莫{暮}' 두 글자의 변천 과정을 통해 우리는 이러한 인상을 남게 한다. 고금古今 한자의 구성은 임의성任意性과 제한성[限定性]이 함께 존재한다. 글자가 조자되고, 사용되고, 서사되는 모든 과정에서 이치에 맞는 면과 그렇지 않은 면이 항상 공존한다. 그러나 이치에 맞든 맞지 않든, 하나의 글자가 만일 사용자에게 받아들여지고 전승되려면 핵심적인 한 단계를 반드시 거쳐야 한다. 그것은 바로 '사회적 약속과 관습의 형성[約定俗成]'이다.

제19장

'中'과 '外'

- 문자와 문물의 상호 증명

고문자와 고문물은 모두 고대 사회의 귀중한 유산으로, 두 가지는 매우 밀접한 관계를 맺고 있으며 상호 검증이 가능하다. 고문자 중에서 비교적 원시적인 자형, 특히 표의자는 대체로 문자 창제 당시의 물질적 형태를 반영한다. 심지어 일부 역사에 명확히 기록되지 않았거나, 고고학 분야에도 발견되지 않았으며, 일반 연구로는 검증할 수 없는 고대 문물 문화를 이해하는데 도움을 준다.

예를 들어, 현재 우리는 상대商代의 어떠한 붓과 죽간의 실물을 볼 수 없지만, 상대商代 문자에서는 붓을 형상화한 '聿(筆)'자와 죽간을 형상화한 '冊'자를 발견할 수 있다[그림 1]. 이는 이 두 글자가 만들어지기 훨씬 이전부터 붓, 죽간이 이미 사람들에게 익숙한 필기도구이자 문자 매체였음을 충분히 입증한다(제3장 참조).

[그림 1] 상대 문자 '聿{筆-笔}', '冊'

반대로 고문물의 발견과 연구는 난해한 글자를 식별하는 데 도움을 주거나, 난해한 문자 구성도 분석할 수 있게 해준다(제6장 '丙', '丁', '庚' 등 항목 참고). 문물 관련 근거나 문물에 담긴 역사적 이해가 부족하다면, 고문자를 해독할 때 '참조 기준'을 찾지 못할 뿐만 아니라, 장기적인 오해에도 빠질 수도 있다. 아래에서 '中'과 '外' 두 상용 글자를 예로 들어 문자와 문물의 상호 검증되는 방식과 범위를 살펴보도록 한다.

中

'中'은 하나의 추상적인 개념으로, '가운데[中]'를 나타내기 위해 만든 글자는 굳이 특정 물건을 본뜬 형태일 필요가 없을 듯 하다. 『설문해자說文解字』에 수록된 小篆 '中'[그림 2]은 예서, 해서 문자 '中'과 큰 차이가 없는 '口'에 한 세로획이 그어져 있다. 저자 허신許愼은 '中'에 대해 간단히 "口로 구성되었고, ㅣ은 위아래가 통하는 것이다[从口. ㅣ, 上下通]."라고 분석하였다.

[그림 2] 『설문說文』 소전小篆 '中'의 와변 형태

모두가 아는 바와 같이, '口(ㅂ)'자는 입을 본뜬 글자로, 두 개의 세로획은 본래 끝이 튀어나와 입꼬리가 올라간 모습을 형상하였다. 그렇다면, 입안 위아래를 관통하는 한 획이 있는 中이 어째서 '中[가운데]'을 뜻하게 되었을까? 『설문說文』에서는 이에 대해 설명하지 않았으며, 아마 설명하기도 어려웠을 것이다. 中의 글자 구성을 이해할 수 없었기 때문에, 고대 학자들은 中 형태를 포함하는 다른 글자에서 해석의 실마리를 찾을 수밖에 없었는데, 그 글자가 바로 역사歷史를 뜻하는 '史'자이다[그림 3].

1. 상대商代 金文

2. 『說文』 小篆

[그림 3] '史'의 자형 구성

고문자 '史'는 中와 '又'로 구성되어 있다. 『說文』의 해석은 "史는 사건을 기록하는 자이다. 又로 구성되었고 中을 쥐고 있다. 中은 바름을 뜻한다[史, 記事者也. 从又持中. 中, 正也]."이다. 우리는 일찍이 여러 차례 '又'는 본래 한 손을 형상한 것임을 언급하였다. 그렇다면, '又로 구성되었고 中을 쥐고 있다[从又持中].'는 것은 손으로 '中'을 쥐고 있는 모습으로, 고대 사관의 형상을 대표한 듯하다. 그러나 사람의 손은 실물만 잡을 수 있을 뿐, 추상적인 개념(中은 바름을 뜻한다[中, 正也].)을 잡을 수 없으며, 고대인들이 글자를 만들 때도 이러한 논리는 없었다. 동주東周 이후의 고서에는 "持中"이 이렇다 저렇다 말하는데 그 뜻은 올바른 태도를 지닌다라는 의미일 뿐이다. 이는 늦어도 상대商代에 이미 형성된 '史'자의 구조와는 무관하여 억지로 연결지어 해석하면 안된다.

'史'자의 손에 쥐고 있는 中는 과연 무엇을 본뜬 물건일까? 여러 설이 있는데, 예를 들어 사관이 손에 쥔 서적[簡冊], 필기도구, 셈할 때 쓰는 산가지[算籌]를 담는 용기, 청동 악기인 작은 징[小鐃] 등이 거론되었지만 아직까지도 의견이 분분하다. 그중에서 청동 악기인 작은 징[小鐃]을 형상했다는 설명만은 가능할 수 있으나 손에 작은 징을 쥐고 있음이 '史'와 어떤 관계인지 설명이 쉽지 않다. 그러나 적어도 확정할 수 있는 부분은 '史'의 쥐고 있는 것 부분이 절대로 '中'이 아니라는 것이다.

 이 어째서 '中'이 아닐까? 실제로 진한秦漢 시대의 전서篆書가 대량으로 출토된 후, 학자들은 당시 '中'자가  으로 쓰이지 않았고, 세로획이 관통하는 부분이 본래 원 또는 사각형 모양이었으며[그림 4], 극소수의 자형만 '口'로 잘못되었음을 발견했다. 다시 말하면, '中'과 '史' 두 글자는 원래 서로 관련이 없고, 『說文』 小篆 '中'자에서  의 형태를 잘못 사용했으며 또한  형태는 때마침 小篆  {史}의 상부와 동일하여, 결국 '中'을 '史'에까지 포함한 잘못된 분석이라고 할 수 있다.

1. 秦 나라 인장[印] 2. 서한西漢 봉니封泥 3. 동한東漢 석각

[그림 4] 출토된 진한秦漢 시기 전서篆書 '中'

'史'와 완전히 분리한 후에 다시 고문자 '中'자 본연의 구성 형태를 살펴보도록 한다. 상주商周 시기 비교적 원시적인 갑골, 금문에서 '中'을 나타내는 글자는 단순히 세로획 하나가 원형 또는 사각형을 관통하는 형태뿐만 아니라(금문은 다소 둥글고 갑골문은 다소 각진 형태로, 본질적 차이는 없음), 여러 더욱 복잡한 형태가 많다. 복잡성과 단순성의 정도에 따라 대략 세 가지 유형으로 나눌 수 있다[그림 5].

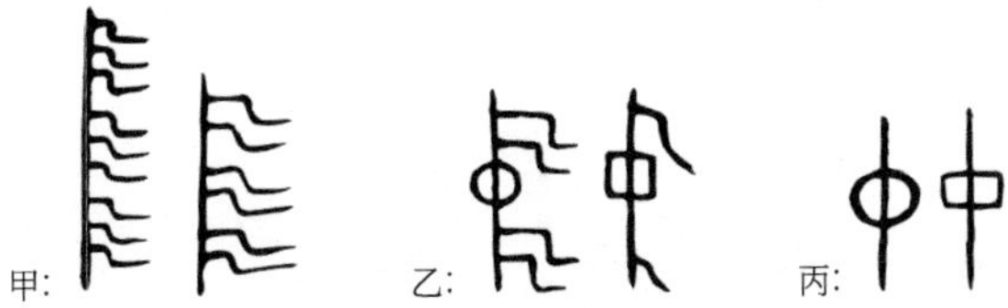

[그림 5] 상대적으로 원시 형태의 고문자 '中'

쉽게 확인할 수 있듯이, 이중 는 후대 '中'자의 직접적인 기원이 되며, 는 ,  두 형태의 중간에 위치하여 두 가지 특징을 모두 갖추고 있다. 이렇게 보면, 후대에 전해지지 않은  형태가 매우 중요한 의미를 지녔음을 알 수 있다. 한자 발전의 일반적인 규칙에 근거해 역추적하면,  형태가 아마도 가장 이른 시기, 가장 원시적인 '中'자이다.

자형으로 볼 때,  글자는 독립된 상형자로, 어떤 구체적인 사물을 본뜬 것이다. 이 글자가 '가운데[中]'를 나타내고 있는데, 이 자형이 '가운데[中]'와 관계된 이유는 두 가지의 가능성만 존재한다. 하나는, 그 사물의 이름이 '中'의 발음과 비슷한 경우(가차자 '中'), 또 하나는, 그 사물의 기능이 '中'의 의미와 관련이 있는 경우다.

그렇다면, 은 무엇인가? 단지 자형만 본다면, 한 세로획에 세 부류의 꺾인 획이 더해진 모습으로, 여러 가능성이 있을 것 같다. 그러나 이것을 상·주 시대의 고문자 체계에 놓고 보면, 이 글자 구조는 명확한 의미를 갖는데, 이는 수직 기둥에 세 무리의 띠가 걸려 있는 모습으로, 마치 깃발 종류의 사물을 의미하는 것으로 보인다.

이와 비교할 수 있는 것은 '旌', '旗' 등 글자에 포함된 편방 '㫃 yǎn'자이다. '㫃'은 본래 깃발을 형상한 것으로[그림 6], 깃대, 깃대 끝의 장식물, 세로 방향의 깃발 면과 가로 방향의 장식 띠로 구성되었다. 그중 장식 띠를 '斿 liú'라고 하며, '旒' 또는 '游'(모두 liú로 읽음)로도 쓴다.  자의 꺾인 획은 '㫃'자 속의 '장식 띠[斿]'와 같은 형태이고, 수직 획의 위치 관계 또한 동일하다. 따라서  글자는 하나의 수직 기둥과 여러 개의 장식 띠[斿]가

[그림 6] 商代 金文 '㫃'

조합된 모습을 형상했다고 볼 수 있다.

그렇다면 고대에 이러한 깃발이 있었을까? 학자들은 고서에서 '㠉 chuáng'자를 찾아냈다. 이 글자는 의미요소 '㫃', 소리요소 '童'으로 구성된 바로 일종의 깃발을 가리키는 명칭이다. '㠉'은 '幢'의 이체자이며, '㫃'과 '巾'의 뜻도 서로 비슷하다('幢'이 경당[불교의 경문經文을 새긴 돌기둥]을 의미하게 된 것은 불교가 전해진 이후의 늦은 시기의 용법). '童'과 '中'의 고음은 비슷하고, '童'을 소리요소로 구성한 '㠉/幢'과 '中' 역시 자연스럽게 음이 근접하다. 따라서 은 아마도 '㠉/幢'을 위해 만들어진 글자로, 음이 비슷해 가차되어 중간의 '中'을 나타내게 되었을 것이다.

문제는 '㠉'이라고 불리는 깃발이 어떤 모습이었는지 아무도 알지 못한다는 점이다. 고서에 명확한 기록이 없고, 출토문물에서도 한 번도 발견된 적이 없다. 단지 '㠉'이라는 이름만으로는  형태와 명확하게 대응시킬 수 없다. 게다가 일반적인 깃발과 비교해 보면,  의 특이한 점은 수직 기둥의 상·중·하단 모두에 장식 띠[斿]가 있는 것이지만, 일반적으로 깃발의 장식 띠는 깃대의 상부에만 달리며, 중간이나 하부에는 달리지 않는다.  는 정말 깃발이었을까? 사실 꼭 그렇다고 할 수는 없다.

형태와 음운 두 측면 모두에서 명확한 결론을 내릴 수 없다면, 이제 용례를 살펴보도록 한다. 商·周 시대에는 세 유형의 '中'자가 이미 분화되었으며,  와 의 용법은 동일하게 대부분 가운데라는 의미의 '中'을 나타냈고,  형태는 주로 백중[伯仲, 맏이와 둘째]의 '仲'을 나타냈다. 갑골문

의 점복[卜辭] 기록에는  ,  두 형태에 또 하나의 특별한 용례가 있는데, 이것을 '立中'이라고 한다.

예를 들어, 한 점복[卜辭] 기록에는 "병자일에 '입중'하면, 바람이 없을 것이다[丙子其立中, 亡{無}鳳{風}]."[그림 7.1]라고 하였고, 또 다른 점복 기록에는 "병자일에 '입중'하니 실제로 바람이 없었다[丙子立中, 允亡{無}鳳{風}]."[그림 7.2] (상대에는 '亡'으로 '無'를, '鳳'으로 '風'을 표시, 참고: 제14장, 제11장)

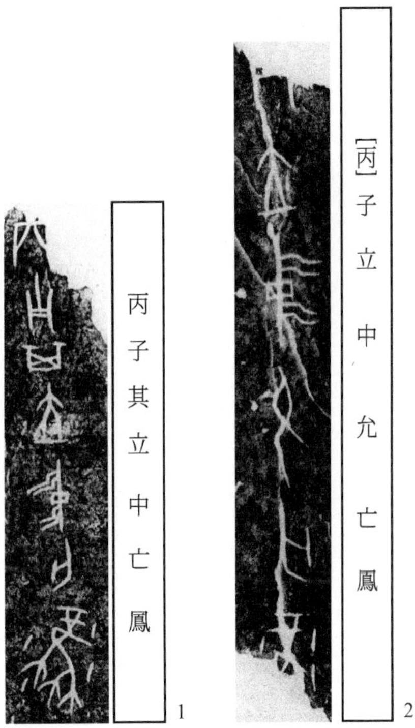

[그림 7] 갑골 복사卜辭 '立中', '無風'

'中'을 '세울 수[立]' 있으므로, 실제로 세울 수 있는 막대기임을 알 수 있다. '입중立中' 후에 바람이 있는지 없는지를 판단하므로, 이러한 행위는 풍력 측정과 관련이 있음을 알 수 있다. 이에 어떤 학자는 '中{}'은 본래

바람을 측정하는 도구였을 것이라는 견해를 제시했다. 그렇다면,  자의 상·중·하에 장식 띠가 있는 특징은 바람을 측정하는 어떠한 필요와 관련이 있을 수 있다. 예컨대, 띠의 펄럭이는 수량으로 풍력의 세기를 판단했을 가능성도 있다.

'측풍 도구설'은 '깃발설'보다 한 단계 더 나아간 주장으로, 사실에 더 가까울 가능성이 있다. 하지만 이러한 도구가 '가운데'라는 의미의 '中'과 어떤 관련이 있는지는 의문이다. 어떤 사람들은 측풍 도구가 사방의 좌표 중앙에 세워졌을 것이라고 추측하며, 따라서 도구 의미의 '中'에서 추상적 개념의 '中'으로 인신되었다고 한다. 그러나 애석하게도 이른바 측풍 도구의 '中' 역시 고서의 기록이 없고, 고고학적으로도 발견된 적이 없다. 실제로 존재했는지에 대한 여부도 확실하지 않다.

 의 음과 뜻을 완전히 확정할 수는 없지만, 원[圓]이 추가된 은 어떻게 설명할 수 있을까? 어떤 사람들은 이 원은 세로 막대 위에 있는 어떠한 부속물을 나타낸다고 보고, 또 어떤 사람들은 이것은 일종의 지시부호로, 세로 막대의 중간 위치를 표시하여 '中'의 개념을 나타낸다고 하였다. 원으로 위치를 표시한 예로는 이미 '弦', '肘', '亡' 등의 글자를 통해 살펴본 바 있고(제2장, 제15장 참고), 이와 비교해 볼 수 있다. 이후에  은 더욱 간략해져서 이 되며 가운데 원만 남게 되었는데, 마찬가지로 의미를 전달하기에는 충분하다.

또 다른 견해에 따르면, 고대인들이 굳이 복잡한 을 만들고 다시 로 단순화할 필요는 없었으며, 추상적 개념의 '中'을 나타내기 위한 글자는 애초에 이미 존재했다는 것이다. 즉, 직접 위치의  을 표시했다는 것이다. 은 사실 또 다른 글자로, 그 자형은 풍향의 표시를 형상한 것이며, 독음은 '中'과 비슷하다고 하였다.  은 즉, 에 라는 소리를 더한 형성자로, 오히려 가장 늦게 등장한 글자라고 하였다.

이상, 우리는 '中'자의 기원과 발전에 대해 다소 복잡하고도 매우 불확실하게 설명하였는데, 이는 상당 부분 ,  이 무엇을 상징하는지 알지 못하기 때문이다. 만약 이 부분의 정확하고 적절한 명칭이 계속해서 밝혀지지 않고, 그 실물이 영원히 발견되지 않는다면, '中'의 조자 본의에 대해서도 우리는 유일하고 의심할 여지 없는 결론을 내리기 어려울 것이다.

'中'은 현재 명확히 설명하기 어려운 예에 해당한다. 아래, 명확하게 설명할 수 있는 '外'자를 계속해서 살펴보도록 한다.

外

'中'과 마찬가지로, '外' 또한 중국어에서 매우 이른 시기에 등장한 단어이다. 초기 한자, 예컨대 갑골문을 대표로 하는 상商 시기 문지에는 마땅히 '外'자가 있어야 한다. 그러나 현재까지 알려진 약 4,500자에 달하는 상대商代 문자 가운데서는 '外'와 같은 자형을 전혀 찾아볼 수 없다.

'外'자는 한쪽에는 저녁을 나타내는 '夕', 다른 한쪽에는 점복을 나타내는 '卜'이 있는데(이때는 '卜' 무[蔔]의 '卜'이 아니라 점을 치는 '卜'임), 이 두 구성요소와 방위사 '外'는 논리적으로 아무런 연관이 없는 듯하다. 만약 '外'가 회의자라면, 억지로 '밤에 점을 친다[夜裡占卜]'는 의미로 해석할 수밖에 없다. 『설문해자說文解字』에서도 바로 이렇게 해석하였는데, "점은 반드시 아침에 치는데, 오늘은 저녁에 점을 치니, 이는 예외적인 일이다[卜尚平旦, 今夕卜, 于事外矣]."라고 하였다. 즉, 점을 치는 일은 대개 아침에 진행하고 저녁에 점을 치는 것은 예외적인 일이므로, '夕', '卜'의 의미를 합쳐 '外'를 나타내었다는 의미이다. 이러한 해석은 사실 너무 억지스러워서 일부에서만 믿을 뿐이다.

그렇다면, '外'가 형성자일 가능성은 없을까? 안타깝게도, '夕'이든 '卜'

이든 '外'의 고대 음성과 거리가 매우 멀어 '外'자에서는 음부音符로 사용될 수 없다. 따라서 '外'의 자형 문제는 형태와 음운, 두 방면 모두 설명되지 않아 오랫동안 미해결로 남아있었다.

앞서 우리는 상대商代 갑골문에 '外'라는 자형이 없다고 언급했으나, 문헌 대조를 통해 학자들은 고서에 나오는 '外'와 대응하는 한 글자를 찾아냈다. 『사기史記·은본기殷本紀』의 기록에 따르면, 상대商代 역사에는 이름에 '外'가 들어가는 두 명의 왕이 있었으며, 각각 '外丙', '外壬'이라고 불렸다. 갑골문의 점복 기록에는 마침 이 두 왕을 제사하는 기록이 등장하는데, 그 이름이 적혀있기를 '卜丙', '卜壬'이다[그림 8]. 즉, '外'와 대응하는 갑골문은 뜻밖에도 점복의 '卜'이었던 것이다.

[그림 8] 갑골문 '卜{外}丙', '卜{外}壬'

'卜'자가 어떻게 '外'를 나타낼 수 있었을까? 상대商代 점복에 사용된 거북 껍질과 짐승 뼈(주로 소의 견갑골)가 대량 출토되면서, 학자들은 갑골 실물 연구를 통해 상商 사람들의 일반적인 점복 상황을 추론하게 되었고, '外'가 어째서 '卜'으로 쓰인 문제 또한 자연스럽게 해결하였다.

현재 우리는 상대商代 점을 치는 사람이 거북 껍질이나 소의 견갑골 뒷면에 먼저 세로 방향의 홈을 파냈다는 사실을 알고 있다. 대부분 타원형 혹은 직사각형으로, '착鑿'이라고 불린다. 그리고 '착鑿'의 한쪽에 다시 원형 혹은 사각형의 홈을 파는데, 이를 '찬鑽'이라고 한다. 이 두 홈은 모두 뼈를 완전히 뚫지 않는다. 점을 칠 때에는 갑골 뒷면의 '찬鑽'의 위치를 달구어 가열하고, 이때 갑골에 금이 가면 그 나타나는 금 형태가 바로 '복조卜兆'이다. 점복자는 복조의 형태를 관찰하여 길흉을 판단하였다. 때로는 복조 옆에 점복 내용을 새기기도 하였는데, 이것이 바로 '복사卜辭'이다[그림 9, 좌측 소 견갑골 예시 참고].

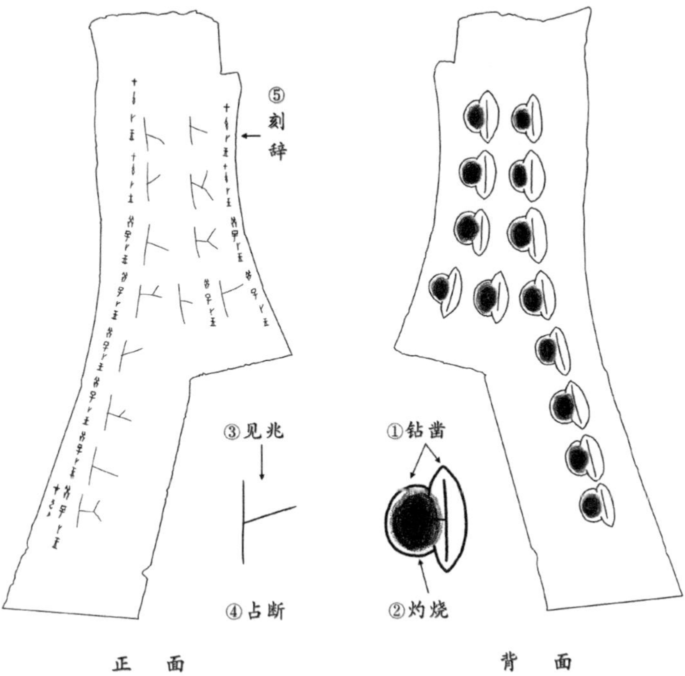

[그림 9] 상대商代 갑골 점복의 형태(소의 좌측 견갑골)

복조卜兆의 형태는 대부분 세로획과 가로획 한 줄로, 세로 방향의 '조간兆幹'은 '착鑿'의 제한을 받아 대부분 하나의 세로선으로 금이 간다. 반면에 가로 방향의 '조지兆枝'는 '찬鑽' 안에서 자유롭게 뻗어나갈 수 있어 방향이 일정하지 않고, 때로는 몇 갈래로 터져 나오기도 한다. 점복자가 어떻게 길흉을 판단할까? 명확한 기록은 없지만, 아마도 위로 향하는 조지兆枝가 존재하면[그림 10.1-3] 길吉로 간주하고, 아래로 향하는 조지兆枝만 있을 경우[그림 10.4]에는 불길不吉한 것으로 여겼을 것이다.

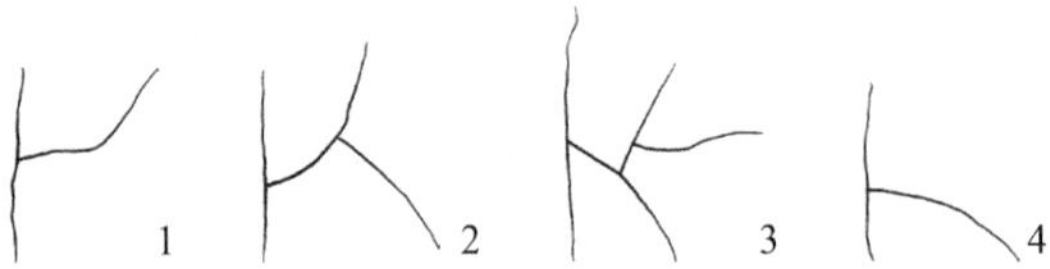

[그림 10] 갑골 점복 균열의 형태

갑골의 균열 형태를 대조해 보면, '卜'자가 바로 복조卜兆의 형상하였음을 알 수 있다. 갑골문에서 '卜'자의 가로획은 대부분 위를 향했는데[그림 11], 이는 아마도 복조卜兆에서 길한 징조를 취한 것일 가능성이 있다. '卜'자의 고음은 상해 방언의 '剝'과 가까운데, 그 소리가 맑고 짧은 것이 갑골이 갈라지며 복조가 생길 때 나는 소리를 모방했다고 할 수 있다.

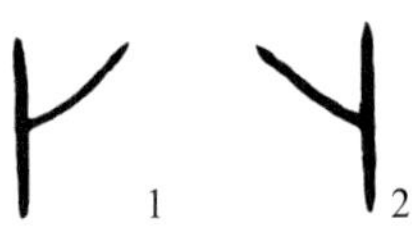

[그림 11] 상대商代 갑골문 '卜'('外'와 동일한 형태)

상대적으로 온전한 점복에 사용된 거북 껍질, 짐승 뼈를 살펴보면, 상商나라 사람, 특히 상왕商王은 갑골 복조의 방향에 대해 비교적 명확한 기준이 있었는데, 즉 조지兆枝를 안쪽으로 향하게 했다. 거북의 복갑腹甲이나 배갑背甲에서는 복조卜兆의 조지兆枝가 대부분 좌우 대칭을 이뤄 오른쪽은 좌측, 왼쪽은 우측을 향한다[그림 12]. 소의 견갑골에서 또한 마찬가지로 좌우 대칭을 이뤄 안쪽을 향하고 있다[그림 9].

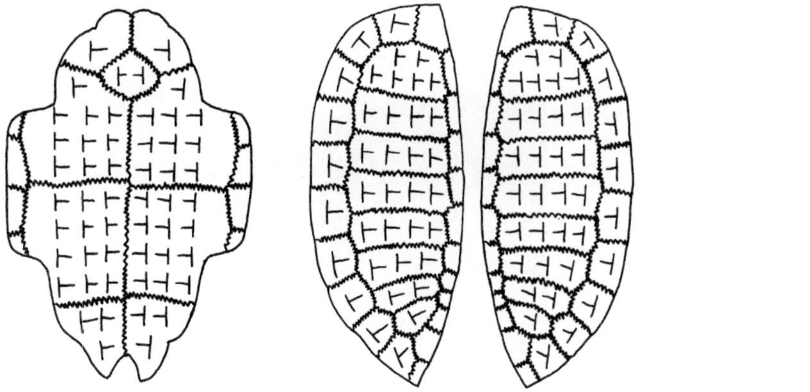

복갑腹甲　　　　　　배갑背甲

[그림 12] 복조卜兆 방향도

이러한 인식을 바탕으로, 갑골에 있는 '卜'자의 형태를 다시 살펴보면, 뚜렷한 규칙을 발견할 수 있다. 즉, 점복을 의미하는 '卜'자는 대부분 복조卜兆의 방향과 동일하게 가로획이 갑골의 안쪽을 가리킨다. 반면, '外'로 표시되는 글자는 복조卜兆 및 '卜'자의 방향과 상반되어 가로획이 대부분 갑골의 바깥쪽을 가리킨다. 일반적인 좌측 견갑골을 예로 들면[그림 13], 복조卜兆와 '卜'자는 오른쪽, 즉 뼈의 안쪽을 향하고, '外'자는 왼쪽, 즉 뼈의 바깥쪽을 향한다. 좌측 거북 껍질에서의 형태 또한 이와 동일하며, 우측 거북 껍질이나 소의 오른쪽 견갑골에서는 이와 상반되어 나타난다.

[그림 13] ‘卜’, ‘外’ 두 글자와 복조卜兆 방향의 관계

즉, 상대商代 갑골문에서 안쪽을 향한 ‘卜’ 형태는 ‘卜’으로 표시하고, 바깥쪽을 향한 ‘卜’ 형태는 ‘外’로 표시하였다. 바꿔 말하면, 복조卜兆와 같은 방향의 ‘卜’은 ‘卜’자이며, 역방향의 ‘卜’은 ‘外’자인 것이다.

갑골문에서 ‘卜’, ‘外’ 두 글자는 형태는 동일하나 방향으로 구별되었으며, 이는 일반적인 ‘일형다용一形多用’과는 달리 갑골이라는 이 서사 자료에 의해서만 성립될 수 있는 듯하다. 일단 갑골이라는 실물에서 벗어나면 내외의 구분이 무의미해지며, 독립된 ‘卜’, ‘外’ 두 글자 또한 구분할 수 없게 된다. 따라서 가장 늦어도 서주西周 이후, 金文 등 다른 서사 자료의 ‘外’자에는 음부音符 ‘月’이 추가되어[그림 14] 하나의 형성자가 되었고, ‘卜’이 어느 방향을 향하는지 또한 더 이상 중요하지 않게 되었다.

앞서 언급하였듯이 달[月]을 형상한 글자는 원래 ‘月’과 ‘夕’ 두 가지를 모두 나타냈다. 상商 나라 말기 이후로 자형은 점차 안정화되었고 글자에 점이 있는 것은 ‘月’, 점이 없는 것은 ‘夕’으로 구분하였다(제17장 참고). 서주西周 시대의 ‘外’자는 기본적으로 ‘月’을 구성요소로 삼았는데, ‘月’과 ‘外’의 고음은 매우 근접해 ‘外’의 독음을 명확히 제시할 수 있다. 대략 춘추春秋 시대 이후, '外'자에 포함된 구성요소 '月'은 한 점을 내버리고 '夕'으로 와변되었으며[그림 15], 이로 인해 후대의 장기적인 곡해를 발생시켰다.

[그림 14] '月'을 구성요소로 한 서주西周 金文의 '外'

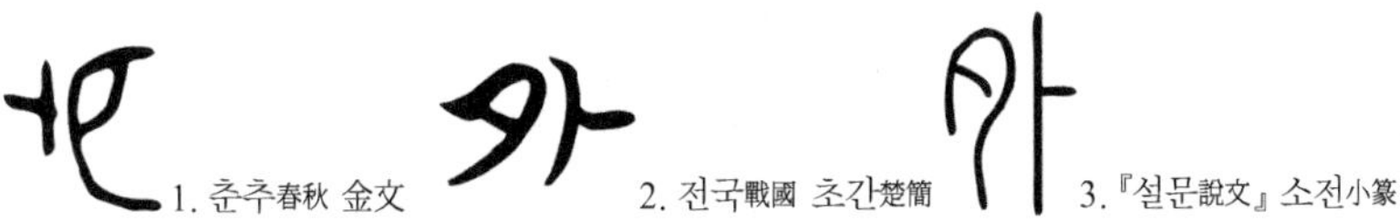

[그림 15] '夕'을 구성요소로 한 춘추春秋 이후의 '外'

우리가 상상할 수 있듯이, 만약 상대商代의 갑골 실물을 직접 본 적이 없고, 단지 '月+卜' 혹은 '夕+卜'으로 이루어진 '外'자만 알고 있었다면, 그 자형 구성의 수수께끼는 아마도 영원히 풀지 못했을 것이다.

갑골문 '外'자를 이해한 이후에도 우리는 한 가지 의문이 남는다. 갑골문 '外'는 오직 복조卜兆 또는 '卜'자의 방향과 상대적일 때만 명확히 식별될 수 있는데, 만약 이 글자가 갑골문에서 가장 먼저 사용되지 않았다면, 과연 이렇게 조자되었을까? 이 점은 갑골문이 기타 자료의 문자보다 더 이전에 등장했다고 할 수 있을까? '外'자의 기원과 비교한다면, 이 부분이 더욱 깊이 탐구해야 할 가치 있는 중요한 문제라고 할 수 있다.

【참고 문헌과 보충 자료】

1. '史'자에 대한 자료는 아래 문헌을 참고하라.

高智群, 「說"史"」, 『古代中國: 傳統與變革』, 復旦大學出版社, 2005年.

2. '中'자에 대한 자료는 아래 문헌을 참고하라.

陳秉新, 「《說文箋證》選錄」, 『說文學研究』第2輯, 崇文書局, 2003年, 426-427쪽.

裘錫圭, 「說盤庚篇的"設中"---兼論甲骨, 金文"中"的字形」, 『出土文獻與傳世典籍的詮釋』, 中西書局, 2019年.

3. '外'자에 대한 자료는 아래 문헌을 참고하라.

蔣玉斌, 「說殷墟卜辭的一種告辭---外告」, 『甲骨文與殷商史』新8輯, 上海古籍出版社, 2018年.

제20장

'卒'과 '終'

- 자사字詞 관계의 복잡성

이 책의 마지막 장에서는 '완결'을 나타내는 두 가지 자주 쓰이는 글자인 '卒'과 '終'을 살펴본다. 또한 이 두 글자를 이용해서, 스무 편의 글 전체를 처음부터 끝까지 관통하며 고문자와 고대 중국어를 이해하는 데 결정적인 역할을 하는 한 쌍의 관계, 즉 자字와 사詞의 관계에 대해서도 논의하고자 한다.

간단히 말해, 언어에서 의미를 지닌 하나의 소리는 하나의 '단어[詞]'이고, 문자 기록에서 언어를 적는 하나의 기호는 하나의 '글자[字]'이다. 글자는 눈에 보이지만 단어는 눈에 보이지 않으며, 단어가 먼저 존재했고 글자는 나중에 생겨났다. 어떤 단어를 어떤 글자로 나타내느냐 하는 것이 이른바 '자·사 관계', 다시 말해 자형字形과 음의音義의 관계이다.

일반적인 인식에서는 하나의 한자가 항상 하나의 명확한 음과 의미에 대응한다고 여겨지기 때문에, 대부분의 한자 사용자는 '字'와 '詞'의 구별을 주의하지 않는다. 그러나 실제로는 과거든 현재든 한자 자형과 중국어의 단어[詞]의 관계는 결코 고정불변하거나 일대일 대응이 아니며, 변화가 많고 여러 가지가 뒤엉켜 있다.

동일한 문자[字形]가 서로 다른 여러 단어[詞]를 나타내는 경우가 흔히 있으며, 이 단어들의 고대 음운은 서로 가깝기도 하고 멀기도 하다. 고음이 가까운 경우에는 가차假借가 존재하며, 고음이 먼 경우에는 '일형다용一形多用' 등과 같은 현상일 수 있다(제17장 참고). 동일한 단어[詞]가 여러 가지 다른 서사 형식을 갖고 있는데, 이는 시간에 흐름에 따라 교체되기도 하고, 동시에 병존하기도 한다. 이러한 서사 형식은 한 글자의 이체자異體字일 수도 있고, 몇 개의 다른 글자일 수도 있다(제15장 참고).

한 글자字가 여러 단어[詞]를 의미하고, 하나의 단어[詞]가 여러 글자字로 표기될 수 있으므로, 조합시켜 보면 마치 그물 모양의 구조를 이룬다. 아래에서는 '卒'과 '終'을 예로 들어, 이러한 자사관계字詞關係의 그물이 어떻게 조성되는지를 살펴보도록 한다. 지칭의 편의를 위해, 아래에서는 {독음-의미}의 형식으로 단어[詞]를 표기한다. 예를 들어, {zhōng-완결完結}은 일반적으로 '終'자를 사용해 기록한 그 단어[詞]를 말한다(이때의 한어 병음은 고대의 실제 발음을 의미하지 않음).

卒

현대 중국어 자전字典, 사전詞典을 펼쳐보면, '卒'자 항목 아래에 여러 가지 음과 의미를 볼 수 있고, 대략 세 가지 그룹으로 나눌 수 있다.

1. zú 하인, 심부름꾼(예: '행상인과 심부름꾼, 천한 직업에 종사하는 사람'), 병사

2. zú 끝나다, 사망하다, 마침내 ~하다

3. cù 갑작스러움(의학 용어로는 '졸중[中風]', 즉 뇌졸중, '倉促' 또한 '갑작스러움을 의미[倉卒, 倉猝]')

다시 말해, '卒'자는 적어도 중국어에서 세 가지 단어를 나타낼 수 있는데, 곧 {zú-하인}, {zú-완결}, {cù-돌연}이다. 따라서 어떤 곳에 쓰인 '卒'자가 어느 단어를 나타내는지는 반드시 문맥을 통해서만 확정할 수 있다.

이러한 혼동되기 쉬운 상황은 한자 창조 초기에 존재했던 것은 아니다. 일반적으로 말해서 한 글자는 특정한 하나의 단어를 위해 만들어졌으며, 자사字詞 관계는 처음에는 명확하고 단순하였다. 이후에 인신 혹은 가차 등의 용법이 나타나면서 하나의 자형은 점차 두 개 이상의 단어를 나타내게 되었다.

그렇다면, '卒'은 어떤 단어를 위해 만들어진 글자인가? 『설문해자說文解字』에 수록된 소전小篆 '卒'은 '衣'의 하단에 사선 획을 더한 형태[그림 1.1]로, '卒'자에 대한 분석은 "하인으로 일을 맡아서 하는 사람의 옷이 졸이다. 옷에 표식이 있다[隸人給ji事者衣爲卒. 卒, 衣有題識者]."라고 되어있다. 즉, 차역이 입는, 표식이 달린 옷을 '卒'이라고 한다는 뜻이다. 이러한 방식으로 '卒'의 본의를 어떤 종류의 제복으로 설명하는 견해는, 전해 내려오는 고서나 출토 문헌, 고대 유물 가운데서도 근거를 찾기 어렵기 때문에 쉽게 신뢰하기 힘들다. 일부 학자는 『설문說文』의 원문이 "일을 맡은 노예가 졸이다[隸人給事者爲卒]."로, 그 안에 '衣'자가 없으며, 단지 하인, 심부름꾼을 '卒'이라 불렀을 뿐이라고 하였다. 다시 말해, '卒'은 {zú-하인}이라는 단어를 기록하기 위해 만들어진 글자이다. 그러나 '卒'자의 자형에 왜 '옷[衣]'이 포함되어 있는지는 여전히 설명하기 어렵다.

[그림 1] 『說文』 소전小篆 '卒'(1), '衣'(2)

'卒'자 전서篆書 형태의 주된 부분이 '衣'라면, 우선 '衣'자를 살펴보아야 한다. '衣'자는 본래 상의를 형상한 글자로[그림 2], 옷깃, 소매, 앞자락이 모두 갖추어져 있다. 고문자에서 '衣'는 본의를 나타낸 예도 있고, 일부 본의로 해석할 수 없는 용법도 있다. 예를 들어, 사냥에 관한 상대商代 갑골 점복 기록에서는 '의축무재衣逐無災'라는 표현이 자주 등장하고, 제사에 관한 서주西周 金文에서는 '의왕사衣王祀'라고 하였다. 오늘날 학계의 공통된 견해는, 여기서 '衣'가 표시한 단어는 모두 {zú-완결}이라는 것이다. 즉, '衣{卒}逐無災'는 사냥을 마치고 재앙이 없을 것임을 말하고, '衣{卒}王祀'는 왕의 제사를 마쳤음을 의미한다.

1. 상대商代 甲骨文

2. 서주西周 초기 金文

[그림 2] 고문자 '衣'

'衣'가 {zú-완결}을 나타낼 수 있다는 점을 인식하며 다시 갑골문 자형을 살펴보면, 표준적인 상의 형태 외에도 대부분의 {zú-완결}을 나타내는 '衣'자에는 특별한 점이 있음을 발견할 수 있다. 즉, 글자 아래에 위로 향한 굽은 갈고리[그림 3.1]를 그렸거나, 글자 중간에 여러 개의 엑스 표시[그림 3.2]를 했거나, 혹은 '聿[붓 율]'이라는 구성 요소[그림 3.3]를 추가하기도 하였다.

[그림 3] 갑골문 '卒'

이 중에서 '卒'과 대응될 수 있는 자형은 첫 번째 유형으로, '衣'자보다 추가된 그 갈고리는 후에 소전小篆 '卒'자의 사선 획[그림 1.1]과 예서 해서 문자 '卒' 하단의 가로획[그림 4]으로 변형되었다. 세 번째 유형의 자형에 추가된 '聿'은 고대음이 '卒'과 유사하여, 이는 음을 표시하기 위해 추가된 음부音符로 보인다. 이를 통해 '衣'자와는 구별되면서도 모두 {zú-완결}을 나타내는 자형으로, 바로 '卒'자와 그 이체자였음을 알 수 있다.

[그림 4] '卒'자의 변천

'卒'자는 왜 이렇게 썼을까? '初'자와 비교를 해볼 수 있다[그림 5]. '初'자는 '衤衣'와 '刀'로 구성된 회의자會意字로, 옷을 만드는 첫 번째 공정인 '재단'을 통해 각종 사물의 시작을 나타내었다. 반면 '卒'자 역시 '衣'를 포함하고 있는데, 이 조자 본의는 '初'와 상대되는 개념으로 옷 만들기의 완성을 통해 각종 사물의 종결을 나타낸 듯하다. 학자들은 갑골문 '卒'의 '衣' 하단에 추가된 굽은 갈고리[그림 3.1]는 옷이 이미 완성되어 접을 수 있음을, '衣' 중간의 교차선[그림 3.2]은 옷이 완전히 봉합되었음을 나타내었다고 추측하였다. '재단[裁]', '봉제[縫]'의 행위는 바로 '初', '卒'이라는 두 개념과 대응된다.

[그림 5] 서주西周 金文 '初'

만약 이상의 추측이 타당하다면, '卒'자는 {zú-하인}을 위해 만들어진 글자가 아니라, {zú-완결}을 표현하기 위해 조자된 글자이다. '卒'자가 {zú-하인}, {cù-갑작스러움}을 나타내는 현상은 사실 가차의 방법으로, {zú-완결}과 음이 유사한 다른 두 개의 단어를 기록한 것이며, 이 중 {cù-갑작스러움}은 후대에 '猝'자로 교체 표기되었다. 상주商周 시대의 '衣'자가 어떻게 {zú-완결}을 나타낼 수 있었는지, 그리고 일형다용一形多用의 사례인지 추가적 연구가 필요하다. 이상 일련의 자사字詞 관계를 아래 도표로 요약할 수 있다.

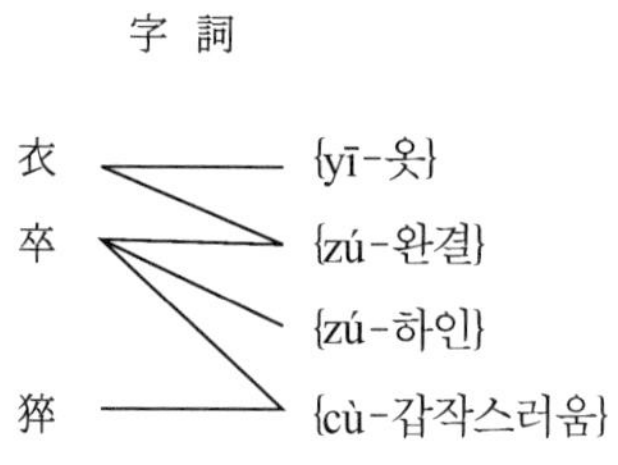

[그림 6] '卒' 계열의 자사字詞 관계도

終

고대 중국어에는 아주 이른 시기부터 {zhōng-완결}이라는 단어가 있었다. 『시경詩經·대아大雅·탕蕩』에서 '처음이 있지 않음이 없으나, 끝맺음을 하는 이는 드물다[靡不有初, 鮮克有終].'라고 하였는데, 일반적으로 서주西周 시대의 시구로 여겨진다. 출토문헌을 보면, {zhōng-완결}이 등장한 시대는 상商 나라보다 늦지 않은 것으로 보이지만, '糸'(mì, '絲'로 이해할 수 있음)과 '冬'으로 이루어진 '終'자는 전국戰國 진秦 또는 진秦 나라 시대에 이르러서야 볼 수 있다. 그렇다면, 그 이전에는 {zhōng-완결}을 어떤 자형으로 표시했을까? '鮮克有終'의 '終'은 원래 어떻게 썼을까?

자형이 비교적 원시적인 상대商代 족명 금문에는 이미 용법이 '終'에 해당하는 글자가 있는데, 하나의 타원형 선과 양단에 각각 원이 있는 형태로 쓰였다[그림 7.1]. 칼로 새긴 관계로 갑골문에서는 이 글자의 타원형 선은 꺾인 획으로 바뀌었으나[그림 7.2], 기본 구조는 여전히 동일하다. 이 자형에 대한 해석으로 학자들은 열매가 아래로 처진 것으로 겨울을 나타내었다고 하였거나, 실 끈의 양단을 매듭진 것으로 종결을 나타내었다고 보았다. '終'자가 '絲'를 포함하는 구성에 따르면 후자의 해석이 더 믿을만하다.

1. 족명 金文

2. 甲骨文

[그림 7] 상대商代 문자 '終'

상대商代 갑골문 기록에 의하면, 당시 사람들의 계절 관념에는 봄과 가을만 있고 여름과 겨울은 존재하지 않았으므로, 일년이 네 계절이 아닌 두 계절이었음을 알 수 있다. 이후 '춘추春秋'로 역사를 대신 가리킨 것도 이러한 관념의 영향일 가능성이 있다. 갑골문에 '夏'자가 있지만 모두 인명으로 사용되었고 하계를 나타내지는 않았으며(제16장 참고), 자는 '冬'으로 해석되지만 사실상 '冬'의 상부 '夂'과 같을 뿐 '冬'과 동일시할 수 없다. 갑골 점복 기록에서  으로 표시된 단어는 모두 {zhōng-완결}로, 예를 들어 날씨를 점칠 때 '날의 흐림은 끝날 것이다[{終}日陰].' 또는 '저녁의 비는 멈출 것이다[夕雨].'와 같이 표현하였다. 만약 이 실제로 밧줄 끝을 매듭짓는 모양을 형상하였다면, 이는 {zhōng-완결}을 나타내기 위해 만들어진 글자로 '終'자의 초문이다.

서주西周 이후, 이 글자는 기본적으로 상대商代 문자 의 형태를 이어받았으나 점차 간화되었다. 두 개의 원형은 우선적으로 원점으로 변하였고, 다시 짧은 선으로 변하며, 최종적으로는 아예 한 가로획으로 연결되었다[그림 8]. 전국戰國 시대 초楚 나라 문자에서는 일부 '糸'를 추가한 자형 또한 등장했으며[그림 9], 여전히 {zhōng-완결}을 나타냈다. 어째서 '糸'를 추가했을까? 어쩌면 유형의 자형이 확실히 실의 매듭과 관련이 있음을 증명할 수 있을 것이다.

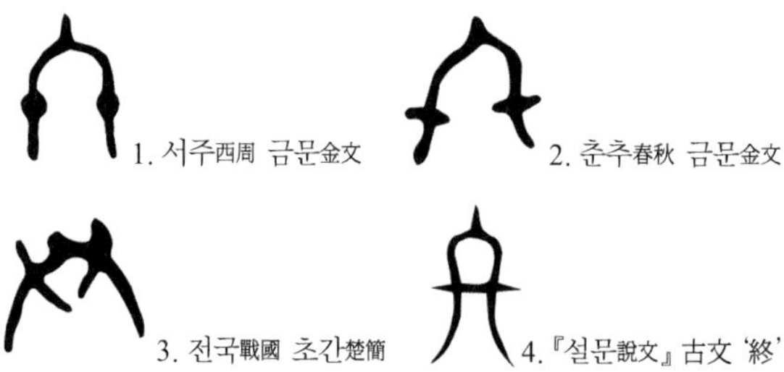

[그림 8] '終'자 초문의 변천

[그림 9] 구성요소 '糸'를 담은 전국戰國 초楚 문자 '終'

진秦 나라 문자에 이르러 이 글자는 '糸' 이외의 부분은 '冬'[그림 10]으로 대체되었고, '糸'와 함께 좌우 구조가 안정되면서 '終'자로 마침내 정형화되었다. 그 이후로, 형태의 자형은 더 이상 독립적으로 존재하지 않고, '終', '冬' 등의 글자 속에만 숨겨지게 되었다. 진한秦漢 시대에는 비교적 보수적인 전서篆書 '終'자의 오른쪽 윗부분에 여전히 형태의 자형 흔적이 남아 있었으나[그림 10.1], 예서隸書와 그다지 보수적이지 않은 전서篆書에는 이미 완전히 '夂'로 혼동되었다[그림 10.2-3].

1. 漢印

2. 秦簡

3. 漢印

[그림 10] 진한秦漢 문자 '終'

앞서 언급하였듯이 상대商代에는 겨울[冬季]의 개념이 없었고, 따라서 '冬'자도 존재하지 않았다. 서주西周 시대에도 이와 같을 가능성이 있다. '終'자의 를 대체한 '冬'은 어디에서 유래했을까? 진해 내려오는 고서와 출토문헌에 따르면 계절 '冬'을 나타내는 글자는 춘추春秋 시대 이후에 등장한다. 게다가 {dōng-겨울}이라는 단어는 처음부터 '冬'자로 쓰지 않았으며, 바로 '終'의 초문 으로 표시하였다. 예를 들어 춘추春秋 말기 金文을 보면, '正月初 '라고 하였는데, 즉, '정월 초겨울[正月初冬]'을 말한다. 이는 당시 라는 한 자형이 두 가지 의미, 즉 {zhōng-완결}과 {dōng-겨울}를 나타낼 수 있었음을 알 수 있다. '冬'은 한 해의 끝을 의미하며, '終'과 동원同源으로 동일한 자형을 사용해 표현한 것은 매우 합리적이다.

아마도 {dōng-겨울}이라는 단어가 점점 더 자주 사용되었기 때문에, 대략 전국戰國 시대 이후에는 계절 '冬'을 나타내는 글자 또한 분화되기 시작하였다. 분화 방식은 글자 위에 '日'([그림 11], 제16장 [그림 7] 참고)을 추가하는 것으로, 의미 부호 '日'를 통해 시간의 기능을 명확히 표시한 것이다.

1. 초楚 백서帛書

2. 金文

[그림 11] 전국戰國 문자 ‘冬’(秦 나라 제외)

안타깝게도, 이 분석하기 쉬운 ‘冬’자는 전해져 내려오지 않았다. 후대 한자의 구성 형태를 결정한 진秦 나라 문자에서도 ‘冬’자의 하부는 ‘日’이 아니라 두 개의 짧은 밑줄로 되어있다[그림 12]. 현재 우리가 볼 수 있는 『설문說文』 소전小篆 ‘冬’자는 하부가 두 번 꺾인 획, 즉 ‘仌{冰}’이지만, 실제로 진한秦漢 시대 전서篆書에서는 이렇게 쓰지 않았으며, 일반적으로 두 개의 짧은 밑줄이다[그림 13]. 이 두 개의 짧은 가로획은 무엇을 의미하는가? 단순한 구별 부호로 ‘冰’을 나타내는지(즉 ‘두 점의 水’), 아니면 다른 것을 가리키는지에 대해서는 아직 명확한 결론이 없는 상태이다.

1. 전국戰國 진秦 나라 옥판

2. 진간秦簡

[그림 12] 진秦 나라 문자 ‘冬’

1. 『說文』 小篆

2. 漢 나라 인장

3. 漢 나라 인장

[그림 13] 전서篆書 ‘冬’

‘終’과 ‘冬’의 자형 변천을 설명했으니, 다시 한번 의미의 각도에서 살펴보도록 한다. 선진先秦 시대에 {zhōng-완결}과 {dōng-겨울}이라는 두 단어는 각각 또는 동시에 여러 가지 자형으로 나타내었다(그림 14 참고). 구체적으로 어느 자형을 사용했는지는 시기, 지역, 심지어 사람에 따라 다르다. 역사적으로 이는 매우 흔한 현상으로, 특별히 이상할 것이 없다.

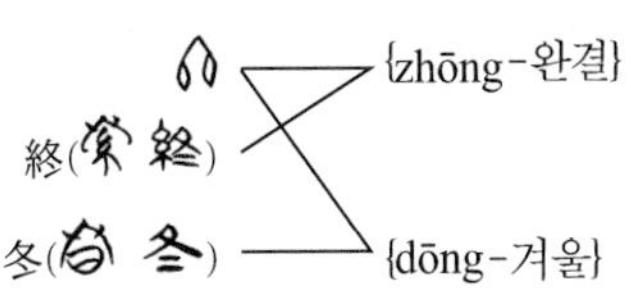

[그림 14] '終' 계열 자사字詞 관계도

글자, 단어 관계의 개념을 가지고, 다시 한번 앞서 살펴본 각 장에 해설된 고문자를 보도록 한다. 자형과 소리·뜻은 일대일로 대응할 수 않고, 그 이면에는 비교적 복잡한 자사字詞 관계가 있음을 발견할 수 있다. 예를 들어,

'안安'자는 {ān-안정}이라는 뜻을 위해 만들어진 글자이지만, 이 밖에도 {ān-의문사}를 나타내어 한 글자가 동시에 두 단어를 대응하였다. 또한 {ān-의문사}는 '安'자로도 표기하고, '焉'자로도 표기하여(두 글자의 고음은 동일함, 焉能, 焉在=安能, 安在), 한 단어를 두 글자가 동시에 대응하였다.

'卜'자는 {bǔ-점복}을 의미하기 위해 만든 글자로, 원래는 단지 이 한 단어를 나타냈다. 이후 '卜'이 무[蘿蔔]를 나타내는 '蔔'의 간화자로도 쓰이게 되면서 {bo-무[萝卜]}를 함께 표시하니 한 글자가 차례로 두 단어를 대응한 것이다. 또한 {bo-무}라는 이 단어는 원래 '蔔'자를 사용했고, 지금은 '卜'을 사용하니, 한 단어가 차례로 두 글자에 대응된 것이다.

또한 예컨대 {yú-전치사}는, 고대 문헌에서 '於' 또는 '于'자로 사용되어, 한 단어가 두 글자에 대응하는 경우이다. 반대로 '於'자를 보았을 때, 그것이 나타내는 것이 {yú-전치사}인지, 아니면 {wū-까마귀[烏鴉]} 혹은

{wū-감탄사}인지 고려해야 하며, 글자만 보고 직접적으로 추론해서는 안 된다.

우리가 고서를 읽고 문언문을 읽다 보면, 서로 다른 한자들이 상호 통용되는 현상에 자주 혼란을 느끼게 되고, 주석에서 흔히 보이는 "어떤 글자는 어떤 글자와 통한다某字通某字.", "어떤 글자는 어떤 글자와 같다某字同某字."와 같은 표현에도 곤혹스러움을 느낀다.

현대에 특정 글자를 사용하는 것이 습관이 된 곳에서, 고인들은 오히려 다른 글자를 즐겨 사용한 듯 보이며, 그것도 일정하지 않아 어떤 때는 이 글자를 쓰고, 또 어떤 때는 저 글자를 쓰곤 한다.

이러한 현상들은 대부분 고대와 현대 사이의 자字-사詞 관계의 차이를 반영한 것이다. 따라서 고서를 제대로 이해하기 위해서는, 문자 표면에 보이는 글자가 언어 속의 어떤 '어휘[詞]'에 대응하는지를 찾아내는 것이 핵심이다.

마찬가지로 우리가 고문자를 판독하고 한자의 기원과 계통을 이해하고자 할 때에도, 단지 자형字形에만 주목해서는 안 된다. 오직 자와 사의 관계를 명확히 정리했을 때에만, 비로소 "뜬구름이 시야를 가리는 것이 두렵지 않은 것은, 내가 가장 높은 곳에 서 있기 때문이다不畏浮云遮望眼, 只缘身在最高层."라는 경지에 도달할 수 있다.

【참고 문헌과 보충 자료】

1. '卒'자에 대한 자료는 아래 문헌을 참고하라.
裘錫圭, 「釋殷墟卜辭中的"卒"和"䘏"」, 『裘錫圭學術文集1·甲骨文卷』, 復旦大學出版社, 2012年.

2. '終'자에 대한 자료는 아래 문헌을 참고하라.
復旦大學出土文獻與古文字研究中心 編撰, 『出土文獻與古文字教程』, 中西書局, 2024年, 128-129쪽.

3. 자사字詞 관계에 대한 자료는 아래 문헌을 참고하라.
裘錫圭, 『文字學概要(修訂本)』, 商務印書館, 2013年, 242-264쪽.

【고문자 해설에 대한 보충 자료】

1. 李學勤 主編, 『字源』, 天津古籍出版社, 2012年.
2. 黃德寬 主編, 『古文字譜係疏證』, 商務印書館, 2007年.
3. 季旭昇, 『說文新證』, (台北)藝文印書館, 2014年. (福建人民出版社, 2010年.)
4. 香港中文大學, 『漢語多功能字庫』, http://humanum.arts.cuhk.edu.hk/Lexis/lexi-mf/

| 저자 소개 |

거량葛亮

1984년 상하이에서 출생하였으며, 현재 상하이박물관 청동기연구부 연구원으로 재직하고 있다. 또한 중국문자박물관 객좌연구원, 복단대학교 출토문헌·고문자연구센터(「고문자와 중화문명 전승·발전 공정」 협동공동혁신 플랫폼)의 특임연구원으로 활동하고 있다. 그의 주요 연구 분야는 갑골·금문·간백 등 출토 문헌과 청동기 등 고대 기물에 대한 문헌학·고고학적 분석이며, 『복단대학교 소장 갑골집』 등을 편저하였다.

| 역자 소개 |

김정남

동국대학교 WISE캠퍼스 중어중문학과 조교수.
전국시대 고문자와 죽간竹簡 자료를 중심으로 고대 중국인의 언어 습관과 선진 시기 전적의 원형을 연구해 왔다. 대표 저서로는 『중국 출토문헌의 새로운 세계』(공저, 주류성, 2018), 『역주 설문해자주』1~5(공저, 전통문화연구회, 2022~2023)가 있으며 역서로는 『전국문자통론』(저자: 하림의, 역자: 강윤옥·김정남·박성우, 역락, 2024) 등이 있다.

박성우

국립순천대학교 중어중문학과 조교수.
서주西周 시기의 문자와 언어, 청동기 금문金文 및 각종 출토문헌을 중심으로 고대 중국의 문화를 연구해 왔다.
역서로는 『전국문자통론』(저자: 하림의, 역자: 강윤옥·김정남·박성우, 역락, 2024) 등이 있다.
주요 논문으로는 「西周 青銅器 銘文의 '主宰天' 淵源」, 「玉柄 형태의 禮器 용도 분석」, 「고대 문헌에 근거한 五帝의 연원 이해」, 「고대 문헌에 보이는 方·邦·域·邑의 규모 정립」, 「'帝'字 本義에 대한 考察」 등이 있다.

동서대학교 공자아카데미·대한중국학회
〈중국 인문·사회과학 학술저서 번역·출판 지원 사업〉

한자의 재발견

초판 인쇄 2025년 12월 20일
초판 발행 2025년 12월 30일

저　　자 | 거량葛亮
역　　자 | 김정남·박성우
펴 낸 이 | 하운근
펴 낸 곳 | 學古房

주　　소 | 경기도 고양시 덕양구 통일로 140 삼송테크노밸리 A동 B224
전　　화 | (02)353-9908 편집부(02)356-9903
팩　　스 | (02)6959-8234
홈페이지 | www.hakgobang.co.kr
전자우편 | www.hakgobang@naver.com
등록번호 | 제311-1994-000001호

ISBN 979-11-6995-710-6 94720
979-11-6995-577-5 (세트)

값 25,000원

파본은 교환해 드립니다.